넬리 블라이의
세상을 바꾼 **72일**

넬리 블라이의
세상을 바꾼 72일

넬리 블라이 지음 | 김정민 옮김

모던아카이브

일러두기

1. 단행본은 『 』로, 신문·잡지·영화는 〈 〉로 표기했다.
2. 본문의 괄호는 옮긴이 주다. 단, 괄호 안의 느낌표와 물음표는 원문에 따른 것이다.

출간에 부쳐

젊은 여자가 열흘 동안 정신병원에 감금되었다. 그녀의 진짜 정체가 드러났을 때, 의사들은 충격을 받았다.

2017년 9월 초였다. 페이스북에서 흥미로운 영상을 보았다. 암울한 음악을 배경으로 누군가의 대범한 모험담이 소개되었다. 미국에서 한 여성이 환자 학대로 악명 높은 정신병원에 잠입해 끔찍한 비리를 폭로한다는 내용이었다. 주인공은 '넬리 블라이'라는 필명을 쓰는 여자 기자였다. 지금으로부터 130여 년 전인 1887년에 있었던 일이다. 아무리 여성의 사회 참여가 우리보다 앞선 미국이라 해도 여성 참정권조차 없던 시절인 점을 감안하면 평범한 인물은 아니라는 생각이 들었다.

호기심이 생겨 인터넷에서 '넬리 블라이'를 검색해보았다. 가장 먼저 〈한국일보〉 2016년 11월 14일 기사가 눈에 띄었다. '넬리 블라이: 기억해야 할 오늘 11월 14일'. 해당 기사는 "미국 저널리스트 넬리 블라이가 1889년 오늘 세계 일주를 시작했다"라는 문장으로 시작했다. 1889년이면 정신병원 비리를 폭로한 지 2년 뒤다. 1864년생이니 불과 23세에 목숨 건 잠입 취재로 병원의 인권유린 실태를 폭로했고, 25세에 혼자서 세계 일주에 나선 것이다!

'1800년대 후반에 젊은 여성이 혼자서 세계 일주까지 했단 말이야?' 하고 감탄하며 차근차근 더 읽어보았다. 기자가 된 사연도 아주 드라마틱했다. 지역 신문인 〈피츠버그 디스패치〉에 여성 혐오 칼럼이 실린 것을 보고 반박글을 기고했는데, 그 글이 신문사 조지 매든 편집장의 눈에 띄어 기자로 뽑혔다. 그 뒤로도 특파원으로 가 있던 멕시코에서 독재 정권의 언론 탄압을 적극적으로 보도하다 사실상 추방당했고, 제1차 세계대전이 벌어졌을 때는 50세 나이에도 종군 기자로 활약했다. 넬리 블라이가 주로 일한 곳은 바로 조지프 퓰리처의 〈뉴욕월드〉였다. 퓰리처라면 미국에서 가장 권위 있는 보도·문학·음악상을 제정한 언론인으로 우리에게는 퓰리처상으로 아주 친숙한 인물이다.

당장 아마존닷컴에 들어가 'Nellie Bly'로 검색해 보았다. 책 두 권이 눈에 띄었다. 정신병원 잠입 취재기인 『10 Days in a Madhouse』와 세계 일주기인 『Around the World in 72 Days』. 잠입 취재기는 독자 서평이 620여 개나 달려 있었다. 두 책의 국내 출간 여부를 확인해보니 잠입 취재기는 소개된 적이 없고 세계 일주기는 몇 년 전에 출간되었다가 절판된 상태였다. 넬리 블라이가 국내에 많이 알려지지 않은 이유가 이해되었다.

좀 더 검색하다가 또 다른 흥미로운 영상을 발견했다. 2015년 5월 5일 '구글 두들' 영상이었다. 구글에서는 각국의 기념일이나 유명인을 기리기 위해 로고 이미지를 바꾸기도 하는데, 이를 구글 두들이라고 한다. 한국 구글 사이트에서는 황순원 작가 탄생 100주년에 소설 『소나기』의 한 장면을 구글 두들로 소개하기도 했다. 아주 특별한 경우에는 영상을 만들어 선보이는데 마침 넬리 블라이 탄생 151주년인 2015년 5월 5일에 1분 20초짜리 영상이 올라와 있었다. 넬리 블라이의 파란만장한 삶을 감미로운 노래와 함께 들려주는 애니메이션이었다. 구글 측에서는 영상을 만든 취지와 제작에 참여한 작가들에 대해 이렇게 설명했다.

넬리 블라이는 평생 사회·경제적으로 혜택받지 못한 사람과 도움이 필요한 사람을 대변하고 여성에 대한 사회적 편견에 저항했다. 구글은 넬리 블라이의 모험 정신을 좋아하고, 여성도 무엇이든 할 수 있고 무엇이든 될 수 있다는 그녀의 신념을 공유한다. 구글 두들에서는 넬리를 기리기 위해 특별한 영상을 만들고 싶었다. 록 밴드 '예 예 예스'의 캐런 오가 두려움을 모르는 탐사보도 기자인 넬리 블라이에 관한 노래를 작사·작곡했고, 넬리 블라이 구글 두들을 그린 케이티 우가 노래에 어울리는 애니메이션을 만들었다.

알면 알수록 매력적인 인물이라는 생각이 들었고 넬리 블라이가 쓴 책을 국내에 소개하고 싶은 욕심도 생겼다. 그래서 주변의 의견을 들어본 뒤 세계 일주기와 정신병원 잠입 취재기를 동시에 출간하기로 했다. 한번 제대로 알려보자는 생각이 들었고 충분히 그럴 가치가 있다고 판단했다.

본격적으로 편집을 시작하면서 구글 두들 동영상을 반복해 보곤 했다. 영상 중에 세계 일주를 마친 넬리 블라이가 셜록 홈스 모자를 쓰고 먼 곳을 응시하는 장면이 있는데, 그 모습이 아주 인상적이었다. 진취적이고 다부진 표정이 넬리 블라이라는 인물을 한눈에 설명하는 것 같았다. 문득 구글 두들러(구글 두들 작업에 참여한 아티스트) 케이티 우에게 한국어판 표지 일러스트를 맡기면 좋겠다는 생각이 들었다. 구글과 작업하는 외국 작가인만큼 비용이 만만찮겠지만 출간 취지와 한국 시장의 규모를 잘 설명하면 합의할 수도 있겠다는 생각에 작가 이메일 주소로 연락했다. 답장을 초조하게 기다린 지 며칠 뒤, 마침내 뉴욕 시에 사는 케이티 우에게서 답장을 받았다. "기꺼이 이야기하고 싶다"는 내용이었다! 그 뒤로 몇 차례 메일을 주고받으며 비용과 일정에 무난히 합의했고, 세계 일주를 마친 모습과 펜과 수첩을 들고 취재하는 모습을 그린 넬리 블라이 일러스트 두 장을 받았다. 그렇게 넬리 블라이 구글 두들러의 작품이 한국어판 넬리 블라이 책 표지에 사용되었다.

출간을 결정한 시점부터 편집이 마무리 될 때까지도 책 제목을 어떻게 정할지 많이 고민되었다. 특히 잠입 취재기의 제목을 정하기가 까다로웠다. 직역하면 '정신병원에서의 10일'이다. 제목에 '정신병원'은 안 넣는 게 좋다는 의견이 있었고, 일본어 번역투라는 지적도 있었다. 동시 출간을 하는 만큼 두 책의 제목이 서로 어울릴 필요도 있었다. 딱히 마음에 드는 제목이 생각나지 않아 페이스북에 공모를 했다. 많은 분이 관심을 보이며 색다른 아이디어를 제공해 주었다. 그중 소설가 정명섭 님이 '그녀의 열흘, 세상을 바꾸다' 라는 제목을 제안했다. KBS

TV 프로그램 〈차트를 달리는 남자〉에서 넬리 블라이를 '세상을 바꾼 폭로자'로 선정한 적도 있었다. 이런 모든 것을 감안해 두 책의 제목을 각각 『넬리 블라이의 세상을 바꾼 10일』과 『넬리 블라이의 세상을 바꾼 72일』로 정했다.

넬리 블라이는 정말 세상을 바꿨을까? 넬리 블라이는 여기자가 극히 드물거나, 있더라도 대부분 패션이나 요리에 관한 기사를 쓰던 시절에 기자가 되었다. '여자아이가 무슨 쓸모가 있나'라는 성차별 칼럼이 버젓이 신문에 실리고, 여성에게 투표할 권리도 없을 때였다. 하지만 넬리 블라이가 숨을 거둘 무렵 여기자 수는 크게 늘고, 여성들도 참정권을 얻게 된다.

물론 어느 한 사람의 노력만으로 이룬 결과는 절대 아니다. 사회 곳곳에서 활동하는 수많은 '넬리 블라이'와, 자사 칼럼을 비판한 여성을 비난하기는커녕 오히려 채용한 '조지 매든' 편집장 같은 남성이 있어야 세상은 바뀐다.

2018년 1월
펴낸이 박수민

차례

출간에 부쳐 • 5

1장 :: 세계 일주를 제안하다 • 15

2장 :: 출발 • 27

3장 :: 사우샘프턴에서 쥘 베른의 집으로 • 43

4장 :: 쥘 베른의 집에서 • 59

5장 :: 브린디시로 • 73

6장 :: 미국인 상속녀 • 91

7장 :: 아름다운 검은 눈 • 105

8장 :: 아덴에서 콜롬보로 • 123

9장 :: 지체된 닷새 • 135

10장 :: 해적의 바다에서 • 165

11장 :: 몬순에 맞서 • 189

12장 :: 영국령 중국 • 205

13장 :: 광둥에서 보낸 크리스마스 • 229

14장 :: 미카도의 땅으로 • 251

15장 :: 일본에서 보낸 120시간 • 255

16장 :: 태평양을 건너다 • 277

17장 :: 미 대륙 횡단 • 287

옮긴이의 말 • 299

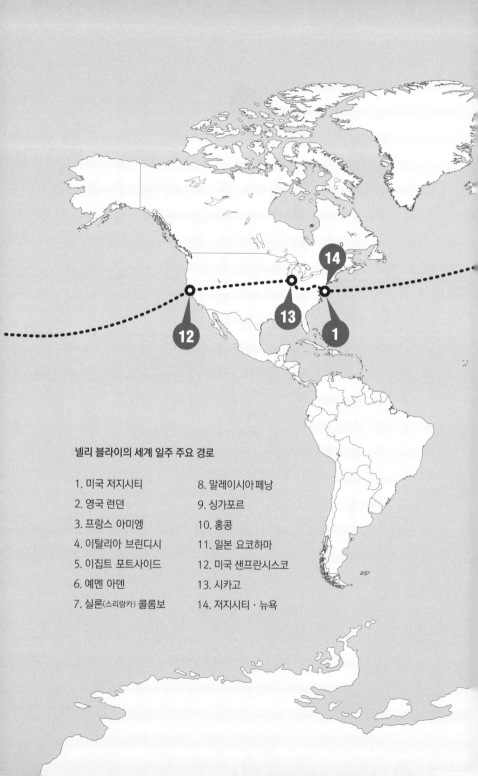

넬리 블라이의 세계 일주 주요 경로

1. 미국 저지시티
2. 영국 런던
3. 프랑스 아미엥
4. 이탈리아 브린디시
5. 이집트 포트사이드
6. 예멘 아덴
7. 실론(스리랑카) 콜롬보

8. 말레이시아 페낭
9. 싱가포르
10. 홍콩
11. 일본 요코하마
12. 미국 샌프란시스코
13. 시카고
14. 저지시티 · 뉴욕

일러두기

1. 단행본은 『 』로, 신문·잡지·영화는 〈 〉로 표기했다.
2. 본문의 괄호는 옮긴이 주다. 단, 괄호 안의 느낌표와 물음표는 원문에 따른 것이다.

1장

세계 일주를 제안하다

어떻게 그런 생각을 했냐고?

어떤 아이디어를 얻게 된 계기를 꼭 집어 설명하기란 어려울 때가 많다. 아이디어는 신문기자에게 없어서는 안 될 소중하고 귀한 것이지만, 가끔은 저절로 떠오르기도 하니까.

그 아이디어는 어느 일요일에 떠올랐다. 나는 밤늦도록 기삿거리를 궁리하면서 많은 시간을 허비했다. 보통 일요일에 기삿거리를 정하고 월요일에 편집장에게 내놓았다. 그날은 새벽 3시까지도 좋은 생각이 떠오르지 않아서 지친 상태로 침대 속에서 몸을 뒤치락거렸다. 결국 다음 주에 쓸 기삿거리를 찾지 못해 지치고 화가 났고, 짜증을 내며 이런 생각을 했다.

'차라리 지구 반대편에나 가 버렸으면!'

'안 될 것도 없잖아? 휴가가 필요해. 세계 일주를 해 볼까?'

일단 한 가지 생각이 떠오르면 생각이 꼬리를 물고 이어진다. 세계 일주라는 아이디어가 마음에 들었다.

'필리어스 포그(쥘 베른의 『80일간의 세계 일주』에 나오는 주인공)만큼 빨리 세계 일주를 할 수 있는지 직접 가 봐야겠어.'

나는 80일 만에 세계 일주를 한다는 게 가능할지 궁금했다. 필리어스 포그의 기록을 깰 수 있을지 바로 알아봐야겠다고 결심하며 곧 잠이 들었다.

날이 밝자 증기선 회사 사무실에 가서 운항 일정표를 구한 후, 마음을 졸이며 앉아서 꼼꼼하게 검토했다. 불로장생약을 구했다 해도, 80일보다 적은 시간 안에 세계 일주를 할 수 있다는 희망을 품었을 때보다 더 기쁘진 않았을 것이다.

세계 일주 계획에 대해 말하려고 조심스럽게 편집장에게 다가갔다. 내 계획이 너무 무모하고 허황된 발상이라고 생각할까 봐 두려웠다.

"뭐 좋은 생각이 있나?"

편집장이 물었고, 나는 그의 책상 옆에 앉았다.

"한 가지……."

내가 조용히 대답했다.

넬리 블라이의 세상을 바꾼 72일

편집장은 펜을 만지작거리며 내 말을 기다리고 있었다. 내가 분쑥 말했다.

"세계 일주를 하고 싶습니다!"

편집장이 친절해 보이는 두 눈에 희미한 웃음을 띠고는 미심쩍은 듯 쳐다보며 말했다.

"뭐?"

"80일이나 그보다 짧은 일정으로 세계 일주를 하고 싶습니다. 필리어스 포그의 기록을 깰 수 있을 것 같습니다. 한번 해 보면 안 될까요?"

실망스럽게도, 편집장은 예전에 같은 아이디어가 나왔는데 남자를 보낼 생각이었다고 했다. 하지만 내가 가는 것도 좋을 것 같다는 말로 나를 안심시켜 주었다. 편집장과 나는 이 문제를 의논하기 위해 경영관리부장을 찾아갔다.

"불가능합니다."

끔찍한 평결이었다.

"무엇보다 여자라서 보호자가 필요해요. 혼자 여행할 수 있다고 해도, 무거운 짐을 들고 다녀야 하기 때문에 빨리 이동하기가 힘들 겁니다. 게다가 영어밖에 못 하잖아요. 의논할 것도 없습니다. 이 일은 남자만 할 수 있어요."

"좋아요."

내가 화가 나서 말했다.

"남자를 보내 보세요. 그럼 같은 날 다른 신문사 대표로 출발해 그 남자를 이기고 말 테니까요."

"정말 그러실 것 같군요."

경영관리부장이 천천히 말했다.

이 대화가 두 사람의 결정에 어떤 영향을 미쳤다고 말하지는 않겠다. 하지만 그 방을 나오기 전에, 신문사에서 누군가에게 세계 일주를 시킨다면 그 사람은 바로 내가 될 것이라는 약속을 받아내고 행복해한 기억이 있다.

내가 가는 것으로 결론이 나기는 했지만 뉴스 취재와 관련된 중요한 프로젝트가 생기는 바람에 다소 비현실적인 세계 일주 계획은 잠시 옆으로 밀려나 있었다.

처음 계획을 말한 지 1년쯤 지난 어느 춥고 습한 저녁, 나는 사무실로 즉시 오라는 연락을 받았다. 오후 늦게 불러내는 것은 흔한 일이 아니었기 때문에 사무실에 가는 동안 내내 혹시 내가 무슨 혼날 짓을 했는지 되짚어 보았다. 사무실에 들어가 편집장이 말하기를 기다리며 곁에 앉았다. 종이에 뭔가 쓰고 있던 편집장이 눈을 들어 나를 보더니 조용히 물었다.

"모레 세계 일주를 떠날 수 있겠나?"

나는 콩닥거리는 심장을 진정시키려고 애쓰면서 바로 답했다.

"당장이라도 출발할 수 있습니다."

"원래는 내일 아침 시티오브패리스 호로 보낼 생각이었네. 그래야 여유 있게 런던발 우편열차를 탈 수 있을 테니까 말이야. 모레 아침에 출항하는 아우구스타 빅토리아 호를 타면 혹시 악천후를 만나 우편열차를 놓칠 수도 있어."

"아우구스타 빅토리아 호를 타겠습니다. 하루가 거저 단축되잖아요."

다음 날 아침, 나는 멋진 옷을 만드는 양재사 곰리에게 드레스를 주문하러 갔다. 그곳에 도착한 시간은 11시가 지났을 때고, 내가 원하는 것을 말하는 데는 몇 분도 걸리지 않았다.

나는 항상 올바른 방향으로 제대로 힘을 쏟으면 불가능한 일이 없다고 생각한다. 내가 아슬아슬하게 일을 마치길 원할 때면 곧잘 이런 말을 듣는다.

"너무 늦었어요. 불가능해요."

그러면 난 이렇게 간단히 말한다.

"말도 안 돼요! 진심으로 원한다면 할 수 있어요. 문제는, 당신이 그걸 원하느냐는 거죠."

이 말에 자극받아 최선을 다하지 않은 사람을 보지 못했다. 다른 사람이 좋은 성과를 내기를 바라거나 우리 자신이 무언가를 이루려고 한다면, 결과에 대해 의심해서는 안 될 것이다.

곰리의 가게에 갔을 때도 이렇게 말했다.

"오늘 저녁까지 드레스 한 벌을 만들어 주세요."

"알겠습니다."

곰리는 젊은 여자가 몇 시간 안에 드레스를 만들어 달라고 하는 게 흔한 일인 듯 태연하게 대답했다.

"석 달 동안 *끄떡없이* 버틸 드레스면 좋겠어요"라고 덧붙인 나는 그에게 모든 걸 맡겼다.

곰리는 여러 가지 옷감을 가져다 작은 탁자 위에 멋지게 주름 잡아 올려놓고는 전신 거울에 비춰 보며 어떤 게 나을지를 연구했다. 조바심을 내거나 허둥대지 않았다. 옷감의 각기 다른 느낌을 살펴보는 동안 생기 있고 재미있는 대화를 계속 했다. 얼마 후에는 무늬 없는 파란색 포플린과 차분한 격자무늬의 낙타색 모직물을 고르더니, 여행용 드레스를 만들기에 딱 좋고 쉽게 닳지도 않을 거라고 말했다.

나는 1차 가봉을 마친 후 1시쯤 가게를 나섰다. 다시 옷을 입어 보려고 간 5시에는 벌써 옷이 완성돼 있었다. 이렇게 일사천리로 일이 척척 진행되는 건 좋은 징조이며 세계 일주 계획과도 잘 어울린다고 생각했다.

곰리의 가게를 나온 뒤에는 방한용 얼스터 외투를 주문하러 갔고, 또 다른 옷가게에도 들러 더운 지방에서 입을 가벼운 드레스를 주문했다. 가방도 하나 샀는데, 가방에 들어가는 만큼만 짐을 꾸리기로 마음먹었다. 그날 밤 할 일은 짐을 싸는 것과 친구들에게 작별 인사를 남기는 것뿐이었다. 짐을 싸는 것은 내 인생에서 가장 힘든 일이었다. 넣을 건 많은데 공간이 너무 적었기 때문이다. 여벌 드레스를 빼고는 다 집어넣었다. 그러고 나니 작은 가방을 더 챙길지 또는 옷 한 벌로 세계 일주를 할지 선택하는 문제가 남았다. 평소 자잘한 짐을 싫어하던 나는 옷을 포기하기로 했다. 하지만 지난 여름에 산 실크 보디스가 떠올라서 가방에 구겨 넣었다.

나는 내가 미신을 굳게 믿는 여자는 아니라고 생각한다. 여행 날짜가 결정되기 전날 편집장이 불길한 꿈 이야기를 했다. 꿈에 내가 나타나 달리기 경주에 참가하겠다고 했다는 것이다. 내 달리기 실력이 미심쩍었던 편집장은 차마 경기를 볼 수 없어서 등을 돌렸다. 그런 행사가 으레 그러듯 악단의 연주와 결승점에서 사람들이 환호하는 소리가 들렸다. 그러더니 내가 다가가 눈물을 글썽이며 "졌어요"라고 말했다는 것이다.

"그 꿈이 뭘 뜻하는지 알겠어요. 제가 어떤 기사를 준비하고 있는데 누군가 선수를 친다는 뜻이에요."

나는 편집장의 꿈 이야기를 그렇게 넘겨 버렸다.

다음 날 세계 일주를 떠나게 되었다는 말을 들었을 때, 나는 두려운 예감이 엄습하는 것을 느꼈다. 내가 시간에 쫓겨 80일 안에 세계 일주를 완수하지 못할까 봐 두려웠다. 최단 기간에 세계 일주를 하라는 말을 들었을 때 내 건강 상태도 좋지 못했다. 거의 1년 동안 매일 두통에 시달렸고, 불과 한 주 전에는 과로로 몸이 상했다는 경고를 유명한 의사들로부터 들었다. 신문사 일을 거의 3년 동안 하면서 휴가라고는 하루도 써 보질 못했다. 내가 이 여행을 즐겁고 꼭 필요한 휴식의 기회로 여긴 건 당연하다.

출발 전날 저녁에 사무실에 가서 영국 금화와 영국 은행 지폐로 200파운드를 받았다. 금화는 주머니에 넣어 왔다. 영국 은행 지폐는 목에 걸고 다니는 양가죽 가방에 넣었다. 미국 금화와 지폐도 조금씩 준비했다. 미국 밖에서 미국 돈이 쓰일지를 알아보기 위해 여러 항구에서 써 볼 생각이었다.

내 손가방 바닥에는 국무장관인 제임스 G. 블레인의 서명을 받은 특별 여권이 있었다. 여권 번호는 247번이었다. 여권과 함께 리볼버 권총을 가져가는 게 좋겠다는 사람들이 있었지만, 나는 무장을 거절했다. 내가 세상을 받아들이는 한 세상도 나를 받아줄 거라는 강한 믿음이 있기 때문이었다. 정당하게 행동하면 언제든 나를 기꺼이 보호해 줄 사람을 찾을 수 있다고 생각했다. 그 사람이 미국인일 수도 있고, 영국인·프랑스인·독일인이거나 그 밖에 다른 나라 사람일 수도 있다.

전 여정의 교통편을 뉴욕에서 미리 살 수도 있다. 하지만 거의 가는 곳마다 일정이 바뀌기 쉬울 거라고 생각해서 뉴욕을 떠날 때 내 손에는 런던행 표뿐이었다.

작별 인사를 하러 사무실에 갔을 때, 내가 생각한 세계 일주용 일정표가 아예 없다는 것을 알았다. 런던에서 이탈리아의 브린디시로 가기 위해 타게 될 우편열차가 정말 금요일 밤마다 런던을 떠나는지도 알 수 없었다. 런던에 도착하는 주에 인도나 중국으로 출발할 수 있도록 환승용 배가 있을지도 모르는 상황이었다. 실제로 브린디시에 도착했을 때 (방문 예정지가 아닌) 오스트레일리아로 가는 배가 있어 망연자실했다.

나는 증기선 회사에 파견된 한 남자의 조언을 따랐다. 그 남자는 이 회사의 증기선이 대서양 최고의 운항 일정을 짜고 조정하도록 돕고 있었다. 우리가 짠 일정이 얼마나 정확한지는 나중에 알게 된다.

나중에 여행을 마친 뒤, 하나뿐인 가방에 갈아입을 옷을 얼마나 많이 넣었냐는 질문을 정말 많이 들었다. 한 벌만 넣었을 거라고 생각하는 사람도 있고, 공간을 조금만 차지하는 실크 옷을 챙겼을 거라고 생각하는 사람도 있고, 여러 항구에서 필요한 것을 샀는지 묻는 사람도 있었다.

절박한 필요성 때문에 짐을 줄이기 위해 갖은 방법을 동원해야 하는 상황에 처해 보지 않은 사람은 평범한 여행용 손가방의 위력을 결코 모른다. 내 경우는 가방 안에 여행용 모자 두 개, 베일 세 개, 슬리퍼, 화장품 일체, 잉크받침, 펜, 연필, 종이, 핀, 실과 바늘, 나이트가운, 테니스 블레이저, 작은 술병, 컵, 속옷 몇 벌, 손수건, 멋진 루슈(여성복 깃이나 소매 끝에 다는 주름 끈이나 주름 장식), 부피를 가장 많이 차지하지만 결코 포기할 수 없었던 콜드크림 통 등을 챙겨 넣었다. 다양한 기후의 여행지에서 얼굴이 트는 것을 막아 줄 콜드크림을 어떻게 포기하겠는가?

사실 콜드크림 통은 여행 내내 애물단지였다. 자리를 제일 많이 차지하는 것 같았고, 가방을 닫을 때마다 거치적거려서 애를 먹였다. 팔에 두르고 다닌 방수 실크는 비 오는 날의 유일한 대책이었다. 여행을 마치고 보니, 가방이 작은 게 아니라 내가 챙긴 물건이 너무 많았다는 생각이 든다. 아덴을 빼고는 내가 갔던 모든 항구에서 기성복을 살 수 있었다. 물론 그런 가게에 직접 들르지는 않았기 때문에 실제로 옷을 사지는 않았다.

출발하기 전에는 빡빡한 일정 탓에 도중에 세탁을 맡길 여건이 되지 않을까 봐 걱정을 많이 했다. 여행 중에 세탁 서비스를 빌릴 기회가 한두 번뿐이라고 각오하고 있었다. 기차로 이동할 때는 세탁이 불가능하다는 걸 알고 있었다. 기차 여행 시간이 많아서 런던에서 브린디시까지 이틀이 걸렸고, 샌프란시스코에서 뉴욕까지는 나흘이 걸렸다. 애틀랜틱 증기선에는 세탁 서비스가 없다. 브린디시와 중국을 잇는, 보통 피앤드오호라고 불리는 퍼닌슐러앤드오리엔털 사의 증기선에서는 매일 보급 담당자가 미국에서 가장 큰 세탁소라도 깜짝 놀랄 분량의 빨랫감을 거둬들인다. 배에서 세탁할 수는 없지만, 이 회사의 배가 닻을 내리는 모든 항구에 세탁 능력을 보여 줄 수많은 전문가들이 대기하고 있다. 세탁을 마치는 데는 여섯 시간이면 충분하다. 약속한 시간 안에 반드시 일을 끝낸다. 아마 세탁물 자체는 싫어하겠지만 일한 대가로 받게 될 돈의 가치를 충분히 알기 때문일 것이다. 그래도 뉴욕의 세탁비와 비교하면, 세탁비는 놀랄 만큼 싸다.

준비 과정에 대한 이야기는 이 정도로 그치겠다. 다른 여행객들에게 좋은 인상을 주는 것이 아니라 여행 자체가 목적인 사람에게는 짐 싸는 일이 아주 간단한 문제라는 사실을 알게 될 것이다. 딱 한 번, 홍콩에서 공식 만찬에 초대받았는데 이브닝드레스가 없어서 참석하지 못한 게 아쉽긴 했다.

하지만 수많은 트렁크와 상자들을 가져갔을 때 겪어야 했을 걱정과 부담에서 벗어난 것을 생각하면 만찬에 참석하지 못한 것은 아주 작은 문제다.

2장

출발

1889년 11월 14일 목요일 오전 9시 40분 30초, 나는 세계 일주를 시작했다. 하루 중 밤이 가장 활동하기 편하고 아침은 잠자는 시간일 뿐이라고 생각하는 사람은 우유 배달부가 오는 시간에 맞춰 일어나기가 얼마나 힘든지 알 것이다. 침대에서 일어나기 전에 몇 번이나 뒤치락거렸다. 졸린 와중에도 왜 이럴 때면 침대가 평소보다 훨씬 더 안락하게 느껴지는지. 아무런 부담 없이 몇 시간이고 실컷 잘 때보다 기차를 놓칠지도 모르는 상황에서 자는 도둑잠이 왜 훨씬 더 달콤한지 궁금했다. 여행에서 돌아오기만 하면, 중요한 일이 없어도 빨리 일어나야 할 일이 있는 것처럼 도둑잠을 즐겨 보겠다고 다짐했다.

이런저런 생각을 하며 아주 달콤한 선잠에 빠져 있던 나는, 문득 배를 놓칠지도 모른다는 생각에 깜짝 놀라 일어났다.

물론 당장 출발하고 싶은 마음이 굴뚝같았지만 나른한 중에도 이런 생각이 들었다. 훌륭한 사람들이 비행기를 발명하려고 많은 시간을 바치고 있는데, 그들이 쏟는 에너지의 아주 적은 부분만이라도 배와 기차가 출발하는 시간을 항상 정오 이후로 정하는 제도를 만드는 데 쓴다면 고통받는 인류에게 크나큰 도움이 될 거라고 말이다.

아침을 조금 먹어 보려 했지만 너무 이른 시간이라서 음식이 넘어가질 않았다. 집에서 나설 순간이 왔다. 사랑하는 이들에게 급히 입을 맞추고, 내 앞에 놓인 여행을 후회하는 마음이 울컥하고 올라오는 걸 참기 위해 정신없이 계단을 뛰어 내려갔다.

"걱정 마세요."

내가 격려하듯 말했다. 안녕이라는 말은 무서워서 입 밖에 낼 수 없었기 때문이다.

"휴가 간다고 생각하세요. 내 인생에서 가장 즐거운 시간을 보낼 거라고요."

배를 타러 가는 길에 나 자신을 이렇게 격려했다.

'겨우 4만 5000킬로미터 정도, 75일 네 시간짜리 여행일 뿐이야. 그다음에는 돌아온다고.'

내가 갑자기 떠나게 된 걸 안 친구들이 배웅하러 왔다. 그 날 아침은 맑고 화창했으며 배가 정박해 있는 동안에는 모든 것이 좋게만 보였다. 배웅객들은 그만 배에서 내려가라고 알리는 소리를 들었을 때 그게 무엇을 뜻하는지 비로소 실감이 났다.

"힘내."

마지막으로 손을 잡으며 친구들이 말해 주었다. 친구들의 눈이 젖은 것을 보고는 마지막으로 좋은 기억을 남겨 주고 싶어서 웃으려고 노력했다.

기적이 울리고 친구들은 부두에, 나는 아우구스타 빅토리아 호에 서 있었다. 배는 나를 낯선 땅, 낯선 사람들에게로 데려가기 위해 내가 알던 모든 것으로부터 천천히, 그러나 분명히 멀어져 가고 있었다. 그 순간 나는 막막한 기분에 사로잡혔다. 머리가 어질어질했고 심장은 터질 것 같았다. 겨우 75일이라고! 맞다. 그러나 그 시간이 아득히 길게 느껴졌고, 지구가 이제 평평하게 끝도 없이 넓게 펼쳐져 버려서 나는 다시 돌아올 수 없을 것만 같았다.

부두에 있는 사람들을 아주 오랫동안 쳐다봤다. 평소 같으면 즐거웠겠지만 그때는 아니었다. 모든 것에 작별을 고하고 싶다는 감상적인 생각이 들었다. 그리고 슬픔에 잠겨 생각했다.

'떠나는구나. 다시 돌아올 수 있을까?'

뜨거운 열기, 모진 추위, 사나운 폭풍, 난파, 열병. 그동안은 이 모든 것이 가벼운 설렘으로 다가왔다. 그런데 지금 문득, 칠흑같이 깜깜한 동굴에 갇혀 곧 온갖 공포가 밀어닥칠 거라고 들은 사람이 느낄 법한 감정에 사로잡히다니.

그날 아침은 날씨가 좋았고 만이 더없이 아름답게 보였다. 배는 부드럽고 조용하게 바다로 나갔다. 갑판에 있는 사람들은 각자 의자와 담요를 챙겨서 편하게 자리를 잡았다. 마치 다른 사람이 언제 차지할지 모르기 때문에 자리가 있을 때 실컷 즐기기로 작정한 것 같았다.

배에서 떠나는 도선사가 작은 줄사다리로 내려가는 것을 보려고 사람들이 모두 뱃전으로 몰렸다. 나도 가까이에서 보았지만, 도선사는 우리 쪽으로 눈길 한번 주지 않고 자신을 도선선으로 데려가기 위해 대기하고 있던 노 젓는 배로 내려갔다. 도선사에게는 늘 있는 일이겠지만, 나는 배가 가라앉지 않을지 도선사가 남기고 싶은 말이나 보고 싶은 건 없을지 무척 궁금했다.

"이제 진짜 여행이 시작됐군요."

어떤 사람이 내게 말했다.

"도선사가 떠나고 선장이 배의 키를 잡으면 바로 그때부터 항해가 시작되거든요. 이제 막 당신의 세계 일주가 정말로 시작됐습니다."

그 말에는 바다에서 겪는 골칫거리, 즉 뱃멀미를 생각하게 하는 무언가가 있었다. 배로 여행해 본 적은 없지만, 멀미와 벌일 사투를 예상할 수는 있었다.

"멀미하세요?"

그 사람이 관심을 갖고 친절하게 물었다. 더는 참을 수 없었다. 나는 난간으로 잽싸게 달려갔다. 멀미하느냐고? 나는 거친 파도가 뭐라고 하든지 아랑곳 않고 아래만 보면서 속을 다 게워 냈다. 사람들은 항상 뱃멀미에 무정하다. 눈물을 닦고 돌아서 보니 다들 얼굴에 미소를 띠고 있었다. 나는 누군가 갑자기 뱃멀미에 시달릴 때면 사람들이 늘 그쪽 뱃전으로 모인다는 사실을 알아챘다. 그런 미소들은 전혀 신경이 쓰이지 않았지만, 어떤 남자가 비웃듯 말했다.

"저런 여자가 세계 일주를 한다니!"

사람들이 웃음을 터뜨렸고 나도 따라 웃었다. 마음속으로는 이제껏 한 번도 해 보지 않은 항해에 무작정 뛰어든 나의 무모함에 새삼 놀라고 있었다. 하지만 결과에 대해서는 조금도 의심을 품지 않았다.

물론 점심은 먹으러 갔다. 모두 식사를 하러 왔는데, 대부분 아주 급하게 자리를 떴다. 나도 그들과 함께 나갔다. 아니, 어쩌면 내가 앞장서서 뛰쳐나왔는지도 모르겠다. 어쨌든 식당에 그렇게 많은 사람이 모인 것은 그 항해가 끝날 때까지 다시 보지 못했다.

저녁 식사 때는 아주 용감하게 선장의 왼편에 가서 앉았다. 뱃멀미가 나는 것을 이겨 보겠다고 단단히 마음먹었지만, 가슴 한 구석으로는 내 의지보다 훨씬 강력한 무엇인가 있다는 느낌이 희미하게 들었다.

만찬은 아주 유쾌하게 시작됐다. 웨이터들이 소리 없이 움직이고 악단이 서곡을 연주했다. 잘생기고 사교적인 앨버스 선장이 상석에 자리를 잡고, 같은 식탁에 앉은 승객들이 만찬을 시작했다. 열정적인 조타수가 좋은 정박지를 발견했을 때 그렇게 신이 날까 싶을 정도로 사람들은 열심히 음식을 먹어 치웠다. 선장이 앉은 식탁에서 항해가 낯선 사람은 나 하나뿐이었다. 나는 그런 사실을 쓸쓸하게 의식했고, 다른 사람들도 그렇게 느끼기는 마찬가지였다.

고백하자면, 수프가 나오는 동안 나는 끔찍한 생각에 빠져 있었고, 속이 울렁거릴 만큼 두려움에 사로잡혔다. 내가 보기에도 모든 것이 뜻밖의 크리스마스 선물처럼 좋았다. 옆에 앉은 사람들은 음악에 대해 열띤 토론을 주고받았다. 그들의 말에 귀를 기울이려고 애썼지만, 내 생각은 토론거리도 되지 못할 주제를 맴돌 뿐이있다.

몸이 추웠다 더웠다 했다. 7일 동안 음식 구경을 하지 않아도 배고플 것 같지 않았다. 사실 육지에 도착할 때까지는, 또는 뱃멀미를 잘 견딜 수 있을 때까지는 아예 음식을 쳐다보거나 냄새 맡거나 먹을 일이 없기를 바라는 마음이 굴뚝같았다.

생선 요리가 나오고 앨버스 선장이 한창 재미있는 이야기를 하고 있을 때, 도저히 더는 참을 수가 없었다.

"실례합니다."

힘없는 소리로 속삭이고는 미친 듯이 무턱대고 밖으로 달려 나갔다. 부축을 받으며 한적한 곳에서 창피함을 무릅쓰고 꾹 참고 있던 것들을 조금 쏟아냈다. 그러고 나니 제법 용기가 생겨서 선장의 조언대로 저녁 식사를 마저 하기로 마음먹었다.

"뱃멀미를 이기는 유일한 방법은 억지로라도 먹는 거죠."

선장이 말했다. 그 방법을 써 보는 게 나쁘지 않을 것 같았다.

식당으로 다시 돌아가자 사람들이 축하해 주었다. 적절하지 않은 행동을 다시 할지도 모른다는 수치스러운 생각이 들었지만 내색하지 않으려고 노력했다. 아니나 다를까, 얼마 안 가 다시 조금 전처럼 서둘러 자리를 비웠다.

다시 식당으로 돌아갔다. 이번에는 약간 불안했고 내 결심에 대한 믿음도 약해지고 있었다. 자리에 앉자마자 승무원의 눈에서 재미있어하는 표정을 읽었다. 그 눈빛 때문에 나는 손수건에 얼굴을 묻고서 식당 홀의 끝에 도착할 때까지 입을 틀어막고 있었다.

세 번째로 자리에 돌아갔을 때 사람들이 나를 친절하게 맞이하면서 환호성을 질렀고, 그 소리에 나는 다시 참을성을 잃을 뻔했다. 다행히 만찬은 막 끝난 뒤였다. 나는 대담하게도 만찬이 아주 좋았다고 말했다!

나는 얼마 안 가 잠자리에 들었다. 승객들이 아직 서로 친해지지 않았기 때문에, 음악 연주회장에 앉아 처지가 똑같은 다른 승객들을 쳐다보면서 선상의 첫날을 보내기보다는 자는 편이 더 나을 거라고 결론 내렸다.

자러 간 시간은 7시가 막 지나서였다. 그 뒤 일어나서 차를 마신 기억이 희미하게 있지만, 그런 사실과 무서운 꿈을 꾼 것을 빼면 아무 기억이 없다. 그러다가 문밖에서 나를 부르는 순수하고 유쾌한 목소리가 들렸다.

눈을 떠 보니 내 객실에 여승무원과 여자 승객이 있고, 선장은 문가에 서 있었다.

"우린 당신이 죽었을까 봐 걱정했어요."

선장이 내가 깨어난 것을 보고 말했다.

"전 아침에 항상 늦잠을 자요."

내가 미안해하며 한 말이다.

"아침이라고요!"

선장이 웃으며 크게 말했고, 다른 사람들도 웃었다.

"지금은 오후 4시 30분이에요!"

그가 위로하며 덧붙였다.

"신경 쓰지는 마세요. 잘 잤다니 오히려 좋은 거죠. 이제 일어나세요. 저녁을 먹을 수 있을지 봅시다."

그렇게 했다. 나는 여전히 풋내기였지만 저녁 식사가 나오는 대로 겁내지 않고 모두 먹었고, 그날 밤에는 실외에서 오랫동안 운동한 사람처럼 푹 잤다.

날씨가 아주 나쁘고 파도가 거칠었지만 즐거웠다. 뱃멀미가 사라진 것이다. 하지만 곧 뱃멀미가 재발할지도 모른다는 우울한 생각이 머릿속을 떠나지 않았기 때문에 여전히 마음을 편하게 가지려고 애썼다.

거의 모든 승객이 식당에서 먹기를 꺼려 갑판에서 식사를 했다. 시간이 갈수록 승객들은 하나같이 편안하게 기대거나 누운 자세로만 지냈다. 쾌활하고 똑똑한 미국 아가씨 하나가 독일에 있는 부모를 만나러 혼자 여행하는 중이었다. 그녀는 재미있는 일이라면 무엇에든 적극성을 보였다. 말이 아주 많아서 늘 뭔가를 말하는 아가씨였다. 그녀 같은 사람을 거의 만나 보지 못했다. 영어뿐 아니라 독일어로도 패션에서 정치까지 무엇이든 얘기할 수 있었다. 아버지와 삼촌이 유명인이었고, 말을 들어 보면 그녀가 아버지의 사랑을 받는 딸이라는 걸 바로 알 수 있었다. 자유분방하고 똑똑한 데다 여성스러웠다. 배에서 마거리트 머리(풍성하게 말아 양 갈래로 길게 땋은 머리를 턱 밑에서 묶는, 빅토리아 시대의 야회용 머리 모양)를 한 이 아가씨보다 정치, 미술, 문학, 음악에 대해 더 많이 아는 사람은 없었다. 게다가 갑판에서 하는 달리기 경주에 누구보다 더 신나게 참여했다.

여행자가 동료 여행자의 특성을 알아 가는 데서 순수한 기쁨을 맛보는 것이 지극히 당연한 일이라고 생각한다. 며칠이 지나지도 않았는데, 여기저기 돌아다닐 있는 사람은 누구나 선실에 박혀 지내는 사람에 관해 자신이 아는 이야기들을 조금씩 보탰다. 그런 식으로 얻은 지식이 좋다고 말하지는 않겠지만, 서로 섞여서 지내는 여행객들이 서로에게서 흥미로운 점을 발견하고 이야깃거리로 삼지 않았다고 말할 생각도 없다.

승객 중에 식사 후에 항상 맥박을 재는 남자가 있었다. 그 남자는 멀미를 하지 않기 때문에 식사도 아주 푸짐하게 했다. 그때 나는 그 남자한테 내가 관찰할 수 있도록 맥박을 소리 내어 재어 달라고 하고 싶은 생각이 간절했다. 남자가 그토록 세심하게 관찰한 것이 자기 맥박이 아니라 내 맥박이었다면 그 후도 신경을 쓰지는 않았을 것이다. 그러나 날이 갈수록 더욱 관심이 커지고 조바심이 나서, 맥박이 식사 전에 느려졌다가 식사 후에 빨라지는지 또는 아침저녁으로 맥박이 같은지 하마터면 물어볼 뻔했다.

맥박을 재는 남자에 대한 흥미를 거의 잃었을 무렵에는 날마다 자기가 몇 걸음 걸었는지를 세는 남자한테 관심이 쏠렸다. 그에 대한 관심도 시들해지자 이번에는 한 여자가 눈길을 끌었다. 그 여자는 뱃멀미에 몹시 시달리고 있었는데, 뉴욕의 집을 나설 때 차림을 계속 유지하고 있었다. 어느 날 그녀가 자신 있게 말했다.

"배가 가라앉고 있는 게 틀림없어요. 가라앉을 때 가라앉더라도 옷은 제대로 갖춰 입고 있어야죠."

그 뒤로는 그녀가 그렇게 끔찍한 뱃멀미를 한다는 것이 놀랍지 않았다.

뉴욕에서 파리로 가는 가족이 있었다. 이들에게는 '홈, 스위트 홈'이라는 별난 이름의 작은 은색 스카이테리어가 있었다. 그 개한테 말을 붙여야 하는 사람뿐만 아니라 그 개에게도 다행스럽게도, 개 주인은 '호미'라는 짧은 이름으로 불렀다.

개 주인은 '호미'의 뱃삯까지 지불했지만, 배의 규정상 '호미'는 푸주한의 보살핌을 받으며 푸줏간에 머무를 수밖에 없었다. 개 주인 부부는 크게 질색했다. '호미'는 그런 가혹한 대우를 받아 본 적이 없었다. '호미'에게 행복한 순간이 있다면 갑판에 가도 좋다는 허락을 받을 때뿐이었다. 그나마도 '호미'가 짖으면 바로 내려 보내야 한다는 단서가 붙어 있었다. 나는 '호미'가 오랫동안 갇혀 있는 장소가 우리 선실 문 앞일까 봐 걱정이었다. 누가 '쥐'라고 하면 그야말로 미친 듯이 바닥을 팠기 때문이다. 그럴 때는 보통 짧고 강하게 짖으며 잠깐씩 멈춘다. 우리는 날마다 '호미'의 살이 빠지는 것을 알고 당황스러웠다. 사람들은 그 개가 푸줏간에서 지내는데도 계속 야위어 가는 것을 의아해했고 결국 뱃멀미 탓이라고 생각했다. 그래서인지, 몇몇 승객들이 그러듯이 '호미'는 자기 선실에 틀어박혀 나오지를 않았다. 항해가 끝날 무렵 모두에게 식사로 소시지와 햄버거 스테이크가 나올 때면, 많은 사람들이 그날 '호미'를 보았느냐고 서로 속삭이듯 물었다. 날이 갈수록 그런 속삭임이 어찌나 걱정스러운 말투가 되었는지, 때로 그런 말에는 작은 개에 대한 순수한 애정만이 아니라 혹시나 하는 걱정이 배어 있는 것 같았다.

모든 것이 지루해질 때면 앨버스 선장이 승객들을 즐겁게 할 만한 것을 생각해 냈다. 저녁 식사 후에 항상 종이를 한 장

꺼내 식탁에 있는 사람 수대로 줄을 긋는다. 그중 한 줄에 표시를 하고는 종이를 빈틈 접어서 표시한 부분이 보이지 않게 한다. 그러고는 종이를 모두에게 돌려서 각자 한 줄씩 선택해 이름을 적게 한다. 종이가 다시 선장에게 건네지면, 우리는 숨을 죽이고 결과를 기다린다. 표시된 줄을 선택한 사람이 나머지 사람들에게 담배나 코디얼(달고 과일 향이 나는 술) 같은 것을 대접한다.

미국과 미국인에 대해 대다수 외국인들이 갖는 잘못된 인상에 대한 이야기도 많이 오갔다. 어떤 사람은 다른 나라 사람들 대부분이 미국이 어디에 있는지 모른다고 했다.

앨버스 선장은 이렇게 대답했다.

"미국이 집 몇 채밖에 없는 작은 섬이라고 생각하는 사람이 많습니다. 한번은 호보컨(미국 뉴저지 주 북동부 도시) 부두 근처의 저희 집에 편지가 왔더군요. 독일에서 온 편지였는데 수신자 칸에 이렇게 적혀 있었어요. '미국 첫 번째 집, 앨버스 선장.'"

그 식탁에서 가장 수줍음을 많이 타는 남자도 자기 목소리에 얼굴이 빨개지며 말했다.

"저도 독일에서 보낸 편지를 받았는데, 수신자 칸에 이렇게 돼 있었어요. '미국 건너편에 있는 호보컨.'"

11월 21일 점심 식사 때는 어떤 사람이 육지가 보인다며 큰 소리로 외쳤다. 다들 자리를 박차고 갑판으로 몰려 나갔는데, 아마 그 소동은 콜럼버스 일행이 미국을 발견했을 때보다 덜하지 않을 것이다. 지금도 적절한 이유를 댈 수는 없지만, 그때 첫눈에 들어오던 쓸쓸한 육지 풍경을 보는 내 마음은 세상에서 가장 아름다운 풍경을 볼 때보다 더 흥미로웠다.

승객들이 육지를 보고 있는 사이, 얼이 빠진 듯 얼굴이 창백한 사람들이 갑판을 가득 채우기 시작했다. 마치 새로운 승객들이 배에 탄 것 같았지만, 뉴욕에서 함께 출발한 이들이었다. 뉴욕을 떠난 이래 혼자만의 시간을 즐기고(?) 있었다니, 믿기 어려웠다.

그날 저녁 식사는 아주 유쾌했다. 사우샘프턴(영국 잉글랜드 남동부에 있는 항구도시)에서 내릴 사람들을 위해 특별 코스가 준비되었다. 7일 전 뉴욕을 떠날 때는 승객 중에 아는 사람이 아무도 없었다. 그러나 이제 그들과 헤어진다고 생각하니 너무 아쉬웠다.

누군가와 함께 여행했다면 그렇게까지 깊은 감정을 느끼지는 못했을 것이다. 동료 승객들과 친해지는 데 시간을 덜 들였을 테니 말이다. 그들 모두가 정말로 친절하게 대해 주었기 때문에, 내가 친구들을 남겨 두고 떠나는 느낌이 들지 않았다면 배은망덕한 여자였을 것이다. 앨버스 선장은 지중해에서 다년간 항해를 지휘해 보았다. 그는 나에게 건강을 챙겨야 한다고 주의를 주었다. 아우구스타 빅토리아 호에서 지낼 시간이 점점 줄어들면서, 어떤 사람들은 소설 속 주인공이 세운 기록을 깨려는 내 시도의 결과를 예상하며 약간 놀렸다. 나는 두려운 속마음을 숨기려고 억지로 쾌활한 척했다.

아우구스타 빅토리아 호의 승객들은 내리는 사람들을 배웅하기 위해 모두 잠자리에 들지 않고 있었다. 우리는 갑판에 앉아 이야기를 나누거나 새벽 2시 30분까지 초조하게 돌아다녔다. 누군가 예인선이 옆에 왔다고 말하자 다들 그걸 보려고 몰려갔다. 예인선이 안전하게 묶이자 우리는 누가 이 배에 새로 타는지 보기 위해, 육지 소식을 듣기 위해 아래쪽 갑판으로 갔다.

한 남자는 내가 런던까지 혼자 가야 할까 봐 매우 걱정했다. 그는 그때가 너무 늦은 시간이라, 아니, 너무 이른 새벽이라 나를 만나기로 한 런던 특파원이 나타나지 않을 거라고 생각했다.

"마중 나온 사람이 없으면 제가 내려서 런던까지 안전하게 모시겠습니다."

내가 일행이 없이도 안전하게 갈 수 있다고 장담했지만 남자는 고집을 부렸다. 그 남자를 위해서라도 나는 마중 온 사람을 찾으려 애썼다. 한 신사가 내 세계 일주에 대해 이야기할 때 마침 몇 사람이 우리 앞을 지나갔다. 키 큰 젊은 남자가 우연히 그 말을 듣고 계단에서 발길을 돌리더니 어색하게 웃으며 나를 내려다봤다.

"넬리 블라이?"

젊은 남자가 궁금해하며 물었다.

"네."

내가 손을 내밀며 대답했다. 그는 따뜻하게 악수를 나누는 동안 여행이 즐거웠는지, 짐을 다 꾸렸는지 물었다. 내가 혼자 런던까지 갈까 봐 걱정하던 남자는 때를 봐서 그 특파원을 대화로 끌어들였다. 나중에 남자가 아주 만족한 표정으로 말했다.

"괜찮은 사람이군요. 그가 미덥지 않았다면 어떻게 해서든 제가 런던까지 같이 갔을 겁니다. 일행이 있으니 이제야 마음이 놓이는군요."

혈혈단신인 내 안전을 위해 자신의 편안함마저 희생하려고 한 친절한 남자 덕에 따뜻한 기분을 느끼면서 길을 나섰다.

정감 어린 악수를 하고, 덕담을 나누고, 목구멍이 마르는 것을 느끼며, 심장이 약간 빨리 뛰는 가운데 가파른 건널판을 급히 뛰어 내려가 런던으로 갈 다른 승객들과 합류했다. 배에서 예인선이 분리되고 우리는 어둠 속으로 천천히 이동했다.

3장

사우샘프턴에서 쥘 베른의 집으로

"쥘 베른 부부가, 당신이 괜찮다면 잠깐 방문해 주면 좋겠다는 편지를 보냈어요."

예인선이 부두로 갈 때 런던 특파원이 말했다.

"어쩜, 뵐 수만 있다면 정말 좋죠!"

내가 이렇게 외치고는 숨도 쉬지 않고 바로 물었다.

"그런 대접을 거절하기는 정말 힘든지 않겠어요?"

"이틀 밤을 잠 안 자고 쉬지도 않고 갈 각오만 되어 있다면 가능할 겁니다."

그가 조용히 말했다.

"괜찮을까요? 갈아탈 교통편을 놓치지는 않을까요? 그것만 괜찮다면 잠이나 휴식은 아무래도 좋아요."

"그건 오늘 밤 여기를 떠나는 기차를 탈 수 있느냐에 달려 있습니다. 오전에 있는 정기 열차가 모두 떠났으니, 배달이 지연된 우편물을 위한 특별 열차 운행이 결정되지 않으면 밤새 여기 머물러야 할 겁니다. 그럼 베른 씨를 보러 갈 시간이 없겠지요. 일단 육지에 도착해서 어떤 결정이 나는지 알아봐야죠."

우리를 육지에 데려가는 배는 많이 불편했다. 선실이 하나뿐인 것 같았는데, 그마저도 우편물과 짐으로 가득 차 있고 둥근 갓이 연기에 그을린 램프 하나가 불을 밝히고 있었다. 앉을 자리를 찾을 수 없었던 우리는 모두 축축하고 찬 공기 속에 오들오들 떨면서 불안한 분위기의 회색 안개 속을 바라보며 갑판에 서 있었다.

음산하고 황량한 부두는 그 낡은 배를 대기에 딱 좋은 곳이었다. 나는 조용히 특파원을 따라 비어 있는 큰 세관 창고로 들어갔다. 제복을 입고 졸린 눈을 한 남자 몇 명이 있었는데, 분명히 옷을 입은 채 자고 있던 것 같았다. 남자들은 길고 낮은 탁자 뒤에 대기하고 있었다.

"열쇠는 어디 있어요?"

특파원이 피곤해 보이는 세관원 앞에 내 가방을 내려놓으면서 내게 물었다.

"가방에 짐이 너무 많아서 잠글 수도 없었어요."

내가 솔직히 말했다.

"소지품 중에 담배나 차는 없습니까?"

세관원이 특파원에게 굼뜨게 물었다.

"대답하지 마세요."

내가 특파원에게 말했다. 그리고 세관원을 보며 덧붙였다.

"이건 내 가방이거든요."

세관원이 웃으며 가방에 분필로 표시하고는 가도 좋다고
했다.

"담배나 차가 있으면 분명히 말씀하세요. 아님 팁을 주든
가요."

내가 한 승객에게 장난스럽게 말했다. 그는 한쪽 팔에 야위
어 떨고 있는 불쌍한 '호미'를 안은 채 열쇠를 찾느라 부산하
게 이리저리 주머니를 뒤지고 있었다.

"내가 그 푸주한을 혼내 줬어요!"

그가 의미심장한 눈짓을 하며 말했다.

세관을 통과한 우리에게 기쁜 소식이 날아들었다. 지체 없
이 런던으로 가고 싶어 하는 승객들의 바람대로 특별 우편열
차에 객차 한 냥을 연결하기로 결정됐다는 것이다. 곧 기차가
준비되어, 우리는 객차에 올라타서 몸을 데우기로 했다.

기차 승무원 한 명이 내 가방을 들었고, 승무원복을 입은 또 다른 남자가 커다란 열쇠를 꺼내 객차 문을 열었다. 문은 미국에서처럼 객차 뒤에 있는 것이 아니라 옆에 있었다. 문으로 이어지는 길고 불편한 계단은 그럭저럭 올라갔는데, 바닥에 뭔가 튀어나와 있어서 발이 걸렸다. 결국 아주 볼품없고 꼴사나운 자세로 자리에 앉게 되었다.

함께 탄 일행은 승무원에게 몇 가지 주문을 하고 나서 내 기차표에 대해 알아보러 나갔다. 나는 영국 기차의 객실을 구석구석 살펴봤다. 내가 앉아 있는 작은 공간은 호텔의 승합차 같이 생겼고 거의 그만큼 편안했다. 빨간 가죽 의자 두 개가 놓여 있었는데, 하나는 기관차를 등지고, 다른 하나는 기차의 후미를 등진 채 마주 보고 있었다. 문이 양쪽에 하나씩 있고 음침한 램프가 하나 있었는데, 심한 냄새가 나지 않았더라면 램프가 켜져 있는 줄 몰랐을 정도로 빛이 약했다. 영국 기차가 도대체 무엇 때문에 그렇게 최고의 위치를 차지하는지 알아보고 싶었던 나는 아까 발에 걸렸던 것을 덮고 있던 바닥의 깔개를 조심스럽게 들췄다. 철로 만든 봉처럼 생긴 해롭지 않을 듯한 물건을 발견한 뒤 깔개를 다시 제자리에 놓자마자 문이 열렸다. 승무원이 철로 된 봉의 한쪽 끝을 잡더니 밖으로 꺼내서는 모양과 크기가 비슷한 다른 봉으로 바꿔 놓았다.

"발 난로에 발을 올려 몸을 따뜻하게 하세요, 아가씨."

승무원이 말했고, 나는 아무 생각 없이 하라는 대로 했다.

일행이 곧 돌아왔고, 뒤이어 승무원 하나가 큰 바구니를 가져다 우리 객실에 넣었다. 이어서 차장이 와서 표를 받았다. 그러고는 거꾸로 읽으면 '석용전'이라고 쓰인 종이를 차창에 붙이고 나가더니 문을 잠갔다. 내가 화물 열차 속 동물처럼 상자에 갇혔다는 생각이 들어서 물었다.

"기차가 선로를 달리면 어떻게 밖으로 나가죠?"

"영국에서는 기차가 선로를 벗어나는 일이 절대 없지요."

조용하고 만족스러운 대답이었다.

"그러기에는 너무 느린가 보군요."

나는 장난스럽게 대꾸했는데, 그 말을 하고 나자 내가 뭘 먹고 싶어서 그런가 하는 생각이 들었다.

우리는 무릎에 식탁보 대신 신문을 펼치고 바구니에 있던 것을 꺼내 먹으면서 런던에 도착할 때까지 내 여행에 대한 이야기를 나누었다.

보통 그 시간에는 기차가 없기 때문에 워털루 역에는 사람이 거의 없었다. 기차가 멈추고 나서 얼마 지나지 않아 차장이 객실 문을 열어 우리를 풀어 줬다. 하차할 때 보니 몇몇 동료 승객들은 허름한 승합 마차를 타고 막 출발하려 하고 있었다.

우리는 작별 인사를 나누고 행운을 빌었다. 이윽고 바퀴가 넷 달린 승합 마차를 탔다. 내 앞에는 우리를 마중하러 나온 젊은 영국 남자가 앉아 최근 소식을 수다스럽게 전해 주었다.

런던에 몇 시에 도착했는지 몰랐지만, 런던 특파원은 그때가 낮이라고 일러 주었다. 차라리 모르는 게 나았다. 희미한 회색 안개가 도시 전체에 유령 같은 막을 드리우고 있었다. 나는 항상 안개가 좋았다. 대낮의 환한 빛 속에서는 거칠고 평범해 보였을 것들에 안개는 아주 부드럽고 아름다운 빛을 준다.

"뉴욕 거리와 비교하면, 이 거리가 어떤가요?"

우리가 역을 떠난 뒤로 이어진 침묵을 깬 첫 질문이었다.

"나쁘진 않네요."

나는 뉴욕의 끔찍한 거리들을 창피한 마음으로 떠올리면서 잘난 체하듯 대답했지만, 뉴욕에 대한 안 좋은 소리는 듣지 않기로 했다.

일행은 웨스트민스터 사원과 국회의사당을 가리켰고, 템스 강을 지날 때는 그 위를 건너고 있다고 말해 주었다. 런던을 높은 곳에서 조망하는 듯한 기분이었다. 수많은 외국인들이 미국을 그런 식으로 후닥닥 보고는 자기 나라로 돌아가서 미국과 미국인과 미국정신에 대해 책을 쓴다.

우리는 먼저 〈뉴욕월드〉의 런던 지사로 갔다. 그곳에서 내가 도착하기를 기다리던 전보를 받은 후, 전보에 있던 지시대로 여권을 받기 위해 미국 공사관으로 출발했다.

도착하자마자 공사관 서기관인 맥코믹 씨가 방에 들어왔다. 맥코믹 씨는 우리를 반갑게 맞아 주면서 여행 중 첫 구간을 성공적으로 끝낸 것을 축하하고는 자리에 앉아서 여권을 써 주었다. 그러고는 내게 중요한 질문을 해야 하니 일행에게 자리를 비켜 달라고 부탁했다. 나는 여권을 신청해 본 적이 없어서 그런 절차에 어떤 비밀이 있는지 알고 싶다는 호기심이 들끓었다.

"여자 분들이 대답하기 싫어하는 질문이 하나 있습니다. 사실대로 답하는 사람이 거의 없지요. 나이를 말씀하시는 게 망설여지신다면, 다른 질문부터 하겠습니다."

"아, 괜찮아요. 말해 드리죠. 전 아무렇지도 않으니까 일행이 저 구석에 있지 않아도 될 것 같네요."

"눈은 어떤 색입니까?"

맥코믹 씨가 물었다.

"녹색이에요."

내가 덤덤히 답했다.

처음에는 의심하는 것 같았지만 잠깐 살펴본 뒤에는 두 신사 모두 내 말이 맞다고 인정했다. 겨우 몇 초 만에 일이 끝나고 우리는 다시 런던 거리를 질주하고 있었다. 이번에는 퍼닌 슐러앤드오리엔털 증기선 회사 사무실로 가서 여정 중 절반 정도에 해당하는 표들을 샀다. 다시 몇 분 뒤에 채링크로스 역으로 빠르게 달려갔다.

배가 고파 쓰러질 것 같았다. 일행이 마차를 돌려보내고 기차표를 사는 동안 채링크로스 구내식당 차림표에서 준비된 유일한 음식을 주문했다. 일행이 돌아왔을 때는 아침 식사가 나와 있었다. 햄과 달걀과 커피가 전부였지만 맛있게 먹었다. 얼마 먹지 못했는데 우리가 탈 기차가 곧 출발한다는 소리가 들렸다. 나는 커피를 한 모금 더 마시고 나서 기차를 타기 위해 승강장으로 달려 내려갔다.

건강을 유지하기 위해 꼭 음식을 많이 먹을 필요는 없다. 그때 마신 커피가 그날의 두통에서 구해 주었다고 확신한다. 런던을 질주하고 다니는 동안 내내 찬 공기에 몸을 떨었고, 때로는 머리가 너무 어지러워 지구가 감기에 걸렸는지 뇌가 춤을 추는지 모를 정도였다. 기차에 타서 자리에 편히 앉자, 몸이 좀 따뜻해지고 안정되는 것을 느꼈다.

기차는 느리게 달렸고, 기차의 바로 그런 덜컹거림이 몸을 나른하게 했다.

"여기 풍경을 보세요. 아름답네요."

넬리 블라이의 세상을 바꾼 72일

일행이 말했는데, 나는 멍하니 있다가 심술궂게 대꾸했다.

"24시간 넘게 못 잔 사람한테 풍경이 눈에 들어오겠어요? 잠이나 자는 게 낫지 않아요? 오랫동안 못 주무셨고 오늘 밤에도 늦게까지 못 주무실 거예요. 그러니까 건강을 위해 지금은 자 두는 편이 좋을 거예요."

"당신은요?"

일행이 놀리듯 웃으며 말했다. 사실 나는 그 이상으로 더 오래 못 잤으니까.

"네, 맞아요. 당신한테 한 말이지만 사실 저한테 더 맞는 말이죠."

내가 웃으며 대답하자 분위기가 더욱 편해졌다.

"솔직히 지금은 너무 졸려서 경치가 눈에 안 들어오네요. 영국 농가 풍경이 매력적이에요. 미안하지만, 데이지가 군데군데 핀 초원이 캔자스에서 본 풍경과 닮은 것 같아요……."

초원에 데이지가 피어 있는지 아닌지 전혀 알 수 없었지만 그렇게 말했고, 미안하다고 하고는 곯아떨어졌다. 그러고는 집 꿈을 실컷 꾸면서 편히 달게 자다가 기차가 서는 바람에 깼다.

"여기에서 배로 갈아타야 합니다."

일행이 가방과 담요를 들어 승무원에게 주면서 말했다.

조금 걸어서 부두로 내려가니 배가 기다리고 있었다. 배에서 내리는 사람들이 몇 명 있었고, 하릴없이 배가 출발하기를 기다리며 부두에 서 있는 사람은 더 많았다.

공기가 아주 차가웠지만, 꽉 닫혀 곰팡내 나는 아래쪽 선실보다는 갑판이 더 좋았다. 영국 여자 두 명도 갑판에 남았다. 두 사람이 친구들과 나누는 대화가 재미있었다. 친구들은 두 사람을 따라 배에까지 함께 올랐다가 지금은 부두에 서 있었다. 대화를 들어 보니 만나자마자 함께 지낼 시간도 없이 헤어지기 때문에 그 자리에서 다음에 다시 볼 약속을 하고 있다는 것을 알 수 있었다.

"내일 꼭 나와야 해, 잊지 마."

배에서 젊은 여자가 외쳤다.

"잊지 않을게. 짐은 다 잘 챙겼지?"

부두에 있는 여자가 말했다.

"피도를 잘 보살펴 줘. 계속 아프면 아침에 약을 줘."

배에 탄 여자가 말했다.

"내일 꼭 만나자."

부두에서 두 번째 여자가 말했다.

"아, 그럼. 잊지 말고 나오기나 해."

그리고 배가 움직여서 꽤 멀리 떨어질 때까지 둘이서 한꺼번에 얘기했다. 그러고는 동시에 한 사람은 갑판 의자 쪽으로 돌아섰고, 다른 한 사람은 돌아서서 부두에서 빠르게 멀어져 갔다.

영국 해협에 대한 글과 말이 많다. 사람들은 영국 해협을 공포의 항로로 생각하는 경향이 있다. 노련한 선원도 영국 해협을 건널 때는 옛날에 먹은 것까지 다 게워 낸다는 말이 있기 때문에 당연히 나도 그렇게 될 것 같았다.

모든 승객이 영국 해협을 둘러싼 이야기를 잘 알고 있는 게 분명했다. 다들 뱃멀미 예방에 좋다는 방법이란 방법은 죄다 시도하는 걸 보았기 때문이다. 여자들은 뒤로 기대 누운 자세를 취했고 남자들은 바를 찾아갔다.

나는 갑판에 남아 갈매기를 구경했다. 아니, 사실은 갈매기 깃털로 여성용 모자를 만들면 좋겠다고 생각하고 있었는데 추워서 코가 얼어 버렸다. 몹시 추웠지만 프랑스 불로뉴에 닿을 때까지는 추위가 그럭저럭 상쾌하게 느껴졌고, 불로뉴에서부터는 오한이 들었다.

이 황량한 부두, 배가 닻을 내리고 기차가 출발하는 부두 끝에 작고 꾀죄죄한 식당이 있다. 말할 때 항상 'h' 발음은 빼먹어도 '선생님' 소리는 절대로 잊지 않는 몸집 작은 영국 선원이 우리 가방을 받아서 곧 떠날 기차에 자리를 맡아 주었다. 그사이 우리는 다른 승객들을 따라 따뜻한 음식을 먹으러 식당으로 갔다.

　그때 내가 있던 곳은 프랑스였다. 원래 계획대로 나 혼자였다면 내 운명이 어떻게 됐을지 궁금해지기 시작했다. 일행이 주변의 모든 사람처럼 프랑스어를 쓰는 것을 들었기 때문에 일행과 같이 다니는 한 걱정이 없다고 생각했다. 식탁에 자리를 잡자, 일행이 프랑스어로 주문하기 시작했다. 웨이터는 계속 멍한 표정으로 일행을 쳐다보기만 했다. 결국 나는 영어로 주문해 보라고 했다. 다른 이유가 있어서라기보다 장난기가 발동했기 때문이다. 웨이터가 웃으며 나를 흘끗 쳐다보고는 영어로 답했다.

　우리는 불로뉴에서 아미앵까지 가면서 영국인 부부 한 쌍, 프랑스 남자 한 명과 객실을 같이 썼다. 발 난로가 하나였는데 그날따라 날씨가 추웠다. 하나뿐인 난로에 저마다 발을 올리려 하다 보니 당황스러운 일이 생겼다. 프랑스 남자가 내 맞은편에 앉았는데, 내가 누군가의 발가락을 밟은 것 같았다. 프랑스 남자는 신문 위로 화난 표정을 지으며 나를 보았고, 나는 누구의 발가락을 밟았는지 알고 죄책감을 느꼈다.

　여행하는 동안에 나는 이 오래되고 불편한 철도 객차가 왜 인기 있는지를 알아보려고 했다. 그리고 거의 곧바로 결론을 내렸다. 이런 철도 객차는 사람들이 짧게 여행을 다니는 나라에는 적당할지 몰라도, 인구가 아주 적은 나라, 사람들이 저녁 식사를 생각하는 것만큼 자주 5000킬로미터 정도의 여행을 생각할 수 없는 나라에서는 무용지물일 것이다. 또 사람들이 긴 여행을 예사로 여기는 것은 기차 1등석이 특급 호텔 객실처럼 편하게 설비가 갖춰졌을 만큼 안락하기 때문이라고 생각했다. 영국 기차의 객실은 난방이 잘 되지 않는다. 발이 난로 위에서 뜨겁게 데워지는 동안 등은 추운 공기에 얼어붙을 지경이다. 영국 기차 객실에서 갑자기 아픈 사람이라도 생긴다면 정말 큰일일 것이다.

그럼에도 이 오래된 기차 객실이 쾌적하게 느껴질 상황을 떠올릴 수는 있지만, 여행자가 미국식으로 만들어진 기차보다 영국 기차를 더 좋아하게 될 정도는 아니다. 홍역에 걸렸거나 눈에 멍이 든 사람이 기차를 타야 한다면, 승무원에게 팁을 줘서 객실을 혼자 쓰면 아주 편할 것이다. 막 결혼해 좋아서 들떠 있는 신혼부부에게 영국 기차의 객실 한 칸을 내준다면, 두 사람은 거기서 세상 사람들의 차가운 조롱의 눈을 피할 수 있다. 물론 세상 사람들도 같은 상황에서는 똑같이 바보가 된다. 아무리 자기는 아니라고 부정한다고 해도 말이다.

사생활 보호에 대해 말해 보자! 영국인들이 그토록 사생활 보호를 원한다면, 미국 기차를 도입해야 한다. 낯선 사람으로 가득 찬 큰 차량에서 오히려 사생활이 아주 잘 보장되기 때문이다. 모든 사람이 자기만의 공간을 갖고 유지한다. 영국 기차에서 흔히 불쾌하든 어쨌든 간에 낯선 사람과 얼굴과 얼굴을, 무릎과 무릎을 맞대고 몇 시간씩 앉아 있어야 하는 일이 미국 기차에서는 결코 없다.

영국 기차의 객실은 왜 영국 아가씨들에게 샤프롱(젊은 여성이 외출할 때 시중을 드는 보호자)이 필요한지 이해할 수 있게 해 주었다. 겨우 몇 시간이라 해도 자기 딸을 혼자 여행 보낸다는 것은, 아무리 자립심을 자랑하는 미국 여성이 생각해도 몸서리가 쳐질 일이다. 그 시간 동안 딸이 낯선 사람과 한 객실 안에 갇혀 있을 것이 너무나도 빤하기 때문이다. 미국 아가씨가 겁이 없는 것은 이해할 만하다. 미국 아가씨는 영국 기차의 객실 같은 것에 익숙하지 않고, 사람이 많은 장소에 익숙하다. 사람들 하나하나가 아가씨를 보호해 주는 군중을 이룬다. 어머니가 딸에게 사람이 많은 곳이 안전하다고, 많은 사람들이 여자들에게는 방패가 된다고 가르친다면 샤프롱이 더는 필요하지 않을 것이고, 여성들은 더 당당하고 좋아질 것이다.

이런 생각에 잠겨 있을 때 기차가 역에 들어가 멈췄다. 일행이 밖을 내다보고는 아미앵이라고 알려 줬다. 우리가 안전하게 갇혀 있기는 했지만 차장이 우리를 지나쳐 버릴지 모른다는 생각이 들기 시작했다. 그때 일행이 창밖으로 머리를 내밀고 차장에게 내려 달라고 외쳤다. 마침내 객차에서 해방된 우리는 아미앵의 승강장으로 나왔다.

4장

쥘 베른의 집에서

쥘 베른 부부는 파리의 저널리스트인 R. H. 쉐라르 씨와 함께 승강장에서 우리를 기다리고 있었다. 그들을 보았을 때 나는 같은 상황에서라면 다른 어떤 여성이라도 마찬가지였을 기분을 느꼈다. 먼 길을 오느라 얼굴이 지저분하지는 않을지, 머리가 부스스하지는 않을지 궁금했다. 미국 기차였다면 오는 도중에 몸단장을 하고, 아미앵에 내려 저명한 소설가와 그의 아름다운 부인을 만날 때도 내 집에서 손님을 맞이하는 것처럼 단정하고 정돈된 모습이었을 거라는 생각에 아쉬웠다.

그런 생각에 빠져 있을 시간은 별로 없었다. 베른 부부 일행이 우리 쪽으로 다가왔고, 곧이어 나는 환영의 뜻으로 건네

받은 코디얼을 마시면서 내 추레한 모습을 잊어버렸다. 쥘 베른 씨가 관심과 친절 어린 눈빛을 보이고, 부인은 소중한 친구를 대하는 온정으로 반겨 주었다. 우리 모두의 마음을 얼어붙게 할 뻣뻣한 격식 따위는 없었다. 매력적인 우아함으로 드러난 온정만이 있었다. 만난 지 얼마 되지도 않았는데 베른 부부는 끝없는 존경과 헌신적인 애정을 품게 하고 있었다.

쥘 베른 씨가 기다리고 있던 마차로 안내해 주었다. 부인은 내 바로 옆에서 때때로 웃음이 담긴 눈길을 주며 걸었다. 웃음은 눈으로 하는 말이자 사람과 동물에게 모두 통하는 전 세계 공통의 언어다.

"만나서 기쁘긴 한데, 함께 얘기할 수 없으니 유감이군요."

베른 씨가 그렇게 말하며 부인과 내가 지붕 있는 2인승 마차에 오르는 것을 우아하게 돕고는 다른 두 신사와 함께 4륜 마차에 올랐다. 나는 말 한마디 나눌 수 없는 베른 부인과 단둘이 있게 돼 어색했다.

부인이 할 수 있는 영어는 "아니오"고 내가 할 수 있는 프랑스어는 "예"였기 때문에, 우리 대화는 가끔 손을 잡으며 전하는 양해와 우정 어린 웃음뿐이었다. 베른 부인은 거북한 상황에서도 우아함을 잃지 않을 만큼 아주 매력적이었다.

초저녁이었다. 아미앵 거리를 가로질러 갈 때 환하게 불이

넬리 블라이의 세상을 바꾼 72일

켜진 가게, 예쁜 공원, 유모차를 미는 수많은 유모들을 힐끔거렸다. 마차가 멈추자 내가 먼저 내려 베른 부인이 내리도록 손을 내밀었다. 우리는 넓고 매끈한 포장도로에 섰다. 앞에는 높은 돌담이 있고, 돌담 꼭대기로 머리를 내민 집의 형체가 보였다. 베른 씨도 곧 도착했다. 베른 씨는 우리가 서 있는 곳으로 급히 와서 대문을 열었다. 안으로 들어서니 매끈하게 포장되고 아담한 정원이 나왔다. 돌담이 양옆에 서 있어서 집은 사각형을 이루었다.

크고 검은 털북숭이 개가 나를 반기며 뛰어왔다. 내게 뛰어오른 개의 부드러운 눈에 애정이 넘쳐 났다. 나는 원래 개를 좋아한다. 사랑스럽게 환영해 주는 그 개가 마음에 쏙 들었지만, 지나친 애정 표현으로 나를 넘어뜨려 저명한 프랑스 사람의 집 현관에서 체면을 구길까 봐 두려웠다. 베른 씨는 내 난처한 마음을 잘 이해했다. 개에게 밖에 나가라고 짧게 말했기 때문이다. 개는 꼬리를 애처롭게 늘어트리고 나갔다.

우리는 바닥에 타일이 깔린 작고 아름다운 온실을 가로질러 대리석 계단을 올라갔다. 온실에 꽃이 가득 피어 있지는 않았지만, 다양한 아름다움을 감상하기에는 충분히 많은 식물이 있었다. 베른 부인이 큰 거실로 안내했는데, 그곳은 겨울 저녁의 이른 어스름이 드리워져 어두웠다. 부인이 직접 성냥을 그어 큰 벽난로의 장작더미에 불을 지폈다.

베른 씨는 우리에게 외투를 벗으라고 권했다. 어느새 환한 불이 어두운 방을 따뜻하게 밝히며 벽난로에서 탁탁 소리를 내면서 타고 있었다. 부인이 나를 벽난로 가까이에 있는 의자에 앉히고 내 맞은편에 앉았다. 따뜻해지자 용기가 생긴 내가 눈앞의 풍경을 조용히 지켜봤다.

방은 넓고, 커튼과 그림들과 부드러운 벨벳 바닥은 매우 어두웠다. 컴컴한 어둠 속에 보이는 것이라고는 윤이 나는 단단한 나무로 된 바닥 경계선뿐이었다. 부인의 머리 위로 보이는 벽난로 선반에는 멋진 청동상이 몇 점 있었다. 장작을 활활 태울 때 나는 환한 섬광 속에서 구석의 받침대에 놓인 또 다른 청동상도 보였다. 무늬 있는 실크를 멋지게 씌운 의자들은 전부 화려하면서도 편안했다. 의자는 벽난로 선반의 다른 쪽에서 시작돼 불 주변에 반원을 그리며 놓였고, 그 사이에는 기다란 은촛대가 몇 개 놓인 작은 탁자가 있었다.

아주 멋진 흰색 앙고라 고양이가 내 무릎에 비벼 대고 있었는데, 반대편의 매력적인 여주인을 보더니 그녀가 반길 거라고 확신하는 듯 대담하게 부인의 무릎으로 기어 올라갔다.

내 옆에 쉐라르 씨가 앉았고, 그 옆에 베른 씨가 있었다. 베른 씨는 의자 끝에 걸터앉아 몸을 앞으로 기울이고 있었는데,

약간 길고 숱이 많은 백발이 멋지게 헝클어진 모습이었다. 머리카락만큼이나 새하얀 턱수염이 얼굴의 아랫부분을 가렸으며 숱이 많고 흰 눈썹으로 그늘 진 눈이 내뿜는 광채와 빠른 말투, 단단하고 흰 손의 빠른 움직임은 모두 열정적인 삶을 말해 주었다.

런던 특파원은 베른 씨 옆에 앉았다. 베른 부인은 부드러운 장밋빛 입술에 웃음을 띠고 고양이를 돌보며 앉아 있었다. 부인은 빛나는 검은 눈으로 남편과 나를 번갈아 보면서 우아한 흰 손으로는 능숙하게 고양이를 어루만졌다.

부인은 장작불을 둘러싸고 있던 사람들 중 가장 매력적인 인물이었다. 티 없이 깨끗하고 발랄한 얼굴, 부풀린 두 어깨 위에 매우 아름답고 섬세한 머리, 그 위로 매끄럽고 부드럽게 타래 지어 올린 눈부시게 하얀 머리카락이 완성하는 아름다움을 떠올려 보라. 이 얼굴에 사랑스러운 치열을 보이며 열리는 붉고 예쁜 입술과 크고 매력적인 검은 눈을 더하라. 그러면 희미하게나마 베른 부인의 아름다움을 느낄 것이다.

부인은 나를 만난 날 물개 가죽 외투를 입고 토시를 했으며 하얀 머리에는 작고 검은 벨벳 보닛을 썼다. 집 안에서 외투를 벗은 그녀는 물결무늬가 있는 실크 스커트를 입고 있었다. 길고 곧게 늘어진 검은 천으로 장식된 앞부분에 맞주름이 들어가 있는 그 치마는 작고 통통한 몸과 잘 어울렸다. 보디스는 검은 실크 벨벳이었다.

내가 보기에 베른 부인의 키는 160센티미터를 넘지 않았고, 베른 씨의 키는 165센티미터쯤 됐다. 베른 씨는 짧고 빠르게 말했고, 쉐라르 씨는 매력적이고 느긋한 목소리로 나를 위해 통역했다.

"베른 씨는 미국에 가 보신 적이 있습니까?"

내가 물었다.

"네, 한 번 가 봤죠. 겨우 며칠 동안이었지만, 그때 나이아가라를 봤습니다. 늘 다시 가고 싶지만, 건강이 긴 여행을 허락하지 않는군요. 미국에서 벌어지는 모든 일을 놓치지 않으려고 노력합니다. 그리고 미국에서 내 책을 읽은 사람들로부터 해마다 편지를 수백 통씩 받으니 정말 고마운 일이죠. 캘리포니아에 있는 어떤 독자는 몇 년째 내게 편지를 보내오는데, 가족과 집과 동네에 대한 소식을 모두 편지에 씁니다. 만난 적은 없지만 마치 친구인 것처럼요. 자기가 초대할 테니 미국에 오라고 재촉한답니다. 내가 뉴욕에서 샌프란시스코까지 미국 전역을 얼마나 보고 싶어 하는지 모를 겁니다."

나를 위해 통역된 답이다.

"『80일간의 세계 일주』는 어떻게 구상하셨습니까?"

내가 물었다.

"신문에서 아이디어를 얻었지요. 어느 날 일간지 〈르시에 클〉 한 부를 집어 들었는데, 거기에서 세계 일주를 이야기하면서 80일이 걸릴 거라고 계산한 기사를 봤지요. 아이디어가 재미있었습니다. 그것에 대해 생각하다가 기사에서 자오선의 차이를 계산에 넣지 않았다는 걸 깨달았어요. 그런 결말로 소설을 만들면 어떻게 될까 생각했지요. 그래서 소설을 쓰기 시작했습니다. 그런 결말이 아니었다면 그 책을 시작하지도 않았을 겁니다."

베른 씨가 답했다.

"예전에 요트를 탔어요. 전 세계를 여행하면서 각 지역에 대해 공부했습니다. 그때 실제로 관찰한 것을 바탕으로 글을 썼습니다. 지금은 건강 문제로 집에서만 지내기 때문에 인상기와 지리학과 관련된 책을 열심히 읽습니다."

베른 씨가 여정이 어떻게 되는지 내게 물었다. 나는 베른 씨가 이해할 수 있는 것에 대해 말하게 돼 아주 기뻐서 말했다.

"뉴욕에서 시작해 런던, 칼레, 브린디시, 포트사이드, 이스마일리아, 수에즈, 아덴, 콜롬보, 페낭, 싱가포르, 홍콩, 요코하마, 샌프란시스코를 거쳐 뉴욕으로 돌아가는 겁니다."

"소설 속 주인공 필리어스 포그가 갔던 봄베이에는 왜 안 가나요?”

베른 씨가 말했다.

“저는 젊은 과부보다는 시간을 구해야 하거든요.”

내 대답이었다. (『80일간의 세계일주』에는 남편의 시체와 함께 산 채로 화장당할 뻔했다가 주인공 일행에게 구출되는 인도 과부 아우다가 나온다.)

“여행을 끝내기 전에 젊은 홀아비를 구할지도 모르죠.”

베른 씨가 웃으며 말했다.

자유분방한 여자들이 항상 그런 농담에 웃듯, 나는 그 속뜻을 알고 웃었다.

손목시계를 보니 시간이 얼마 없었다. 그곳에서 칼레로 가는 기차가 하나뿐이었는데, 그걸 못 타면 뉴욕으로 돌아가야 할 판이었다. 기차를 놓쳤다가는 1주일을 허비하게 되기 때문이다.

“베른 씨께서 양해해 주신다면, 떠나기 전에 서재를 보고 싶습니다.”

내가 말했다.

베른 씨는 서재를 보여 주게 돼 기쁘다고 했다. 내 요청이 통역되자, 부인이 바로 일어나 긴 양초를 밝혔다.

베른 부인은 소녀처럼 빠르고 경쾌한 걸음으로 서재로 가는 길을 안내했다. 부상 때문에 다리를 약간 저는 베른 씨가

넬리 블라이의 세상을 바꾼 72일

그 뒤를 이었고, 우리는 맨 뒤에서 따라갔다. 온실을 지나서 굽은 계단, 아니, 나선형 계단을 올라 작은 방으로 갔다. 길이 꺾어지는 곳에서는 부인이 항상 가스등을 밝혔다. 집 꼭대기에 이르자 부인이 가스등을 밝히려고 멈춰선 사이, 베른 씨가 부인 앞을 지나쳐서 아래쪽 온실과 같은 형태인 홀을 따라 갔다. 베른 씨가 문을 열고 넓은 방으로 안내해 주어서 따라 들어섰다.

나는 깜짝 놀랐다. 그때까지 그 집의 나머지 부분을 보고 판단한 바로는 베른 씨의 서재가 공간도 넓고 가구도 많을 거라고 기대했다. 유명 저자들에 관한 글을 아주 많이 읽은 나는 뉴욕의 공간이 너무도 좁고 비싸기 때문에 널찍한 공간에 대해 질투 비슷한 감정이 있었다. 손으로 깎은 아름다운 책상에는 값비싼 장신구들이 즐비하고, 벽에는 희귀한 동판화와 그림이 가득 걸려 있으며, 호화로운 커튼이 쳐진 넓은 방. 고백하건대 작가들이 그런 환경에서 자신에게 명성을 안겨 준 공상을 할 수 있다는 것을 당연하게 생각했다.

베른 씨의 서재를 보고는 놀라움에 할 말을 잃었다. 베른 씨가 방에 하나밖에 없는 창인 격자창을 열었고, 급히 우리를 따라 들어온 베른 부인이 낮은 벽난로 선반 위의 가스등을 밝혔다. 방이 아주 작았다. 우리 집의 보잘것없는 서재와 거의 같은 넓이였다. 평범하고 수수했다. 창 앞에는 밋밋한 책상이 있었다. 글 쓰는 사람의 책상을 채우기 마련인 잡동사니가 없는 게 눈에 띄었다. 또 작가의 걸작으로 여겨지는 종잇장으로 넘치게 마련인 휴지통에는 폐지가 조금 있을 뿐이었다.

책상 위에는 흰 종이 더미가 깔끔하게 정리되어 있었다. 베른 씨가 쓰고 있던 소설 원고의 일부였다. 베른 씨가 그 원고를 건넸을 때 나는 들뜬 마음으로 받아들였다. 단정한 필적을 보았다. 보면서도 산문인 줄 모르고 운문으로 생각했을 만큼 아주 단정한 필적이었다. 극도의 단정함이 아주 인상 깊었다. 군데군데 썼다가 깔끔하게 지운 흔적이 보였고 행간에 적은 글은 없었다. 그걸 보고 베른 씨가 항상 글을 더하지 않고 빼면서 글을 다듬는다고 생각했다.

책상 위에 원고와 함께 있던 물건은 잉크 한 병과 펜대가 다였다. 의자도 책상 앞에 있는 것 하나뿐이었다. 그 밖에 방에 있는 가구라고는 구석에 놓인 넓고 낮은 소파뿐이었다. 이렇게 보잘것없는 방에서, 쥘 베른은 자신에게 불멸의 명성을 안겨 준 책을 써 왔다.

나는 책상 위로 몸을 기울여 열려 있는 작은 격자창 밖을 내다봤다. 어스름 속에서 먼 곳의 성당 첨탑이 보였다. 아래로는 공원이 뻗어 있었고, 그 너머에 베른 씨의 집 아래로 지나

가는 철도의 터널 입구가 보였다. 해마다 많은 미국인들이 파리로 가는 길에 이곳을 지난다.

서재는 거대한 서고로 통했다. 그 큰 방에는 천장부터 바닥까지 책장이 줄지어 있었다. 유리문이 달린 이 책장들은 상당히 값비싸 보이는 멋진 장정의 책들로 빼곡히 차 있었다.

우리가 눈앞에 있는 수많은 책을 보는 동안 베른 씨가 좋은 생각을 떠올렸다. 초를 들고 우리에게 따라오라더니 큰 홀로 나갔다. 그러고는 거기 걸려 있던 큰 지도 앞에 서서 한 손에 초를 든 채 파랗게 표시한 것들을 가리켰다. 나는 베른 씨의 말이 통역되기도 전에 파란 연필 표시가 주인공 필리어스 포그가 간 길이라는 것을 알았다. 베른 씨가 소설 속 주인공 필리어스 포그를 세계 일주에 보내기 전에 그려 놓은 것이었다. 베른 씨는 우리가 주변에 모이는 동안, 필리어스 포그의 여정과 차이가 나는 내 여정을 지도에 표시했다.

나선형 계단을 다시 내려올 때 발걸음이 무거웠다. 헤어질 시간이 되었다. 마치 친구와 헤어지는 것 같은 기분이었다. 우리가 있던 방으로 내려가자 작은 탁자에 놓인 포도주와 비스킷이 보였다. 베른 씨가 평소와는 달리 포도주를 한 잔 마시겠다고 했다. 내 특별한 임무의 성공을 기원하며 우리가 즐겁게 마시도록 하려는 것이었다.

베른 씨 부부는 포도주 잔을 부딪치며 나를 위해 '신의 가호'를 빌었다.

"79일 안에 해낸다면, 제가 박수를 보낼 겁니다."

베른 씨가 말했다. 그때 나는 내가 약속한 75일 안에 세계 일주를 해낼지 베른 씨가 미심쩍어한다는 것을 알았다. 베른 씨는 나를 격려할 때 일부러 영어로 말해 주었고, 나와 잔을 부딪치면서도 영어로 말했다.

"행운을 빕니다, 넬리 블라이."

베른 부인도 그녀의 훌륭한 남편 못지않게 호의를 베풀었다. 부인은 내게 작별 키스를 하고 싶다고 쉐라르 씨에게 말했다. 쉐라르 씨는 부인의 호감 어린 요청을 통역하면서, 여성이 낯선 사람에게 키스를 청하는 게 프랑스에서는 대단한 경의의 표현이라는 말을 더했다.

그런 예절이나 친밀함에 대해서는 남들이 생각하는 것처럼 익숙하지 않지만, 섬세한 배려를 거절할 생각은 없었다. 그래서 부인에게 손을 내밀고 고개를 숙였다. 내가 부인보다 키가 컸기 때문이다. 부인은 뺨에 부드럽고 다정하게 입을 맞춘 뒤 입술에도 입맞춤을 하려고 고운 얼굴을 들었다. 부인의 입술이 너무도 달콤하고 붉었지만, 그 입술에 키스하고픈 마음을 억누르고 미국에서는 어떤 식으로 입을 맞추는지 보여 주었다. 나는 장난기가 심해 가끔 체면을 구기지만 그때는 자제할 수 있었고, 부인이 하는 식으로 부드럽게 입을 맞췄다. 우리가 날렀는데노, 베른 씨 부부는 모자도 안 쓴 채로 따라나와서 추운 마당에 섰다. 그러고는 문 앞에 서서 우리가 안 보일 때까지 잘 가라는 손짓을 했다. 돌풍이 두 사람의 하얀 머리를 날렸다.

5장

브린디시로

베른 부부가 더는 안 보이자 다시 여행에 대해 생각했다. 베른 씨 집에서 보낸 즐거운 시간 때문에 여행의 성공이 위태로워 질까 봐 걱정스러웠다. 마부에게 역까지 최대한 빨리 가자고 했는데도 계속 느리게 굴러 가는 것만 같아 가만있지 못하고 가능한 한 빨리 역에 가야 한다고 다시 재촉했다.

역에 도착하고 나서 몇 분 뒤에 기차가 왔다. 쉐라르 씨에 게 따뜻한 작별 인사를 한 뒤 다시 세계 일주를 시작했다. 베른 씨를 방문한 일은 과거의 일이 되었다. 그때까지 나는 잠도 못 자고 쉬지도 못했다. 베른 부부를 만나는 특권을 위해 내 여정에서 많은 거리를 벗어났다. 그러나 그런 기쁨 때문에 세계 일주를 했다 해도, 손해를 크게 본다는 생각은 들지 않을 것 같았다.

내가 들은 바로는, 우리를 태우고 칼레로 간 기차는 프랑스의 자랑이다. 클럽 열차라고 불리는 그 기차는 객차 사이를 지나다닐 수 있는 미국의 관통식 열차 도면을 토대로 만들어졌다. 그러나 넓은 관통식 열차에 익숙해진 사람이 보기에는 열차가 너무 좁아서 꼭 장난감 같다.

이 기차를 왜 클럽 열차라고 하는지 알고 싶다. 처음에는 바보같이 어떤 클럽에 소속된 것으로 회원들의 특별한 목적을 위해서 운행된다고 생각해, 남성 전용 열차를 타고 여행해야 하는 줄 알고 망설여지기도 했다. 그러나 여자들이 많이 보여서 안심이 됐다. 그 열차에 대해 궁금한 점이 많았지만, 유럽에서는 최고의 설비를 갖췄다고 평가받는 기차라는 것만 알 수 있었다.

앞에서 말한 대로, 우리가 탄 객차에는 여자들이 몇 명 있었다. 그것도 남자 승객으로 가득 찬 곳에 자유로이 뒤섞여서 말이다. 아미앵을 떠나고 얼마 안 지나서 승무원이 앞 차에 저녁이 준비되었다고 말했다. 승객들은 즉시 줄을 지어 식당차로 갔다. 지금도 그 열차에 식당차가 두 개였을 거라고 생각한다. 아주 훌륭한 저녁 식사가 타블 도트(프랑스식 코스 요리)로 나왔고, 승객이 모두 앉을 자리가 있는 것 같았기 때문이다. 치즈와 샐러드를 먹은 뒤에는 객실로 돌아왔다. 커피를 마셨는데, 남자들은 커피와 함께 담배도 즐겼다. 커피를 제공하는 방식이 아주 만족스러워서 미국에서도 받아들이면 좋겠다고 생각했다.

칼레에 도착했을 때 두 시간 넘게 기다려야 한다는 것을 알았다. 브린디시로 가기 위해 내가 타려던 기차는 1주일에 한 번, 승객이 아니라 우편물을 싣고 떠나는 우편열차다. 원래 이 열차는 매주 금요일 저녁 8시에 런던에서 출발한다. 기차를 타고 싶은 사람은 출발하기 24시간 전에 미리 표를 사야 한다. 우편물과 승객들이 해협을 건너고 나면, 기차는 칼레에서 새벽 1시 30분에 출발한다.

칼레는 시간을 즐겁게 보내기에 좋은 곳은 아니다. 나는 부두를 따라 걸어 내려가 등대를 봤다. 그 등대는 세상에서 가장 완벽한 등대라고 할 만한 것으로, 다른 등대보다 훨씬 더 멀리 빛을 비춘다고 한다. 회전식 등대로 사람 머리보다 살짝 더 높은 위치로 기다란 빛을 내뿜기 때문에 그 빛에 쏘이지 않으려고 나도 모르게 몸을 움츠렸다. 물론 광선에 쏘인다는 것은 순전히 내 상상이었다. 광선이 지면에 가깝기는커녕, 완성되지 않은 칸막이벽에 드러난 윗가지처럼 하늘과 땅 사이에 퍼지기 때문이다. 나는 칼레 사람들이 달과 별을 본 적이 있는지 궁금했다.

부두 끝 가까이에 아주 훌륭한 기차역이 세워져 있었다. 꽤 넉넉한 규모였는데 한밤중이라 그런지 텅 빈 것 같아 보였다. 역사에서 부두를 마주 보는 쪽에는 매끄럽게 타일로 포장된 산책로가 있다. 기차 시간을 기다려야 하는 승객에게는 꽤 매력적이고 위안이 된다고 할 수 있다.

일행이 요기를 하려고 나를 식당으로 데려갔다. 영어를 알아듣고 영어로 말도 제법 할 줄 아는 프랑스인 웨이터가 음식을 내왔다. 영국에서 배가 왔다는 안내가 나왔을 때 밖으로 나갔다. 짐을 든 승객들이 무리 지어 해안에 내려서 그 옆에 대기 중인 기차로 가고 있었다. 우편물 가방 1000개가 신속하게 기차로 옮겨졌다. 나는 일행에게 작별 인사를 했고, 기차는 칼레에서 빠르게 멀어져 갔다.

이 기차에는 승객용 객차가 한 량뿐이었다. 22인용 설비를 갖춘 풀먼 팰리스 침대차지만, 승객을 스물한 명 넘게 태운 적은 없다. 침대 하나는 차장이 써야 하기 때문이다.

이튿날 아침, 딱히 해야 할 것이 없던 나는 같이 탄 승객들이 어떤 사람들인지 알아보기로 했다. 나는 차량 끝에 있는 객실을 예쁜 영국 아가씨와 같이 썼다. 내가 본 것 중 가장 풍성한 금발과 붉은 뺨을 가진 아가씨였다. 병든 아버지를 모시고, 겨울과 봄을 나기 위해 이집트로 가는 중이었다. 아침 일찍 일어나는 사람이라 내가 잠에서 깨기도 전에 일어나 객차의 다른 편에 있는 아버지를 찾아갔다.

승무원이 객실을 청소할 수 있도록 내가 나갔을 때, 객차 내부의 생김새가 이상해서 깜짝 놀랐다. 침대 머리 쪽 판과 발쪽 판이 모두 원래 자리에 붙어 있어서 객차가 마치 작은 상자들로 나뉜 것같이 보였다. 술을 마시는 승객이 있고, 카드놀이를 하는 승객도 있었는데, 담배를 피워 대는 바람에 숨 막힐 정도로 공기가 탁했다. 어느 정도 통풍이 되는 곳에서는 담배 피우는 것을 반대하지 않지만, 들이마시는 것이 공기가 아니라 당밀처럼 느껴질 만큼 공기가 탁하다면 부드럽게 항의한다. 공기는 곧 그렇게 탁해졌다. 나는 자랑스러운 자유의 땅인 미국에서 풀먼 객차가 이런 경우에 처한다면 어떤 결과가 나올지 궁금하다. 우리가 그런 문제로 고통받지 않는 것은 바로 자유 때문이라고 결론 내렸다. 미국에서 여성 여행자는 남자들만큼 존중받는다.

객차를 거닐면서 '상자' 안을 들여다보았지만 온통 비사교적으로 보이는 남자들뿐이었다. 객차의 중간쯤 갔을 때 나와 같은 객실을 쓰는 작은 영국 아가씨가 아버지와 앉아 있다가 나를 보고는 친절하게도 함께 앉자고 청했다.

내 기억에 아가씨의 아버지는 교양 있고 관대하며 유머 감각이 있는 사람이었다. 유머 감각 덕에, 그가 몸을 뒤틀며 기침을 하느라 자주 말을 끊고 학질에 걸린 것처럼 마른 몸을 흔들어도 덜 불안한 마음으로 그의 말에 귀 기울일 수 있었다.

"아빠, 우리가 출발하기 직전에 목사님께서 주신 큰 기도서를 아빠 가방에 넣었어요."

작은 영국 아가씨가 맑고 아름다운 목소리로 말했다.

"딸애는 아주 사려 깊은 아이랍니다."

그가 내게 말하고는 딸에게 눈웃음을 지으며 말했다.

"기회가 되는 대로 목사님께 기도서를 돌려드려라. 안부 전하고 걱정하지 않으셔도 된다고 말씀드리렴. 아빠가 오랫동안 기도서를 갖고 있어서 죄송하다는 말도."

작은 아가씨의 얼굴에서 아버지의 말을 거역하고 기도서를 돌려주지 않겠다는 결심이 보였다. 그녀는 커다란 기도서를 가슴에 꼭 안았다. 그리고 아버지가 농담 삼아 그녀가 세상에서 가장 큰 기도서를 샀지만 자기는 그 기도서가 가방의 소중한 공간만 낭비한다고 본다면서 작은 기도서를 가져왔다면 훨씬 도움이 됐을 거라고 말할 때, 사실 나는 그녀의 결연한 표정을 보고 깜짝 놀랐다. 그녀는 모든 면에서 내가 만난 소녀들 중 가장 사랑스럽고 상냥했다. 하지만 종교적 신념이 강하고 타협을 몰라서, 모든 것을 비난하고 아무것도 용서하지 않으며 자신이 믿는 종교를 결코 알 수 없는 이교도는 영원히 비난받아 마땅하다고 단언했다.

영국 아가씨는 오후 내내 내 머릿속에 믿음의 씨앗을 심으려고 애썼다. 나는 그녀의 말을 들으면서, 그녀가 진짜 캐서린 엘즈미어(영국 소설 『로버트 엘즈미어』에 나오는 독실한 기독교 신자)가 아니라면 적어도 그 흥미로운 인물을 가장 많이 닮은 사람이라고 생각했다.

첫날에 기차는 여러 역에서 음식을 실었다. 차장은 승객이 요청할 때마다 음식을 갖다 주었다. 저녁에 식당차가 연결됐지만, 다른 여자들이 하는 말로는 여자들은 공공 식당차에서 남자들과 함께 먹지 않고 각자 객실에서 식사한다고 했다.

유리창이 깨끗한 기차로 프랑스를 여행했다면 풍경을 더 많이 볼 수 있었을 것이다. 한 번도 세척하지 않는 기차 같았다. 기차가 여러 역에 서지는 않았다. 칼레에서 브린디시까지 가는 동안 타거나 내리는 승객이 없었으니 석탄이나 물이 필요할 때만 정차했다.

오후에 하얀 서리가 덮인 그림 같은 산악 풍경을 지나쳤다. 얼스터 외투를 입고 담요를 둘렀는데도 따뜻하지 않았다. 아침 8시쯤 모데나에 도착했다. 거기에서 짐 검사를 했고, 모든 승객에게 저마다 자기 가방을 열어야 하니 나갈 준비를 하라고 미리 공지되었다. 차장이 내게 짐이 정말 손가방 하나뿐이냐고 여러 번 묻고는, 만약 잠긴 상자가 있는데 주인이 나타나 그 상자를 열지 않으면 세관원들이 압류한다고 했다. 내게 트렁크가 없다는 걸 어느 정도 확신한 차장이 손가방에 대해서는 아무도 검사할 생각을 안 할 테니까 들고 나갈 필요가 없다고 했다.

30분 뒤에 우리는 이탈리아에 있었다. 따뜻하고 햇빛이 쏟아지는 땅을 간절히 보고 싶었지만, 서리 낀 유리창에 얼굴을 바짝 댔는데도 차고 음산한 밤이라서 햇빛 찬란한 이탈리아와 그을린 피부색의 이탈리아 사람들을 볼 수 없었다. 나는 일찍 잠자리에 들었다. 너무 추워서 침대에만 있어야 했지만 침대 안이 따뜻했다고 말하기도 어렵다. 침대마다 담요가 한 장씩만 제공되었다. 옷이란 옷은 모두 꺼내 덮고 침대에 누운 채 1주일 전에 그 기차로 여행한 사람들은 참 운이 좋았다고 생각하며 그 밤의 절반을 보냈다. 우리가 지나던 바로 그곳에서 이탈리아 산적들이 기차를 습격했다는데, 나는 그게 부러웠다. 그때 승객들은 담요가 부족했어도 피를 뜨겁게 만드는 약간의 흥분을 느꼈을 테니까.

아침에 일어나서 창의 햇빛 가리개를 급히 올리고 간절한 심정으로 밖을 내다보았다. 혹시 난생처음 실수로 일찍 일어난 게 아닐까 싶은 마음에 놀라서 뒤로 넘어갔다. 어젯밤과 똑같이 약 10센티미터 밖의 모든 것을 완벽하게 숨겨 버리는 무거운 회색 안개 때문에 아무것도 볼 수 없었기 때문이다. 손목시계를 보니 10시였다. 차장을 찾아 어떻게 된 일인지 설명해 달라고 하기로 마음먹고 서둘러 옷을 입었다.

"참 이상한 일입니다. 이탈리아에서 이런 안개는 본 적이 없어요."

차장이 내게 말했다.

뉴욕을 떠난 이래 지나온 날들을 조용히 세는 것밖에 할 일이 없었다. 전체 일정에서 지난 날짜를 빼면 돌아갈 때까지 며칠 남았는지 알 수 있다. 그러다 지루해져서 미국 철도 노동자들에게 갈색 제복을 소개해 볼 만한지 곰곰이 생각했다. 미국에서 한결같이 입는 감색 제복을 생각하면 넌더리가 나지만, 인도행 우편물을 싣고 가는 열차의 차장과 승무원이 입은 깔끔한 갈색 제복은 목깃과 소매에 금술 장식을 단 모습이 화사해서 생각만 해도 기분이 좋았다.

이런 것들로 하루를 다 보낼 수는 없었다. 그래서 이 증기 기관차의 기적과 미국 기차의 기적이 어떻게 다른지를 따져

봤다. 이 기차의 기적은 귀를 찢을 듯 큰 소리와는 거리가 멀지만, 미국 기차의 금관악기 같은 소리에 비하면 그야말로 소프라노의 높은 음으로 구슬프게 울린다. 철도가 있는 다른 모든 나라처럼 이탈리아에서도 기차가 출발할 때는 양철 호른 소리를 크게 울린다. 4년에 한 번씩 몇 달 동안 밤늦도록 법석을 떠는 선거운동이 시작될 때, 유명한 장소에서 울리는 바로 그 양철 호른 소리다. 대개 이 호른을 부는 사람은 역에 있는 것 같았다. 프랑스와 이탈리아에서는 기차의 앞쪽 단에 자리했는데, 재미있게도 양철 호른이 부는 사람의 몸이 사슬로 연결되어 있었다.

이탈리아, 햇빛 찬란하다는 이탈리아를 여행하는 동안 기차는 내내 아드리아 해를 끼고 달렸다. 안개는 계속 대지 위 묵직한 구름에 걸려 있었지만, 딱 한 번은 수없이 말로만 듣던 땅을 볼 수 있었다. 해가 막 지는 저녁 시간에 기차가 어느 역에 섰다. 승강장에 나갔는데, 잠깐 사이 안개가 걷히는가 싶더니 아름다운 해변과 고요한 만이 보였다. 특이한 모양에 밝은 색 돛을 단 배들이 점점이 바다에 떠 있었다. 내게는 꿀을 찾아 여기저기 내려앉은 거대한 나비들처럼 보였다. 돛은 대개 빨간색이었는데, 태양이 우리를 어둠 속에 남기고 떠나기 직전에 마지막 온기로 입맞춤을 전하자, 그 돛들이 눈부신 불로 만들어진 것처럼 보였다.

기차의 다른 편에는 높은 바위산이 있었다. 깎아지른 듯 가파른 비탈에 자리 잡은 흰 건물들을 보니 현기증이 났다. 언덕에는 구불구불한 길이 지나고 바닷바람을 막는 담이 나란히 세워져 있었다. 그 길을 따라 올라가 봐도 좋을 것 같았다.

승객들의 저녁 식사를 위해 기차가 다음 역에 정차했을 때는 몇 분 동안 밖에 나가 봤다. 한번 둘러보려고 어떤 식당에 들어갔다. 아주 깔끔하고 멋진 곳이었다. 내가 안에 들어서자마자 커다란 고리 모양 귀걸이를 하고 눈이 엄청나게 크고 검은 소녀가 아이답게 겁 없이 씩씩한 태도로 내 앞에 뛰어왔다. 나는 소녀의 예쁜 검정색 머리칼을 쓰다듬고는 무언가 주고 싶은 마음이 절로 들어 주머니를 뒤졌다. 보통 동전의 가치는 크기와 반비례해서, 큰 동화 한 닢은 보통 동전보다 가치가 덜 나간다. 내가 그걸 내미는 순간 자그마한 남자가 검은 눈을 빛내며 아주 미묘한 표정으로 다가와 아이에게 뭐라고 했다. 남자의 흰 셔츠 넓은 앞판에는 화려한 다이아몬드가 빛나고 있었다. 소녀가 기대에 차서 내게 내밀었던 작은 손을 거둬들이는 품으로 보아, 남자가 아무것도 받지 말라고 한 모양이었다.

처음에는 남자와 주먹질이라도 하고 싶은 충동을 느꼈다. 아주 왜소하고 무례했다. 나를 찾으러 온 차장이 이 결정적 순간에 우리를 보았다. 차장은 내가 상황을 제대로 파악하지 못한다는 듯 말했다!

"그를 모욕하셨어요. 이탈리아 사람들은 세상에서 가장 가난하지만 자존심이 셉니다. 게다가 영국 사람을 싫어하고요."

"저는 미국 사람이라고요."

내가 퉁명스럽게 내뱉듯이 말했다. 이때 가까이에서 아무 것도 듣지 않은 척하면서 모든 것을 다 듣고 있던 웨이터가 다가와서 영어로 잘못을 지적했다. 나는 내가 저지른 잘못을 사과하기로 했지만, 소녀에게 동전은 주겠다고 고집을 부렸다.

"정말 아름다운 식당이네요. 비록 급하게 이탈리아를 지나가고 있지만 여기까지 오면서 이탈리아에서 먹은 훌륭한 요리들을 떠올려 보면, 이탈리아 식당들은 정말 훌륭해요. 제 행동이 폐가 되지 않았기를 바라지만, 저 사랑스러운 소녀를 본 순간 식당에 관해서는 다 잊어버렸어요. 눈이 얼마나 예쁜지! 아버지의 눈을 꼭 닮았네요. 남자 분이 아주 젊어 보이긴 해도 눈이 닮은 걸 보니 부녀지간인 것 같군요."

웨이터가 웃고 고개 숙여 절하더니 통역을 했다. 나는 그가 그럴 줄 알았기 때문에 일부러 그런 말을 한 것이다. 그러자 왜소한 남자가 오만한 태도를 버리고, 찡그렸던 얼굴에 환한 웃음을 지었다. 남자가 뭐라고 하자 소녀가 다가와서 나와 악수했다. 소녀에게 동전을 건넸고, 일은 평화롭게 해결되었다. 이어서 그 몸집이 왜소한 아버지가 포도주 한 병을 내밀고 아주 온화한 웃음과 우정 어린 말을 건네며 받아 달라고 했다. 나는 지지 않으려고 포도주 값을 얼마간 내야 한다고 웨이터에게 말했다. 우리는 가벼운 인사와 다정한 웃음을 나누며 헤어졌다. 나는 차장을 따라 기차로 달려갔고, 기차의 출발을 알리는 호른 소리가 막 울릴 때 기차에 올라탔다.

예정보다 두 시간 늦게 브린디시에 도착했다. 기차가 섰을 때 객차는 승객과 짐을 배로 실어 나르려는 사람들로 둘러싸였다. 호텔에 대해서는 아무 말도 듣지 못했기 때문에 나는 계속 브린디시에서는 숙박하지 않고 그냥 통과하는지가 궁금했다. 사람들이 모두 영어를 아주 잘했다. 하지만 차장은 영국 여자들, 아픈 남자와 그의 딸, 나를 배까지 데려다 줄 승합마차를 구해 주겠다고 했다. 그리고 우리가 바가지요금을 쓰지 않도록 봐주겠다고 했다.

승합마차는 우선 알렉산드리아로 가는 배를 향해 출발했다. 그 배 앞에서 객실을 같이 쓴 영국 아가씨와 그녀의 아버지가 내렸다. 남은 사람들은 우리가 탈 배를 향해 계속 갔다. 나는 승합마차에서 내려 일행을 따라 건널판에 올라갔다. 편견으로 악명 높은 영국 사람을 만나는 게 두려웠지만, 얼마 있다 그들을 만날 수밖에 없었다. 나는 배의 승객들이 모두 잠들었기를 진심으로 바랐다. 새벽 1시가 지났기 때문에, 그들을 곧바로 만나는 시련이 닥치리라고는 거의 예상하지 못했다. 갑판에 모여 있던 남자들이 내 소박한 바람을 날려 버렸다. 갑판에 나와 있던 사람들은 모두 새 승객을 보려고 기다린 모양이었다. 잠을 안 자고 기다린 보람은 별로 없었을 것이다. 잠깐 내렸다가 그 배에 다시 탄 남자들을 빼면, 덩치 큰 영국 여자 두 명과 평범하고 흥미를 못 끄는 나밖에 없었기 때문이다.

두 영국 여자는 나보다 더 대책이 없는 사람들이었다. 이 여자들이 그들과 같은 영국인이기 때문에, 나는 사람들이 적극적으로 나서 줄 거라고 기대했다. 하지만 우리가 승객들의 시선을 받으면서 한동안 계단 밑에 서 있었는데도, 얼마 안 되는 우리의 소박한 요구를 들어주기 위해 나서는 사람이 아무도 없었다. 보다 못한 내가 영국 배에서는 승객을 보통 그런 식으로 맞이하냐고 정중하게 물었다. 그 영국 여자들이 할 수 있는 말은 이게 다였다.

"이상해요, 정말 이상하네요. 승무원이든 누구든 도우러 와야죠."

마침내 한 남자가 내려왔고, 그가 어떤 식으로든 그 배와 관련된 것 같아 보였기 때문에, 과감히 그를 세우고 물어봤다.

승무원에게 객실로 안내해 달라고 한다면 지나친 요구인지를 말이다. 남자는 누군가 있을 거라고 말하더니 큰 소리로 어떤 사람을 불렀다. 그러나 아무도 오지 않았다. 남자가 직접 사람을 찾아 나서자 나도 사람을 찾아 반대쪽으로 걸음을 옮겼다. 주변에 모여 서 있던 사람들 중 단 한 사람만이 과감하게, 소개고 뭐고 기다리지 않고 정중하게 일러 주었다.

"저기 왼쪽 첫 번째 방이 사무실인데, 거기 가면 사무장이 있을 겁니다."

나는 가르쳐 준 길로 갔고, 기차 차장도 따라왔다.

사무실에는 사무장과 의사처럼 보이는 남자가 앉아 있었다. 나는 탑승권과 함께 피앤드오 런던 사무실에서 받은 편지를 사무장에게 주었다. 내가 타는 피앤드오 소속 모든 배의 선장과 사무장에게 재량껏 나에게 모든 편의를 제공하라고 요구하는 편지였다. 사무장이 편지를 천천히 읽고 나서 아주 태평하게 내 쪽으로 돌아앉더니 객실 번호를 말해 주었다. 나는 안내할 승무원을 청했지만, 지금 그럴 만한 사람이 없다며 객실이 항구 쪽을 향하고 있다고 답했다. 이 빈약한 정보를 남긴 사무장은 무례하게 등을 돌리고는 자기 앞 책상 위에 있던 서류를 보기 시작했다.

그때까지도 곁에 서 있던 기차 차장이 객실 찾는 것을 돕겠다고 했다. 얼마 안 가 객실을 찾았다. 문을 열고 들어가서 마주하게 된 모습은 재미있기도 하고 당황스럽기도 했다. 텁수룩한 머리 둘이 이층 침대 두 개의 아래 칸에서 불쑥 나왔고, 당황한 억양의 찢어지는 고음이 동시에 울려 퍼졌다.

"악!"

나는 모자 상자, 부츠, 손가방, 가운, 옷이 가득한 위쪽 침대를 보고 그들의 '악!' 소리와는 약간 다르게 '악!' 소리를 지르고는 도로 나왔다.

사무장에게 돌아가서 내가 이층 침대 위 칸에서는 잠을 못 잔다는 것과 다른 여자 두 명이 쓰고 있는 객실을 함께 쓰지는 않겠다는 뜻을 밝혔다. 사무장은 내가 가져간 편지를 다시 훑어보고 그 편지에 어느 정도 무게를 두어야 할지 알겠다는 듯, 다른 객실을 가르쳐 주었다. 이번에는 승무원이 나타나 안내했다.

이번에 간 객실에는 예쁜 아가씨 한 명이 있었다. 내가 들어갔을 때 아가씨는 불안하게 고개를 들더니 이내 친근하게 웃어 보였다. 나는 가방을 내려놓고 차장에게 돌아갔다. 그는 나를 전신소에 데려다 주기 위해 기다리고 있었다. 나는 사무장에게 들러 밖에 다녀와도 되는지 물었다. '서두른다면'이라는 단서와 함께 그러라는 답이 돌아왔다. 칼레에서부터 나와 같은 기차로 온 두 여자는 이때 사무장 사무실로 가고 있었다. 얼핏 그들의 말을 듣자니, 출발을 서두르느라 자기 집 거실 탁자에 지갑과 배표를 두고서 이렇게 멀리 와 버렸다는 것이었다!

차장이 나를 데리고 배와 부두를 연결하는 건널판을 내려가 어두운 거리를 따라갔다. 마침내 문이 열려 있는 한 건물 앞에 멈춰 섰고, 나는 차장을 따라 들어갔다. 우리가 들어간 방은 휑하니 아무 장식도 없었고, 등갓이 시커멓게 그을린 램프 하나가 불을 밝히고 있었다. 방에 있는 물건이라고는 책상 두 개뿐이었다. 그중 하나에는 잉크병과 많이 닳은 펜, 빈 종이 한 장이 있었다.

밤이 늦었으니 사람들이 전부 퇴근한 줄 알고 다음 항구에 도착해서 전보를 보내야 하나 보다 하고 생각했다. 그런데 차장이 벨을 누르면 전신 기사가 일어나서 메시지를 접수하는 것이 관례라고 설명해 주었다. 차장은 그 말을 행동으로 옮기려는지, 우표를 파는 창구처럼 생긴 작은 창 가까이 있는 둥근 손잡이를 당겼다. 꽤 시끄러운 벨 소리가 났다. 얼마 후 내가 포기해야겠다고 생각할 때쯤에야 달그락 소리를 내며 창문이 열리고 머리 하나가 나타났다. 차장이 영어처럼 들리는 이탈리아어로 말했고, 전신 기사도 이탈리아어로 답했다.

나는 뉴욕으로 전보를 보내고 싶다고 말했다. 남자는 내게 뉴욕이 어디냐고 되물었다! 내가 최선을 다해 설명했다. 그러자 남자가 책을 잔뜩 꺼내 뒤적거렸다. 적어도 남자의 설명으로는, 어느 선으로 전보를 보낼지부터 알아야 하고 요금은 나중 문제라는 것이었다. 모든 일이 새롭고 재미있었다. 그래서 일을 마치고 나올 때까지도 배가 출발한다는 사실을 까맣게 잊고 있었다.

출항을 알리는 기적이 오랫동안 경고하듯 울렸다. 차장과 나는 서로를 쳐다봤다. 너무 어두워서 잘 보이지도 않았지만, 경악한 표정을 알 수 있었다. 심장이 멈춘 것 같았고, 공포에 질려 생각했다.

"배가 떠났어. 몇 벌 안 되는 옷이 거기 다 있는데!"

"뛸 수 있어요?"

차장이 쉰 목소리로 물었다. 내가 그렇다고 하자 차장이 내 손을 잡았고, 우리는 사슴도 까무러칠 속도로 어두운 거리를 달렸다. 야경꾼과 밤에 산책 나온 사람들을 깜짝 놀라게 하면서 어두운 거리를 달렸다. 길이 갑자기 굽은 곳에 이르자 아직 항구에 있는 우리 배가 보였다. 알렉산드리아로 가는 배가 떠났고, 나는 살았다.

미국인 상속녀

오래 잔 것 같지는 않았다. 깨어 보니 침상 옆에 똑바로 서 있었다. 내 몸이 흠뻑 젖었다는 것을 알기까지는 1초, 한 번 흘긋 보는 것으로 족했다. 위쪽 갑판을 힘차게 문질러 닦는 소리는 내가 왜 침상 밖에 있는지를 설명해 주었다. 현창(채광과 통풍을 위해 뱃전에 내는 원형 창)이 열린 채로 잠들었고, 침상이 현창 바로 밑에 있었기 때문에 옆에서 쏟아진 물을 그대로 뒤집어쓴 것이다. 무거운 현창을 겨우 닫은 내가 그런 상황에서는 다시 잠들지 못할 거라고 확신하면서도 젖은 침상으로 돌아갔다.

머지않아 나를 깨우는 목소리가 들렸다.

"아가씨, 지금 차를 드시겠습니까?"

눈을 떠 보니 승무원이 문가에서 대답을 기다리며 서 있었다. 차는 사양했다. 객실의 맞은편에 있던 영국 아가씨도 마찬가지였다. 그녀는 지쳐서 미소로만 대답했다. 나는 다시 잠들었다.

"손님, 지금 목욕을 하시겠습니까?"

잠시 뒤 잠을 깨우는 목소리가 있었다. 기분이 상해서 올려다보니 하얀 모자를 쓴 여자가 내 위에 몸을 굽히고 있었다. 방금 목욕했다고, 물벼락으로 목욕했다고 말하려다가 더 좋은 생각이 났다. 지금 생각하니 "몇 분 있다가요" 하고는 곧 다시 잠들었던 것 같다.

"이런 게으름뱅이 아가씨 같으니! 당장 일어나지 않으면 목욕도 못 하고 아침도 못 먹을 거예요."

이것이 세 번째로 들은 아침 인사였다. 친숙한 말투에 놀라서 잠이 달아나 버렸다.

'어, 대단한 잔소리네, 여기가 대체 어디야? 나한테 감히 저런 식으로 말하다니, 내가 뭐 학생인 줄 아나 보지?'

혼자 이런 생각을 하며 고집스레 말했다.

"전 보통 마음이 내켜야 일어나거든요."

객실을 같이 쓰는 아가씨가 사라진 것을 알았지만 계속 자고 싶어서 자기로 했다. 여자 승무원이 좋아하든 말든 내 알 바가 아니었다. 그다음에는 남자 승무원이 나타나 불평하듯 말했다.

"손님, 이 배는 매일 검사를 하기 때문에 제가 그 전에 객실 청소를 해야 합니다. 선장님이 여기 오실 겁니다."

일어날 수밖에 다른 도리가 없었다. 욕실까지 찾아갔는데 수도꼭지 구조를 몰라서 물을 틀 수 없다는 것을 알았다. 문밖에서 본 남자 승무원에게 여자 승무원은 어디 있냐고 물었는데, 놀라운 답이 돌아왔다.

"여자 승무원이 쉬는 시간이라 부를 수가 없습니다."

옷을 입은 뒤에 갑판에서 어슬렁거리다가 아침 식사는 오래전에 끝났다는 말을 들었다. 갑판에서 처음 내 눈에 들어온 것은, 여름옷을 입고서 편한 자세로 빈둥거리거나 천천히 산책하는 나른한 표정의 승객들이었다. 갑판 위에는 천막을 길게 쳐 놓아서 뜨거운 햇빛을 가리도록 되어 있었다. 매끄러운 벨벳처럼 보이는 바다는 지금껏 내가 본 것 중 가장 파랬고, 거의 움직임을 느낄 수 없게 나아가는 배의 옆면에 부딪혀 부드럽게 거품을 내고 있었다. 향기로운 공기는 장미 꽃잎처럼 부드럽고 달콤했다. 사람들이 꿈꾸기는 하지만 경험하기는 힘든 공기였다. 낯선 바다 위에서 낯선 사람들 속에 혼자 선 나는 인생이 정말 달콤하다(!)고 생각했다.

　한 시간도 지나기 전에 여러 사람과 사귀었다. 혼자 여행하는 젊은 여자를 영국 여행자들이 멀리할 거라고 생각했는데, 내가 문에서 몇 걸음 나가기도 전에 객실을 같이 쓰는 아가씨가 다가오더니 자기 친구들과 함께 어울리자고 했다. 우리는 먼저 갑판 의자를 찾느라 즐거운 시간을 보냈다. 그 의자는 브린디시에서 내가 차장에게 부탁해 배가 출발하기 전에 하나 사서 보내라고 한 것이다. 배에는 300명이 넘는 승객이 있었는데, 아마 승객마다 의자 하나씩은 가졌을 것이다. 그러니 그 속에서 의자 하나를 찾는 게 얼마나 어려울지는 쉽게 상상이 가리라. 결국 나는 그렇게 찾는 게 소용없다는 생각이 들어서 갑판 승무원이 어디 있는지를 물었다. 그리고 피앤드오의 배에는 갑판 승무원이 따로 없다는 것을 알고 놀랐다.

　"보급 담당자가 갑판을 관리할 것 같아요. 하지만 원래 승객의 의자와 담요는 승객 각자가 관리하도록 되어 있어요. 그러니 그것들이 사라졌다고 해도 직원들에게 물어보는 건 소용없어요."

　내 친구가 결론적으로 말했다.

　정오가 되기 조금 전에 나는 캘커타의 공무원인 영국 남자를 알게 되었다. 남자는 지난 20년간 인도에서 일했다. 그동안 계속 영국을 자주 방문했기 때문에 그에게는 이런 여행이 익숙했다. 나처럼 인도 우편 특급을 타고 칼레에서 왔고, 기차에서 나를 봤다고 했다. 내가 혼자 여행 중이라는 걸 안 남자는 내가 편안하고 즐겁게 지내도록 많은 시간을 바쳤다.

점심시간을 알리는 나팔 소리가 났다. 지중해를 항해하는 배에서 점심은 항상 인도식 이름인 '티핀'으로 불린다. 영국 남자가 함께 점심을 먹으러 가겠느냐고 물었다. 아침을 안 먹은 나는 기회만 된다면 한시라도 빨리 먹으러 가고 싶었다. 식당 홀은 2층 갑판에 있었다. 열대 식물로 잘 꾸며진 작은 방으로 아주 아늑하고 예쁘게 보였지만, 75명이 넘는 1등실 승객들을 한꺼번에 수용할 규모는 아니었다.

문가에 있던 수석 웨이터는 우리가 들어가자 무표정한 얼굴로 바라보았다. 당연히 자리를 안내할 거라고 생각해서 머뭇거렸지만, 그러지 않았기 때문에 나는 같이 간 신사에게 우리가 자리를 잡기 전에 먼저 물어보자고 제안했다.

"아무 자리나 앉으십시오."

웨이터가 정중하게 대답했고, 그래서 가장 가까운 식탁 앞에 앉았다.

식사가 나오자마자 20대 중반에서 30대 중반으로 보이는 여자 넷이 들어오더니 놀라서 씩씩거리며 같은 식탁에 앉았다.

그 뒤로 키가 작고 뚱뚱한 여자가 맹렬한 걸음걸이와 뻔뻔한 표정으로 들어왔다. 그러고는 우리를 오만하게 보더니 품위를 손상당한 듯 다른 사람들 쪽으로 가 버렸는데, 그 태도가 아주 웃겼다. 그다음에는 두 남자가 들어왔는데, 식탁에 일곱 명이 앉을 자리밖에 없기 때문에 둘 중 나이 많은 남자가 밖으로 나갔다. 식탁 끝 쪽 긴 의자에 앉아 있던 여자 두 명이 젊은 남자에게 자리를 만들어 주었다. 그 덕에 우리만 곤란해졌다. 온갖 무례한 말이 우리에게 쏟아졌다.

"자기들이 앉은 식탁에 다른 사람이 오는 걸 싫어해요."

"아버지가 자리를 뺏겼으니 정말 안됐어요."

"자기 식탁인데도 비좁은 자리에서 식사해야 하다니, 정말 너무하지 뭐예요."

이와 비슷한 기분 나쁜 말들이 우리에게 쏟아졌다. 내 왼편에 앉아 있던 젊은 여자는 무례한 말로는 만족하지 않고 미안하다는 말 한마디 없이 자꾸 내 접시를 가로지르며 소매로 내 음식을 쓸었다. 솔직히, 그보다 더 불쾌한 식사는 없었다. 처음에는 내가 미국인이라서 사람들이 그렇게 무례한 거라고, 그들이 모든 미국인을 싫어한다는 것을 보이려고 그렇게 했다고 생각했다. 나와 함께했기 때문이 아니라면 왜 그들이 내 옆의 영국 남자에게 그런 대접을 해야 했는지, 아직도 이해할 수 없다. 나중에 겪은 일들로 내 첫 번째 생각이 틀린 것을 알았다. 즉 내가 모욕받은 깃은 미국인이라서가 아니라 그들이 무례한 사람이었기 때문이다. 저녁 식사 때 우리는 식당 출입이 금지되었다는 사실을 알았다. 런던에서 탄 승객들에게 우선권이 있었다. 모두가 한 번에 식사할 만한 자리가 없기 때문에, 브린디시에서 승선한 사람들은 두 번째 저녁을 기다려야 했다.

사람들은 그런 사건을 겪고 나서야 우리 삶에서 저녁 식사가 얼마나 중요한지를 깨닫는다. 그날 밤 식당이 정리된 시간은 9시였고, 그때에야 브린디시에서 탄 승객들이 식탁에 앉을 수 있었다. 우리가 충분히 먹었다고는 할 수 없었다. 식은 수프·남은 생선·칼로 썰었던 쇠고기와 닭고기 등 첫 번째 저녁 식사에서 남은 음식이 모두 나왔고, 그 초라한 정찬의 끝은 차가운 커피였다! 인도 특급 우편열차의 음식이 더 잘 나왔으면 하고 아쉬웠는데 피앤드오 증기선 빅토리아 호에서 음식을 먹어 본 뒤에는, 오히려 그보다 형편없이 나올 수도 있다는 생각이 들었다.

늦게 저녁을 먹은 승객들의 불만 소리가 높아졌다. 선장에게 항의하고 싶어 했지만 나는 동참하지 않겠다고 했고, 승객들 중 보수적인 사람들도 나와 같은 생각이었다.

나와 함께 인도 특급 열차로 브린디시까지 여행하고 같이 배를 탄 두 여자는 나보다도 못한 대접을 받았다. 우리가 물어보니 저녁은 예약한 사람들에게만 나온다고 했다. 하지만 아침과 티핀은 선착순으로 제공된다고 했다. 이 정보에 따라 두 여자는 다음 날 일찌감치 티핀을 먹으러 갔는데, 자리에 앉으려고 했을 때 빈 식탁 상석에 앉은 젊은 남자의 제지를 받았다.

"거기 앉으면 안 됩니다. 친구 자리로 맡아 두었거든요."

두 여자가 다른 자리로 가서 앉았는데, 나중에 온 사람들이 또 다른 자리로 가라고 요구했다. 한 여자가 이런 상황에 울음을 쏟았다.

"저는 늙은이예요. 오스트레일리아로 가는 게 이번이 여섯 번째인데, 이렇게 모욕적인 취급은 평생 받아 본 적이 없어요."

지중해 여행이 꿈같은 낙원처럼 느껴질 상황은 따로 있다. 예컨대 사랑에 빠진 사람이 그렇다. 사랑에 빠진 사람은 먹지 않으며, 음식과는 상관없이 여행이 완벽하다고들 하기 때문이다. 어쩌면 피앤드오 사의 배를 탄 사람들이 사랑을 중요한 화제로 삼는 것은 허기를 잊도록 도와줄 치료법을 찾으려는 바람 때문인지도 모른다. 정중한 대접을 받고 싶어 하는 여행자, 맛있는 음식을 먹고 싶어 하는 여행자는 결코 빅토리아 호로 여행하지 않을 것이다.

빅토리아 호에서는 규칙만 있지 실천은 없다. 미국에서 종업원의 뻔뻔함과 무례함은 늘 입에 오르내리는 이야깃거리다. 하지만 빅토리아 호의 종업원들이 영국 종업원의 본보기라면, 나는 미국 종업원들의 지금 모습 그대로가 고맙기만 할 것이다. 기력이 다해 곧 죽을 것처럼 보이는 여자가 있어서 여승무원에게 담요를 갑판으로 갖다 주면 도움이 될 거라며 부탁했는데, 필요한 사람이 직접 와서 요구하지 않으면 도울 수 없다는 답이 돌아왔다.

그 여승무원이 어느 날 한 승객에게 아픈 여자에 관해, 병 때문이 아니라 게을러서 아픈 것 같다고 하는 말을 들었다. 종업원의 행동에 대해 불평하면 돌아오는 대답은 한결같다. 종업원들은 그 회사에서 오랫동안 일했으니 특권이 있다는 것이다.

빅토리아 호의 선장은 무례함이 어떤 것인지 잘 보여 준다. 중국으로 여행하는 고위직 스페인 신사가 있었다. 나라를 대표해 중국에서 외교 업무를 보는 그 신사도 브린디시에서 승선했다. 신사는 배를 책임진 선장에게 경의를 표하는 게 먼저 해야 할 의무라고 생각해서 선장이 누구인지 알려 달라고 어떤 사람에게 청했다. 갑판에서 답을 들은 신사는 선장 사무실에 올라가 모자를 벗어 들고 정중하게 인사하며 선장의 양해를 구하고는 자신은 중국과 시암(태국의 옛 이름)에서 스페인 정부의 대리대사직을 맡고 있으며, 자신이 타고 여행하는 배의 선장에게 마땅히 경의를 표하고 싶었다고 말했다. 선장은 잠깐 동안 사납게 노려보더니 무례하게 물었다.

"그래서, 뭐가 어쨌다는 겁니까?"

스페인 신사는 잠깐 할 말을 잃었지만 다시 정신을 차리고 정중하게 말했다.

"실례했습니다. 저는 이 배의 선장이 신사일 거라고 생각했습니다."

신사는 돌아서서 걸어 나갔고, 그 뒤로 두 사람은 절대 말을 섞지 않았다. 내가 선장에게 편지를 가져갔을 때도 선장은 전혀 관심을 보이지 않았다. 환한 얼굴을 한 유쾌한 소년 한 명은 삼촌의 금융회사에서 일하려고 홍콩으로 가고 있었는데, 그도 선장에게 편지를 주었다. 소년은 어느 날 갑판에 나와 선장에게 편지를 주고는 다 읽은 선장이 반겨 주기를 기대하며 한 발짝 정도 물러나 있었다. 선장은 읽은 편지를 조심스럽게 접어 주머니에 넣고는 그냥 가 버렸다! 나중에도 소년에게 결코 말을 걸지 않았다. 소년은 선장에게 폐를 끼치지 않도록 조심했다. 그런 선장이 남의 말은 많이도 떠들고 다녔다. 내가 승객에 대한 안 좋은 이야기를 들을 때마다 어디서 나온 말인지 물어보면, 항상 선장 입에서 나온 말이라는 답을 들었다.

넬리 블라이의 세상을 바꾼 72일

가잠한 불쾌한 일이 많았는데도, 그 유쾌한 바다에서 보낸 시간은 아주 행복했다. 낮에는 내내 갑판이 가득 찼고, 밤에 불이 꺼지면 승객들은 마지못해 객실로 갔다. 승객들은 두 부류로 나뉘어 뚜렷한 대조를 보였다. 아주 세련되고 사랑스러운 사람들이 있고, 예의를 모르고 거친 사람들이 있었다. 내가 알게 된 여자들은 대부분 미국 여자들에 대한 모든 것을 알고 싶어 했으며, 자유로운 미국 여자들에 대해 자주 감탄했다. 구속받지 않는 내 행복에 감탄하던 많은 사람들이 나를 부러워하기까지 했다. 내가 만난 현명한 스코틀랜드 여자 둘은 2년 동안 세계 일주를 하고 있었다. 얼굴만큼 사랑스러운 웃음을 보인 아일랜드 여자는 혼자 오스트레일리아로 가는 중이었다. 내 객실 친구는 유쾌한 오빠와 뉴질랜드로 가는 길이었는데, 그 청년이 첫 저녁 식사 때 나를 위해 자리를 양보하겠다고 고집했다. 따뜻한 식사 자리를 뺏을 수는 없다고 거절했는데도 청년은 자리를 비워 주었다.

남자들은 낮에 크리켓과 고리 던지기를 했다. 때때로 승객들은 저녁에 노래를 불렀다. 또 2등실 갑판으로 가서 2등실 승객들이 들려주는 더 좋은 음악을 들을 때도 있었다. 의자가 없으면 모두 바닥에 앉았다. 이런 소박한 방문보다 즐거운 것은 없었다. 얼굴이 창백하고 가냘픈 소녀가 하나 있었다. 아무도 그녀에게 말을 걸지는 않았지만 우리 모두 그녀를 아주 좋아했다. 소녀는 사랑스럽고 애수에 찬 목소리로 '누가 내 은빛 청어를 살까?'라는 소박한 노래를 불렀다. 내가 아는 한, 그녀가 청어를 팔려고만 했다면 다들 샀을 것이다. 그러나 우리가 할 수 있는 최선은 후렴을 같이 부르는 것이었고, 아주 열심히 따라 불렀다.

나는 선원들이 음식을 먹는 곳 위쪽에 있는 갑판의 어두운 구석에 앉아 저녁 식사 때마다 곁들이는 톰톰(아프리카 전통 북) 소리와 이상한 합창을 듣는 것이 무엇보다 좋았다. 선원들은 동인도인이었다. 겉모습이 흥미롭지는 않은 사람들이었다. 선원들의 저녁 식사 때 소리만 듣는 게 아니라 모습도 보았다면, 그다지 매력을 느끼지 못했을 것이 분명하다. 내가 본 많은 선원들 중에서 가장 지저분했기 때문이다. 그들은 흰 옥양목 속바지 위에 옛날 잠옷 같은 모양의 긴 옥양목 상의를 입었다. 색이 있는 수건을 허리를 감아 묶고, 머리에는 화려한 색깔의 터번을 감았다. 길이가 2미터가 조금 안 되는 스카프처럼 생긴 선명한 색의 천을 머리에 감은 것인데 정말 밀짚 왕관과 다름없다. 갈색 발은 항상 맨발이었다. 모든 선원이 그러듯 그들도 돛을 올릴 때 합창을 하지만, 그것만 아니라면 험상궂고 퉁명스러운 표정으로 원숭이 떼처럼 배 위를 올라간다.

브린디시에서 승선할 때 사무장이 빅토리아 호의 내 앞으로 온 전보 몇 통을 준 적이 있있다. 우리가 출발하고 여러 날이 지난 뒤에 한 젊은 여자가 개봉된 전보 한 통을 가지고 내게 와서 넬리 블라이냐고 물었다. 내가 그렇다고 대답하자, 젊은 여자는 사무장이 넬리 블라이가 누구인지 몰라서 그 전날 몇몇 승객에게 그 전보를 건넸고, 이틀 동안 승객들 사이를 떠돌다가 나한테 도착하게 됐다고 말했다.

이따금 우리는 정말 듣기 괴로운 음악에 맞춰 갑판에서 춤을 추었다. 악단을 이룬 사람들은 설거지도 맡았다. 연주자(?)들이 등장할 때마다 사라지는 승객들을 비난할 수는 없어도, 악단 사람들이 안됐다고 느꼈다. 그들이 전혀 어울리지 않는 두 가지 일을 해야 한다는 것은 우스꽝스럽고도 서글펐다. 한 항해사한테 들은 바로는 그전 단원들은 갑판 청소를 해야 했고, 그 일 때문에 손이 거칠어져서 더는 음악을 연주할 수 없게 되었다. 그래서 기존 단원은 해임되고, 설거지를 하는 사람들이 새 악단으로 일하게 되었다는 것이다.

빅토리아 호를 탄 지 오래되지 않아서 친해진 어떤 사람이 배에 도는 소문이 있다고 일러 주었다. 내가 머리빗과 통장만 가지고 여행하는 괴짜 미국인 상속녀라는 것이었다. 내가 주목을 끈 이유 중에는 내 재산에 관한 이야기가 있는 것 같았다.

나중에 나는 소문을 바로잡는 편이 마음 편하겠다고 생각했다. 어떤 젊은 남자가 내게 와서 내가 자신의 이상형이며, 자신은 차남이라서 돈과 명예는 모두 형이 차지하게 된다는 것, 자신의 유일한 야망은 1년에 1000파운드를 자신에게 줄 아내를 찾는 것이라고 말했기 때문이다.

또 다른 젊은 남자가 있었는데, 성격이 아주 독특하고 나에 대한 관심이 더 많았다. 젊은 남자는 아홉 살 때부터 계속 여행하며 살았다면서, 수많은 짐 꾸러미와 트렁크 없이 여행할 수 있는 여자를 찾으리라고는 기대할 수 없기 때문에 사랑하고 결혼하고 싶은 욕망을 계속 참아 왔다고 했다. 나는 그가 아주 세련되게 옷을 입고 적어도 하루 세 번은 옷을 갈아입는다는 것을 알고 있었기 때문에 트렁크를 몇 개나 갖고 다니는지가 너무 궁금해서 대담하게 물었다.

"열아홉 갭니다."

놀라운 답이었다. 나는 트렁크 없이는 여행하지 못하는 아내를 얻을까 봐 걱정하는 남자의 두려움이 더는 이상하지 않았다.

7장

아름다운 검은 눈

빅토리아 호가 포트사이드(이집트 수에즈 운하 북쪽 끝의 도시)에 닻을 내린 것은 오후였다. 우리는 육지가 보이기를 간절히 기다리며 모두 갑판에 있었다. 보이는 것은 넓은 모래톱과 아케이드(기둥으로 지탱되는 아치가 이어진 공간)가 있는 그저 그런 흰색 2층 건물들뿐이었지만, 해변에 내리고 싶은 바람은 줄어들지 않았다. 포트사이드가 지구상에서 가장 황량한 곳이라 해도, 그런 상황에서라면 결과는 마찬가지일 것이다. 비록 다들 완강하게 부인했어도 계속 함께 지내다 보니 약간 지쳐 있었고, 적어도 새로운 얼굴을 볼 수 있는 해변에서 몇 시간 보내는 변화를 기쁜 마음으로 받아들였다. 하지만 육지에 내리고 싶은 마음이 더 절실한 것은 빅토리아 호가 항구에서 석탄을 싣는다는 사실 때문이었다. 석탄을 싣는 동안 배에 머물러 있어야 한다는 것은, 이런 표현을 써도 된다면, 그것은 살면서 죽음보다 더 심한 일들이 있음을 가장 빨리 깨닫게 하는 경험이었다.

배가 닻을 내리기 전에 남자들은 지팡이로 무장했는데, 그들 말로는 거지를 쫓기 위한 것이라고 했다. 같은 이유로 여자들은 파라솔을 챙겼다. 나는 지팡이도 우산도 없었고, 하나 챙겨 두라는 제안도 모두 거절했다. 잘못된 생각인지 몰라도 사람을 손으로 마구 때리는 것보다 지팡이로 툭툭 치는 것을 더 추하게 여겼기 때문이다.

닻을 내리자마자 빅토리아 호가 작은 배로 둘러싸였다. 반쯤 벌거벗은 아라비아 뱃사공들이 서로 먼저 도착하려고 미친 듯 서두르며 싸우고 잡아당기고 고함치며 작은 배를 몰았다. 승객을 해변까지 태워다 주고 받는 돈 몇 푼 때문에 그렇게까지 탐욕스럽게 구는 사람은 처음 보았다. 그중 어떤 사람은 더 좋은 자리를 차지하려는 미친 듯한 욕심 탓에, 정말로 다른 뱃사공을 잡아당겨 물에 빠트렸다. 배의 사다리가 내려졌을 때 생사가 걸린 문제라도 되는 것처럼 많은 아라비아 사람들이 사다리를 붙잡고 착 달라붙었다. 보다 못한 선장이 선원들에게 아라비아 사람들을 쳐서 떨어트리라고 명령했다.

선원들이 긴 막대기로 사람들을 떨어낸 뒤에야 승객들은 앞으로 나설 수 있었다. 이 끔찍한 광경을 본 나는 승객들이 지팡이로 무장하는 것이 어느 정도는 정당할지 모른다고 생각했다.

우리 일행은 거의 첫 번째로 사다리를 타고 배에 내렸다. 함께 해변에 가고 싶었고 그렇게 하려고 했지만, 첫 번째 배에 내렸을 때 일행 중 몇 명이 서로 경쟁하는 뱃사람들에게 잡혀서 말 그대로 다른 배에 끌려갔다. 남자들이 지팡이를 힘껏 휘둘렀지만 아무런 소용이 없었다. 나는 아라비아 뱃사공의 행동이 이런 가혹한 처우를 받을 만하다고 생각하면서도 반쯤 벌거벗은 검은 피부의 가엾은 사람들이 너무 함부로 다뤄지는 것을 보니 딱했다. 한편으로는 매를 맞고 움찔거리면서도 완강히 버티는 모습에 깜짝 놀랐다. 일행이 나뉜 이상 해변에 내려 다시 모이는 방법밖에 없기 때문에 뱃사공에게 빨리 가자고 재촉했다. 뱃사공은 빅토리아 호와 해변의 중간쯤 되는 곳에서 멈추더니 분명하고 힘찬 영어로 돈을 요구했다. 우리는 완전히 뱃사공의 손에 달린 신세가 되었다. 요구하는 대로 돈을 줄 때까지는 해변이나 빅토리아 호 어느 쪽에도 내려 주지 않을 것이었기 때문이다. 뱃사공 중 하나가 자기들은 여러 해 동안 영국 사람과 영국 사람의 지팡이를 겪어 봤고, 돈을 받기 전에 육지에 내려 주면 노동의 대가로 호되게 매를 맞을 뿐이라는 쓰라린 교훈을 얻었다고 말했다.

배에서 내린 일행은 걸음을 옮길 때마다 발목까지 빠지는 모래 해변을 걸어 시내로 갔다. 거의 곧바로 아라비아 소년들에게 둘러싸였는데, 소년들은 참을성 있게 곁에 서 있던 나귀를 타라고 간청했다. 나귀의 색과 크기와 모양은 가지각색이었다. 소년들이 애원하듯 외쳤다.

"여기 글래드스턴(영국 자유당 당수 출신으로 수상 직을 네 차례 역임한 정치인)이 있어요! 한번 타세요. 검은 두 눈이 아름다운 글래드스턴을 보세요."

나귀들이 얼마나 연약하고 애처롭게 울부짖었는지, 검고 아름다운 두 눈을 가진 나귀가 사람 마음을 녹인다고 느껴질 정도였다. 만일 어떤 사람이 정치적 신념이 달라서 글래드스턴 타기를 거절했다면, 인기 있지는 않아도 유명하다고 할 수 있는 이름의 나귀를 골라 탈 수도 있었다. 메이브릭 부인, 매리 앤더슨, 릴리 랭트리 등 당대의 저명인사들이 모두 있었다.

나는 멕시코에서 한동안 살았기 때문에 나귀에 대해 잘 알고 있었지만, 승객들 다수에게 나귀는 꽤나 진기한 동물이었다. 대부분의 승객이 배로 돌아가기 전에 나귀를 타 보고 싶어 했다. 많은 사람이 나귀를 타고는 기묘하고 조용한 마을

올 빠르게 가로질러 가며 안장 위에서 고무공처럼 튕기고 폭소를 터트렸다. 반쯤 벗은 아라비아 소년들은 짧고 급한 휘파람 소리를 내며 날렵한 지팡이로 나귀를 뒤에서 찌르면서 재촉했다.

승객 중 50여 명이 이렇게 즐겁게 나귀를 타고 가는 것을 본 뒤에 몇몇은 도박장으로 가서 잠깐 동안 오락에 깊이 빠졌다. 영국 금화를 여러 색과 숫자 위에 놓고 바퀴가 구르기를 조마조마하게 기다렸고, 결국에는 탁자에 있던 남자가 돈을 쓸어 가는 것이었다. 일행 중 도박에 대해 조금이라도 아는 사람은 없는 것 같았다. 그저 탁자에 우리 돈을 무모하게 놓고는 바퀴를 돌린 남자가 돈을 가져가는 것을 보며 웃었다.

이곳에는 돈을 많이 쓰게 만든 탁자에 몰렸던 젊은이들을 끌어당길 만한 구경거리가 또 있었다. 젊은 여자들로 구성된 오케스트라였는데, 그중 몇몇은 외모와 태도가 꽤 호감이 갔다.

도박장에 오래 있을수록 상점에서 쓸 돈이 줄어들었다. 짐이 늘까 봐 노심초사했던 나는 아무것도 사지 않기로 결심하고 해변으로 갔다. 아주 싼 값을 부르는 아름다운 레이스와 예스런 멋이 있는 이집트 골동품을 사고 싶은 유혹을 참았고, 다른 승객들처럼 햇볕 가리는 모자와 동양에서 주로 쓰는 터번을 사는 것으로 만족했다.

모자를 사고 상점에서 관심 있던 것을 다 본 뒤에 친구들과 산책하면서 특이해 보이는 사람들을 구경했다. 오래된 집의 정면이 나무로 조각되어 있었는데, 미국이라면 그런 조각품이 큰돈이 되었을 것이다. 방문객으로부터 무엇인가를 얻으려는 사람들을 빼면, 원주민들은 낯선 사람들이 오는 것에 아주 익숙한듯 거의 우리에게 신경을 쓰지 않았다. 그곳에서는 방해받을 일이 없었기 때문에 여기저기 돌아다녀도 원주민들에게 지팡이를 쓸 기회가 아예 없었다. 거지들을 많이 봤지만, 자기 일에 충실해서 애처로운 소리를 내며 손을 뻗고 구슬프게 애원했을 뿐 동냥이 아닌 매를 벌 만큼 끼어들거나 성가시게 행동하지 않았다. 대다수는 동정심에 호소하는 대신 궁핍함의 혐오스러운 면을 보여 주었다. 흔한 일이지만 그런 것들은 나를 경직시켰다. 돈을 주어 눈앞에서 쫓아 버리게 하려고 일부러 흉한 면을 들이대는 것 같았다.

　　땔나무를 지고 온 낙타들의 행렬을 보며 서 있던 나는 이집트 여자들을 보았다. 여자들은 키가 작았고 검은 옷을 초라하게 입고 있었다. 눈 밑에서부터 얼굴을 뒤덮는 베일은 거의 무릎까지 내려왔다. 베일만으로 외모를 다 가리지 못할까 봐 두렵다는 듯이 머리 양쪽과 베일 사이의 얼굴을 뒤덮으며 코 위로 내려오는 것도 걸치고 있었다. 어떤 경우에는 금색을 띠고,

어떤 경우에는 검은 천으로 만든다. 한 이집트 여성은 발가벗은 작은 아기를 입고 있었다. 엉덩이에 걸친 아기의 작고 검은 다리가 기둥을 올라가는 소년의 다리처럼 여성의 허리에 둘러져 있었다.

해변으로 내려가서는 벌거벗은 남자들이 갓 잡은 악어 주변에 모여 있는 쪽으로 다가갔다. 악어는 몇 군데 매듭을 지은 밧줄에 단단히 묶여 있었고, 흑인 여섯 명이 꼬리를 잡고 있었다. 그날 여행에서 본 마지막 장면은 물 나르는 사람들이 등에 물을 잘 채운 염소 가죽을 지고 마을로 가는 것이었다.

갑자기 어두워져서 일행은 급히 배로 갔다. 이번에는 뱃사공이 뱃삯을 먼저 주지 않으면 아예 배에 타지도 못하게 했다. 뱃삯은 빅토리아 호에서 해변까지 올 때 낸 것보다 딱 두 배였다. 항의했지만 해가 진 뒤에는 두 배를 받는 게 원칙이라는 답이 돌아왔다.

빅토리아 호에 도착했을 때는 석탄을 싣는 작업이 끝나 가고 있었지만, 탁탁 소리를 내면서 떨어지는 무언가로 불을 밝힌 석탄 운반선이 보였다. 석탄이 장대 끝에 달린 철장 안에 놓여 있었다. 운반선과 빅토리아 호 사이에 걸쳐진 가파른 다리 위로 반쯤 벌거벗은 사람들이 석탄 자루를 지고 서둘러 올라가는 모습은 기억에 남을 장면이었다. 일꾼들은 조용히 일하지 않았다. 소음으로 판단하건대, 다들 자기가 좋아하는 것에 관해 떠들거나 익살을 떠는 것 같았다.

그다음 날 아침에는 유명한 수에즈 운하를 볼 생각에 평소보다 일찍 일어났다. 갑판으로 뛰어 올라가 보니, 배가 양옆이 높은 모래 둑으로 막힌 거대한 도랑 같은 것을 통과하고 있었다. 거의 움직이지 않는 것 같았고, 그래서 열기가 더 강하게 느껴졌다. 사람들 말로는 배가 운하를 지날 때 시속 5노트(시속 약 9킬로미터)를 넘으면 안 된다는 법이 있다고 한다. 배가 빨리 통과하면 강한 물살이 생겨 모래 둑이 깎여 나가기 때문이다. 평생 여행을 했다는 어떤 신사가 수에즈 운하의 역사를 들려준 덕에 운하를 지나는 지루하고 답답한 시간을 조금이나마 견딜 수 있었다.

1859년에 착공한 운하는 완공까지 10년이 걸렸다. 공사에 동원된 가난한 흑인들에게 최소한의 임금을 지급했는데도, 이 사업에 거의 1825만 파운드가 든 것으로 추정된다. 길이가 약 160킬로미터밖에 안 되는 이 운하를 건설하는 데 희생된 노동자 수가 10만 명이라고 한다. 처음 완공되었을 때 운하 표면의 폭은 100미터 정도였는데, 둑이 끊임없이 씻겨서 60미터까지 줄었다. 바닥은 폭이 약 22미터, 깊이는 약 8미터다. 운하를 통과하는 데는 20~24시간이 걸린다.

운하에서 맞이한 첫날 정오쯤에 우리는 이스마일리아(수에즈 운하 중간 지점에 있는 항구도시) 앞에 있는 만에 닻을 내렸다. 여기에서 승객들을 태우기 때문에 이집트 총독 관저를 볼 시간이 있었다. 총독 관저는 강둑에서 조금 물러나 아름다운 초록 숲 한가운데에 지어졌다. 운하를 따라 여행하는 동안에는 재미있는 것이 거의 없었다. 신호소signal stations는 녹색 점으로밖에 안 보였지만, 시간과 노력만 들인다면 이 사막에서 어떤 일이 이루어질 수 있는지를 증명하는 것이었다.

이 여행에 활기를 준 것 중 하나는 벌거벗은 아라비아 사람들의 등장이었다. 그들은 때때로 운하 둑을 따라 달리면서 애처롭게 "백쉬시!" 하고 외쳤다. 우리는 이 말의 뜻이 돈을 달라는 것이라고 이해했고, 친절한 승객 다수가 돈을 던져 주었다. 하지만 그 걸인들에게는 돈이 전혀 안 보였는지, 지칠 때까지 계속 따라오며 "백쉬시!"를 외쳤다.

운하에서 여러 척의 배를 지나쳤다. 보통 승객들은 다른 배의 승객들을 소리쳐 부르지만, 대화는 주로 항해가 어땠는지 서로 물어보는 게 고작이었다. 운하의 한 지점에서는 수많은 아라비아 남녀가 일하는 것이 보였다. 돌을 나르는 낙타도 많았는데, 일꾼들은 그 돌로 둑을 보강하느라 힘쓰고 있었다.

밤에는 배 앞에 전등이 달렸고, 좌우로 움직이는 빛 덕분에 항해를 계속할 수 있었다. 전기 전조등이 도입되기 전에는 배가 자칫 모래 둑에 부딪쳐 큰일이 날 수도 있었으므로 밤새도록 정박해야 했다. 이렇게 배가 멈추다 보면 여행이 길어지고 승객들이 매우 불편했다. 배가 느리게라도 움직이는 것이 숨막힐 듯한 열기를 식히는 데 도움이 되었다. 구름 한 점 없이 태양이 작열할 때뿐만 아니라 밤에도 모래 둑에서 열기가 나오는 것 같았다.

운하 끝부분을 지날 때는 아라비아 사람들이 야영하고 있는 것이 보였다. 그림 같은 그 풍경이 흥미로웠다. 처음에는 작고 흐릿한 빨간 불이 눈에 띄더니, 빨간 불과 우리 사이에서 사람들과 쉬고 있는 낙타들의 형체가 보였다. 어떤 야영지에서는 음악이 들렸지만, 다른 야영지에서는 저녁 식사를 준비하는 듯 불 위에서 일을 하거나 불 주변에 낙타와 함께 쭈그리고 앉아 있었다.

조금 뒤에 배는 수에즈 만에 닻을 내렸다. 닻을 미처 내리기도 전에 벌써 어스름 속에서 흰 돛을 단 작은 배들이 주변을 에워쌌다. 산들바람에 펄럭이는 돛이 그 하얀 날개 같은 모양으로나 우리를 향해 떠오른 모습으로나, 등불을 향해 모여드는 나방을 떠올리게 했다. 돛단배는 지역에서 나는 과일, 사진, 특이한 조개를 파는 남자들로 가득 차 있었다. 돛단배에서 내린 사람들은 전부 우리가 탄 배의 갑판에 올랐고, 그중에는 나술사도 몇 명 있었다. 승객들이 상인에게는 관심이 없었지만, 마술사들이 무엇을 할지는 보고 싶어 했다. 한 흑인 마술사는 허리에 두른 천과 터번과 불룩한 주머니 말고는 몸에 걸친 게 거의 없었는데, 주머니에 도마뱀 두 마리와 작은 토끼 한 마리가 담겨 있었다. 마술사는 재주를 뽐내고 돈을 받고 싶어 안달이었다. 하지만 먼저 손수건과 팔찌 몇 개로 할 수 있는 것을 다 보여 줄 때까지는 토끼와 도마뱀으로 아무것도 하지 않으려 했다. 우선 손수건에 아무것도 없다는 것부터 보여주려고 흔들었고, 관중 속에서 나를 지목해 손수건을 잡게 했다. 작은 놋쇠 팔찌 하나를 보여 주고 손수건 속에 넣는 시늉을 했다. 손수건을 내 손에 쥐여 주며 꽉 쥐라고 했다. 나는 팔찌가 있는 걸 확실히 느끼며 그렇게 했다. 마술사는 내 손에 바람을 불어 넣더니 내가 쥐고 있던 손수건을 확 잡아당기고 흔들어 보였다. 놀랍게도 팔찌는 사라지고 없었다. 그러는 사이 승객 중 몇 명이 마술사의 토끼와 따로 한 구석에 놓여 있던 도마뱀 중 한 마리를 훔쳤다. 마술사는 동물들이 없어져서 몹시 걱정하며 그것들을 찾을 때까지는 묘기를 보여 줄 수 없다고 했다. 결국 어떤 젊은 남자가 자기 주머니에서 토끼를 꺼내 돌려주자 마술사가 안도했다. 도마뱀은 발견되지 않았다.

배가 다시 출발할 시간이 되어서 마술사는 그냥 자기 배로 돌아갈 수밖에 없었다. 몇몇 사람이 내게 다가와 손수건 마술을 어떻게 하는지 짐작할 수 있냐고 물었다. 나는 손수건 마술이 오래되고 재미없는 속임수라고 했다. 즉 마술사는 손수건에 미리 팔찌를 하나 꿰매어 붙여 둔 채 사람들에게 다른 팔찌를 보여 주고는 그 팔찌를 슬쩍 감춘다. 물론 손수건을 잡은 사람은 팔찌도 잡고 있지만, 곡예사가 손에서 손수건을 잡아당기고 관중 앞에서 흔들어 보일 때 손수건에 꿰매어 붙인 팔찌는 당연히 바닥에 떨어지지 않는다. 마술사는 손수건의 팔찌가 붙은 쪽이 내내 자기 쪽으로 향하도록 조심하기 때문에 관중 눈에는 마술로 팔찌가 사라진 것처럼 보이고, 멋지게 관중을 속이는 것이다. 이런 설명을 듣던 남자들 중 한 명은 몹시 화가 나서 내가 그 속임수의 비밀을 확실히 알았는지, 그렇다면 왜 폭로하지 않았는지 알고 싶어 했다. 나는 그 영국 남자한테야 혐오스러울 테지만 그저 마술사가 돈 버는 것을 보고 싶었다고 했다.

수에즈에서 우리 배가 닻을 내린 곳은 유대인들이 홍해를 건넌 역사적 장소라고 했다. 역사적 사실이나 인물과 고대사에 관심이 많은 사람들은 풍경 사진을 샀다. 그 풍경 사진은 오늘날까지도 바닷물이 밀려들었다 빠지는 어떤 단계에서는

넬리 블라이의 세상을 바꾼 72일

목숨이나 안녕의 위험을 무릅쓰지 않고도 그곳을 건널 수 있다는 것을 보여 주었다. 다음 날 아침, 잠에서 깨어 보니 배는 육지가 보이지 않을 만큼 홍해 한가운데로 와 있었다. 날씨가 후덥지근했는데도 승객 중 몇 사람은 여전히 갑판에서 분위기를 활기차게 만드느라 최선을 다했다. 어느 날 저녁에 많은 젊은 남자들이 흑인으로 분장하고 민스트럴 쇼(19세기 중후반 미국에서 유행한 코미디 쇼)를 공연했다. 배우들은 공연할 때만이 아니라 준비 과정에서도 활력과 끈기를 보였다. 갑판의 한쪽 끝에 쇼를 위한 공간이 마련되었다. 무대가 세워졌고 모퉁이 전체가 천막으로 가려졌다. 쇼가 진행되는 동안 내내 여느 공연처럼 녹색 커튼이 걸렸고, 공연 전후는 물론이고 막간에도 커튼이 내려졌다.

배우들은 여러 역을 아주 훌륭하게 해냈다. 하지만 그날 밤에는 너무 무더워서 승객들이 평소보다 덥게 느껴지는 게 천막으로 갑판이 막힌 탓이라고 생각했으므로, 관객의 흥을 불러일으키기가 힘들었다. 휴식 시간이 되자 다들 음료와 비스킷을 먹으러 식당으로 갔다. 어느 누구보다 휴식을 고맙게 여긴 이는 검게 분장한 얼굴에 땀을 줄줄 흘리면서 우리와 함께 간식을 먹은 배우들이었다.

항해 막바지에 다가갈수록 승객들은 흥미를 느낄 만한 일,

어떤 식으로든 열기를 잊게 해 줄 일을 찾기가 힘들었다. 승객들 중 노래를 부를 줄 아는 사람들, 또는 자기가 그렇다고 생각한 사람들은 노래를 못 부르거나 부를 생각이 없어서 입을 다물고 있는 사람들을 위해 발성기관을 훈련하라는 설득을 받았다. 때로는 우리 중 다수가 2등실 승객들이 사용하는 갑판으로 가서 그들의 콘서트를 즐겼다. 앉을 의자가 없으면 바닥에 앉았다. 1등실 승객들이 그보다 더 좋은 음악을 들려줄 순 없다는 사실을 모두가 인정했다.

갑판의 편안한 의자에 느긋하게 앉아 지내며 하루하루가 갔다. 나만큼 편안하게 휴식을 즐기는 사람은 없었다. 두꺼운 블라우스를 실크 보디스로 갈아입고는 시원하고 편하고 느긋해서 행복해졌다. 저녁 시간이 다가오면 일부 승객들은 식당에 가기 위해 황급히 옷을 갈아입으러 갔다가 짧은 보디스, 긴 옷자락으로 정장을 하고 나타나기도 했다. 바다를 항해하는 증기선에서 제대로 옷을 갖춰 입는 것은 결코 마땅하지 않는 일이라고 생각한 승객들은 정장을 입은 이들을 재미있게 바라보았다. 동방의 젊은 남자들이 저녁 식사 때 입고 나타나는 흰 마로 만든 이브닝드레스는 편안하고 적절해 보였을 뿐 아니라 아주 잘 어울리고 우아한 인상을 주었다.

비슷한 환경에서 남자가 여자보다 삶의 즐거움을 더 누리기 못하는 경우는 아주 드물다. 사람들이 열정적으로 좋아하는 크리켓, 고리 던지기, 흡연실 출입을 즐기는 사이사이에 판돈이 크게 걸린 신나는 경기가 벌어지기도 했다. 나중에는 갑판의 어두운 구석에서 한 시간 정도 마음이 맞는 이성과 즐거움을 나누는 사람들이 생겼다. 어쩔 수 없이 강제된 휴식이 남자들에게는 꽤 유쾌한 것이었다.

다들 수에즈에서부터 우리를 따라온 작은 새 한 마리에게 관심을 기울이며 걱정했다. 새는 가끔 우리 배를 따라 조금 날다가 돛대에 앉았다. 가냘픈 회색 꼬리와 은빛 가슴을 가진 그 예쁜 새는 목 주변에 검은 띠가 있었고 등은 평범한 갈색이었다. 처음에는 쉽게 겁먹었지만, 곧 승객들이 던져 주는 빵 조각도 집어 먹으며 길이 잘 들어 갑판의 승객 사이에서 발견되기도 했다. 다른 흥밋거리도 있었다. 마술사가 남기고 간 도마뱀이었다.

그 도마뱀은 수에즈에서 머물고 난 다음 날 아침에 보급 담당자가 갑판의 조용한 구석에서 찾았다. 한 인정 있는 젊은 남자가 도마뱀을 맡아 키우려고 애를 썼지만, 도마뱀은 며칠 동안 맥 빠진 채 조용히 지내다가 숨을 거두었다. 도마뱀의 죽음은 승객들에게 엄숙하게 알려졌다.

빅토리아 호가 피앤드오 증기선 회사에서 가장 좋은 배라지만 여행하기에는 최악이다. 설계가 잘못 되어서 빛과 공기가 통하지 않는 객실이 아주 많았다. 객실이라고 부르기도 아까울 만큼 작고, 어둡고, 불쾌하고, 공기가 안 통하는 상자일 뿐이다. 승객들은 모두 똑같은 뱃삯을 치르는데, 이 탐탁찮은 상자 중 하나에 묵게 돼도 보상받을 방법이 없다. 자기네 배가 생긴 지 오래된 노선을 지나며 여러 면에서 아주 바람직하다는 사실을 악용하는 회사 측 지침에 사람들은 그저 굴복해야만 한다. 내가 보고 들은 것으로 판단하건대, 회사 측은 이 노선으로 여행할 표를 사도록 허가받았으니 은혜를 입은 줄 알아야 한다는 투로 승객을 대했다. 경쟁사 선박도 이용하는 항구의 정박 요금은 그나마 합리적이지만, 독점권을 가진 항구에서는 터무니없는 요금을 매겼다. 승객의 눈으로 보면, 항해사와 종업원의 품행과 음식의 질에 개선할 여지가 많다는 점은 앞에서도 말했다.

홍해에 있는 동안 밤에 너무 더워서 남자들은 객실을 나와 갑판에서 시간을 보냈다. 여자들도 갑판에서 자는 게 습관이 되었는데, 그럴 때면 갑판의 한쪽을 여자들만 쓸 수 있다. 이 여행을 하는 동안에는 여자들 중 갑판에서 잘 만큼 용기 있는 사람이 없어서, 남자들이 갑판 전체를 차지했다.

여자들은 밑에서 자기 때문에 아침에 일찍 일어나서 태양이 타오르기 전에 시원한 공기를 마실 수 있는 휴식처를 찾아 갑판으로 샀나. 이 시간에 남자들은 보통 파자마 차림으로 어슬렁거리고 있었지만, 아무도 이의를 제기하지 않았다. 정말 당황스럽게도 선장이 아침 8시까지는 갑판이 남자들의 공간이니, 그때까지 여자들은 갑판에 올라가지 말라고 공지했다.

아덴에 도착하기 직전에 높은 갈색 산을 여럿 지나쳤다. 12사도로 알려진 곳이었다. 12사도를 지나고 얼마 안 가 아덴이 보였다. 아덴은 굉장히 높고 거대한 민둥산처럼 보였다. 망원경으로 봐도 사람이 사는 곳 같지 않았다. 오전 11시를 조금 지나서 배가 만에 닻을 내렸다. 우리 배는 곧 승객들에게 물건을 팔러 온 남자들과 동방의 멋진 잠수부들이 탄 수많은 작은 배들로 에워싸였다.

항해사들은 승객들에게 기온이 너무 높으니 아덴의 해변에 가지 말라고 경고했다. 그래서 여자들은 타조 깃털과 깃털 목도리를 팔러 온 유대인들과 흥정하며 시간을 보냈다. 남자들은 여자들을 거들어 상인과 흥정을 하는데, 자기 자신은 만족하고 싶겠지만 결과는 반대로 항상 상인에게 유리했다.

나는 몇몇 무모한 이들과 함께 더위를 무릅쓰고 해변으로 가서 아덴의 볼거리를 알아보기로 했다.

8장

아덴에서 콜롬보로

큰 배를 빌린 나는 태양에 맞설 수 있다고 자신하는 지인 여섯 명과 해변으로 갔다. 뱃사공 네 명은 흑인이었다. 팔다리가 가 늘지만 힘이 좋았고 지칠 줄 모르는 유머 감각도 있었다. 아덴 의 모든 주민과 마찬가지로 흑인 뱃사공들도 아주 멋진 하얀 치아를 가졌다. 아마 이를 관리하는 특별한 방법이 있는 것 같 았다. 아덴에서는 식물이 전혀 보이지 않았기 때문에 어디서 식물을 구했는지는 모르지만, 부드럽고 섬유질이 많은 나무 의 가지를 구해다 7~10센티미터 길이로 자른다. 이렇게 토막 낸 가지의 한쪽 끝에서 껍질을 벗기고는 이가 하얗게 빛날 때 까지 문지른다. 나무가 닳으면 연한 펄프가 되는데, 1페니에 나뭇가지 막대를 열두 개나 살 수 있기 때문에 한번 쓰고 나면 버려도 된다. 그래도 필요하다면 막대를 여러 번 쓸 수도 있다. 그 막대를 여러 개 사서 써 봤더니 전에 하던 양치질보다 상쾌할 뿐만 아니라 효과도 좋았다. 치아를 망가뜨리는 칫솔을 대체할 이 유용한 목재를 미국 기업이 나서서 수입할 생각을 하지 못한 게 유감스러웠다.

우리를 육지로 옮겨 준 배를 책임진 남자는 자그마한 흑인인데, 다리가 매우 가늘었다. 아주 까맣고 납작하고 말라 보이는 그 다리는 어쩐지 훈제 청어를 연상시켰다. 몸은 말랐어도 아주 유쾌한 사람이었다. 목둘레와 벌거벗은 가슴에 검은색, 금색, 은색 구슬로 된 두 줄 목걸이를 두르고 있었다. 허리에는 현란한 색의 띠를 두르고 팔목과 발목에는 묵직한 고리를 찼다. 손가락과 발가락이 서로 반지 많이 끼기 경쟁을 하는 것처럼 보였다. 영어를 아주 잘했고, 가족이 몇 명이냐는 내 무례한 질문에도 아내가 셋이며 아이는 열한 명이라고 말해 주었다. 그러면서 신앙의 힘으로 은혜를 입어 가족의 수를 늘리고 싶다는 말을 경건하게 덧붙였다.

흑인 남자는 머리카락이 노란 데다 목걸이와 허리를 감싼 천뿐인 아주 가벼운 차림이라서 특이하게 보였다. 밝은 노란색 머리카락과 검은 피부의 대조는 몇 년 전 깜짝 놀란 미국

대중의 시야에 반짝 나타났다가 낡고 지루한 모습이 되어 버린 검은 눈과 노랑머리보다 더 놀라웠다. 뱃사람들 중 몇 명은 검은 머리에 풀칠을 하고 석회로 덮고 있었다. 그것이 뭔지 아주 궁금하던 차에 한 남자가 그냥 머리를 탈색하는 것이라고 설명해 주었다. 석회를 머리에 덮고 며칠 동안 그대로 둔 채 뜨거운 태양과 물에 노출하면 머리카락이 노란색이나 빨간색으로 바랜다는 것이다. 아덴에서는 남자들 사이에서만 이런 머리 탈색이 유행한다고 했다. 여자들 중에는 이런 식으로 검은 피부의 아름다움을 돋보이게 하려고 한 사람이 없었지만, 남자들 사이에서는 아주 맵시 있는 것으로 여겨졌다.

우리가 대화하는 동안 남자들은 신나는 노래의 박자에 맞춰 노를 젓고 있었다. 한 사람이 한 소절을 부르면 나머지 사람들은 후렴을 함께 불렀다. 목소리가 나쁘지 않았고, 단조로운 리듬의 곡조는 아주 매력적이었다.

잘 만들어진 부두에 내린 일행은 흰 돌을 멋지게 깎아 만든 계단을 따라 육지로 올라갔다. 옷을 반쯤만 걸친 흑인들이 곧바로 우리를 에워쌌다. 흑인들은 모두 기차역에서 마부가 하는 식으로 외치며 관심을 끌었다. 그들 전부가 마부는 아니었다. 보석·타조 깃털·깃털 목도리를 파는 상인, 호텔 호객꾼, 거지, 장애인, 안내원이 섞여 있었다. 이 사람들은 영국식 제복을 입은 원주민 경찰이 와서 손으로 밀어낼 때까지는 하나같이 자기 말을 들어 달라고 간청했다. 경찰은 때때로 사람들이 물러나도록 발길질까지 했다.

큰 안내판이 부두에서 눈에 띄는 자리에 있었다. 안내판에는 마부, 뱃사람 등에게 내야 할 요금이 표시되어 있었다. 요금 안내판을 세운 것은 정말 칭찬받을 만큼 사려 깊은 일이다. 관광객들이 바가지 쓰는 것을 면할 수 있었기 때문이다. 그 안내판을 보면서 이런 곳조차 힘없고 물정 모르는 이방인들을 보호하기 위한 대책이 뉴욕보다 잘 되어 있다는 생각이 들었다. 뉴욕에서는 마부가 밤에 바가지를 씌우고 돈을 못 받겠다 싶으면 코트를 벗어 던져 가며 싸우는 일이 흔히 벌어진다.

이 황폐한 민둥산 기슭에는 장엄한 흰 건물이 자리 잡고 있다. 거기까지는 돌산을 깎아 만든 훌륭한 길이 나 있다. 이 불모지에 배치된 영국 군인들을 위해 세워진 클럽 하우스였다. 항구에 영국 군함이 한 척 머물러 있고, 그 근처 평탄한 곳에는 군인들이 쓰는 하얀 막사가 많이 세워져 있었다.

검은 바위산의 높은 봉우리, 해발 500미터쯤 되는 정상에는 영국기가 펄럭였다. 계속 여행을 하면서 영국군이 좋은 항구를, 전부는 아니라도 거의 전부를 어떻게 차지했는지 그 어느 때보다 확실히 깨달았기 때문에 영국 정부의 분별력에 대한 존경심이 커졌다. 그렇게 많은 나라, 많은 지방에서 휘날리는 국기를 보면서 영국 남자들이 자부심을 느끼는 것도 이제는 놀랍지가 않다.

부두 가까이에 파르시(조로아스터교 공동체 중 하나)가 운영하는 가게가 있었다. 호텔, 우체국, 전신소가 모두 한 곳에 있다. 아덴 시내까지는 8킬로미터 떨어져 있다. 우리는 마차를 한 대 빌려서 넓고 잘 닦인 길을 빠르게 달렸다. 그 길은 해변을 따라 뻗어 있으며 낮은 집을 지나쳐 갔다. 초라하고 지저분해 보이는 원주민들이 많이 보였다. 또 무덤이 여기저기 있는 묘지를 지나갔는데, 돌이 많은 그 지역의 나머지 부분처럼 황폐하고 검고 스산하게 보였다. 그곳의 무덤은 종종 자갈로 만들어진다.

아덴의 도로는 놀랄 만큼 아름다웠다. 폭이 넓고, 단단한 나무처럼 반들반들했다. 또 산으로 올라가는 길은 재미있게 구부러지는데, 사고를 대비해 높고 반듯한 벽을 만들어 놓아서 안전했다. 그렇지 않으면 깎아지른 듯한 경사 때문에 관광객들이 험한 산으로 굴러 떨어질 수도 있었다.

산에 오르기 직전에 한 흑인 남자가 기도하는 것을 보았다. 그는 바위로 만들어진 작은 광장 한가운데서 무릎을 꿇고 있었다. 얼굴을 하늘로 향하고서, 다른 모든 것은 잊어버렸다는 듯 자기 앞의 힘에 자신의 가장 깊은 영혼을 열정적으로 바치고 있었다. 흑인의 헌신과 열정은 그를 이교도로 여기는 사람들에게까지 존경심을 일으켰다. 나는 그가 무릎 꿇고 있는 대지에 입 맞출 때를 빼고는 끊임없이 얼굴을 위쪽으로 드는 것으로 보아 태양신을 숭배하는 사람이라고 생각했다.

길에서 아주 다양한 부족의 흑인을 보았다. 내가 본 많은 여성들은 평평한 길을 갈색 맨발로 가볍고 당당하게 걷고 있었다. 머리카락이 흑보랏빛이었으며 항상 길고 빳빳한 깃털로 장식되어 있었다. 깃털은 빨간색, 녹색, 보라색으로 화려하게 염색되어 멋진 그늘막 같았다. 색색의 깃털 말고 다른 장식은 전혀 하지 않았지만, 그 이색적인 마을에서 보석을 많이 걸친 사람과 나란히 있을 때는 그 깃털 때문에 당당함이 돋보였다. 많은 여성들이 매우 가난해 보였는데도 보석 장식을 많이 하고 있었다. 옷을 많이 걸치지는 않았는데, 아덴처럼 더운 곳에서는 틀림없이 보석 치장이 옷차림만큼 중요하다.

이 완벽한 구릿빛 여자들을 지켜보는 경험은 아주 황홀했다. 허리에 감긴 얇은 비단의 우아한 주름이 무릎까지 떨어지는데, 천의 한 귀퉁이를 올려 가슴을 지나도록 되어 있었다. 완벽한 모양의 팔에는 묵직한 팔찌가 손목과 팔뚝에 둘러졌는데, 대개 사슬로 연결되어 있었다. 발목에도 발찌가 둘러져 있었고, 손가락과 발가락에도 고리가 많았다. 때로는 코에 큰 고리가 걸려 있었고, 귀에는 거의 항상 고리형 귀걸이가 걸려 있었다. 그 귀걸이는 귓불의 안쪽 끝에서부터 귀의 맨 위, 즉 머리에 닿는 부분에까지 있었다. 고리가 귀에 너무 가까이 붙어서, 멀리서 보면 금테를 두른 것 같았다. 더 재미있는 코 장식은 콧구멍에 한 커다란 금장식 세트였다. 귀를 조이는 나사고리처럼 콧구멍에서 조이게 되어 있었다. 코 장식이 다른 것들보다 재미있었다면, 함께 건 귀 장식은 보기 싫었다. 보통 귓불이 귀에서 찢어져 어깨에 닿을 정도로 당겨졌다. 살점으로된 그 거대한 고리의 일부분에는 큰 금장식이 박혀 있었다.

우리는 언덕 꼭대기에 올라가 아름답고 장엄한 두 짝의 석조 문에 다가갔다. 석조 문은 영국 요새의 입구로서 마을로 가는 길에 걸쳐 있다. 보초들이 왔다 갔다 했지만, 우리가 탄 마차는 멈추지 않고 보초를 지나 좁고 이상한 산속 지름길로 갔다. 산은 노반 양옆에 약 30미터 높이로 있었다. 이 좁은 수직 옆면은 둘 다 튼튼한 방어벽이다. 그 자체가 천연 요새인 아덴을 한번 보기만 해도 인도로 통하는 가장 튼튼한 관문이라는 주장에 수긍하게 된다.

마차 두 대가 간신히 지날 만큼 좁고 위험한 급경사면에 만들어진 지름길에서 벗어났을 때 하얀 아덴 시내가 눈에 들어

왔다. 마을은 사화산인 듯한 산의 한가운데 아늑하게 자리 잡고 있었다. 마차가 빠른 속도로 길을 내려가는 동안 번들거리게 차려입은 기마경찰, 아덴 만에서 염소 가죽에 넉넉히 채워온 물을 등에 비스듬히 지고 가는 사람, 깎은 돌을 등에 진 낙타, 갖가지 모습을 한 흑인을 보았다.

　나지막한 어도비 벽돌집들이 늘어선 마을에 들어섰을 때 구걸하는 사람들이 우리 마차를 에워쌌다. 우리는 마차에서 내려 비포장 길을 따라 걸으면서, 불결해서 들어가고 싶지 않은 가게와 그 안팎에 있는 불결하고 불쾌한 사람들을 보았다. 물건을 사라고 독촉하는 사람들이 많았지만, 호기심 어린 눈으로 우리를 조용히 쳐다보는 원주민들이 더 많았다. 마을 한가운데에는 낙타 시장이 있었다. 서거나 눕거나 무릎 꿇고 있는 수많은 낙타들 말고는 그다지 특별한 광경이 없었다. 근처에 염소 시장도 있었는데, 두 시장 모두 거래가 활발해 보이지는 않았다.

　아무것도 사지 않은 우리는 배로 돌아가기 위해 출발했다. 벌거벗은 작은 아이들이 몇 킬로미터 정도 뒤쫓아 오면서 겸손하게 이마를 짚고 돈을 달라고 애걸했다. 다들 자선을 요구하는 영어 정도는 알고 있었다.

　부두에 도착했을 때 마부는 처음 출발할 때는 알고 있던 영어를 모두 잊어버린 모양이었다. 마차 삯으로 터무니없는 돈을 요구했다. 결국 우리는 원주민 경찰에게 호소했고, 경찰은 적절한 마차 삯을 받아서 마부에게 건넸다. 그러고는 정직하지 못한 대가로 마부를 힘껏 걷어찼다.

제한된 시간 탓에 아덴에서 몇 킬로미터 떨어진 저수조는 보러 가지 못했다. 배에 도착해 보니 유대인들이 타조 알과 깃털, 조개껍데기, 과일, 창같이 생긴 황새치의 주둥이를 팔고 있었다. 한쪽 옆에는 '소말리족 소년'이라고 불리는 남자들이 많았는데, 멋진 다이빙과 수영 실력을 보여 주고 있었다. 태양이 젖어 있는 검은 피부를 비추자, 남자들은 정말로 청동 조각처럼 물 위에 앉았다. 갑판을 쳐다보며 일렬로 앉아 있다가 차례차례 질서 있게 고함을 치면서 물속으로 사라졌다.

"오, 요호!"

그 소리가 개구리의 합창 같고 아주 재미있었다. 이 독특한 음악이 끝나면 호소력 있게 노래하듯 반은 울부짖는 소리로 이중창을 들려주었다.

"잠수! 잠수! 잠수!"

그러는 사이 나머지 남자들은 크게 벌린 입 앞에 손을 가져가 손가락을 재빨리 놀리면서 소리를 냈다. 그 모습이 어찌나 활기차던지, 우리는 그들이 소리를 멈추고 다이빙하는 것을 보려고 기꺼이 은화를 던졌다.

은화가 물 위에서 빛난 순간, 청동상들은 모두 날치처럼 사라졌다. 밑을 내려다보았지만, 푸른 바다 표면 위의 잔물결밖에 보이지 않았다. 긴 시간이 지나 우리가 불안할 때가 되면 다시 물속에서 떠올랐는데, 마침내 수면 위로 나타나기 전에 올라오는 모습이 보였다. 그중 한 명은 은화를 이빨 사이에 물고 있었고, 만족한 듯 아주 활짝 웃었다. 잠수부들 중 몇 명은 여덟 살도 안 된 어린이였고, 나머지는 연령대가 그 위로 다양했다. 머리를 탈색한 이들이 많았다. 아랫도리를 휘감은 작은 천을 빼고는 아무것도 입지 않았기 때문에 두 볼을 지갑으로 삼았는데, 소가 한가할 때 되새김질하려고 풀을 채워 넣듯이 아무렇지도 않게 은화를 입에 넣고 있었다. 나는 가끔 소의 이 놀라운 재능을 부러워했다. 사람들은 먹는 데 시간을 많이 낭비하는데, 여행할 때는 특히 더 심해진다. 음식을 가끔씩 한꺼번에 많이 먹었다가 나중에 한가할 때 그걸 소비하면 얼마나 편리할까 하는 생각을 했다. 그러면 틀림없이 소화불량도 적어질 것이다.

물에서 나고 나란 동물이라도 이 소말리 소년들보다 더 우아하게 물속에서 뛰놀 수는 없을 것이다. 하늘을 보고 눕거나 옆으로 누워서, 대개는 얼굴을 바닷물에 담근 채로, 두 다리나

두 팔로만 수영했다. 절대 뱃길에서 벗어나지 않는다. 배가 지나길 때는 잠수했다가 같은 자리에 떠오른다. 아덴 만에 상어가 많지만, 상어들도 이 흑인들은 절대 건드리지 않는다고 한다. 잠수부들이 안전하게 물속에서 지내는 것이 그런 주장을 뒷받침했다. 사람들은 상어가 흑인을 공격하지 않을 것이라고 주장하는데, 흑인들이 몸에 바르는 기름의 냄새를 맡고 나서는 상어를 비난하지 않았다.

우리 배는 아덴에서 일곱 시간 동안 머무른 뒤에, 뭍에서 멀리까지 따라 나온 잠수부들의 배웅을 받으며 콜롬보로 떠났다. 한 작은 소년은 우리 배에 올라 멀리까지 나왔다가 간단히 위층 갑판에서 바다로 뛰어들어 우리와 헤어지고는, 작별 인사로 손을 흔들며 행복하게 아덴으로 돌아갔다.

승객들은 아덴에서 콜롬보로 가는 동안 즐겁게 보내려고 노력했다. 어느 날 밤 젊은 여자들이 타블로 비방(유명한 그림이나 역사의 한 장면을 말이나 움직임 없이 재연하는 오락)을 몇 가지 했는데 아주 재미있었다. 여자들은 여러 나라를 표현하고 싶어 했다. 나에게는 미국을 나타내 보라고 권했지만 거절했다. 그러자 미국 국기가 어떻게 생겼는지 알려 달라고 했다. 성조기를 가능한 한 비슷하게 그려서 미국을 나타내기로 한 젊은 여성에게 둘러 주고 싶어 했다. 또 어느 날 밤에는 사람들이 아주 재미있는 환등 슬라이드 전시회를 열었다.

영국 사람들이 모든 경우에 드러내는 여왕에 대한 충성은 항상 존경스러웠다. 나는 사람이 태어나는 게 아니라 만들어진다는 믿음을 가지고 뼛속까지 미국인으로 나고 자랐지만, 여전히 영국인들이 왕실에 바치는 불멸의 경의를 존경하지 않을 수 없었다. 환등 슬라이드 전시회에서 하얀 종이에 비춰진 여왕의 사진은 그날 밤 가장 따뜻한 박수갈채를 불러일으켰다. 밤의 오락 행사는 항상 모든 사람이 일어나 '신이여, 여왕을 지켜 주소서'라는 영국 국가를 부르는 것으로 끝났다. 결국 그 여자, 어쨌거나 한 여자에 지나지 않는 여왕이 그토록 충성스러운 국민의 이익을 위해 얼마나 헌신해야 하는지 생각하지 않을 수 없었다.

그런 생각을 하다 보니 지상에서 가장 큰 나라의 국민, 자유인으로 태어난 미국 여자인 내가 거기서 침묵해야 했던 것이 부끄러웠다. 사실 남자다운 두 왕, 조지 워싱턴과 에이브러햄 링컨까지 거슬러 가지 않고는 솔직히 내 나라의 통치자들이 자랑스럽다고 말할 수 없기 때문이었다.

9장

지체된 닷새

아침 9시쯤 실론(스리랑카의 옛 이름) 콜롬보 만에 닻을 내렸다. 아덴에서 바다를 건너오는 동안 한바탕 불볕더위를 겪은 터라 우리 눈에는 녹색 나무가 많은 실론 섬이 아주 편안하고 아늑해 보였다.

승객들은 배가 닻을 내리기 전에 해변으로 갈 준비를 마쳤다. 많은 배가 머무르고 있는 작은 항구로 천천히 다가가는 동안 다들 먼저 배에서 내리고 싶어서 조바심을 내며 갑판에 서 있었다.

마음이 아무리 급해도 항구로 다가가는 배에서 보이는 광경과 콜롬보의 아름다움에 감동하지 않을 수 없었다. 정박 중인 아름다운 배들 사이로 우리 배가 나아가자 아케이드가 있는 낮은 건물이 점점이 들어선 초록 섬이 보였다. 눈부신 햇빛 속에서 건물이 대리석 궁전처럼 보였다. 우리 뒤에는 흰 파도가 넘실대는 푸르디푸른 바다가 있었다. 마을 뒤로 높은 산이 있었는데, 이름이 아담스피크Adam's Peak라고 했다. 열대 나무숲이 있는 해변은, 마치 멀리 떨어진 바다의 한 점에서 시작된 것처럼 둥글게 굽어지다가 항구 근처에서 뭉툭하게 끝났다. 해변 끝의 뭉툭한 선은 등대가 있는 거대한 방파제와 연결되어 바다로 뻗었다. 방파제 너머로 땅은 다시 뒤로 굽으면서 신호소까지 이어지고, 넓은 길 너머로 바닷가를 따라가다가 바다 위로 우뚝 선 초록 언덕 아래에서 사라졌다. 언덕 꼭대기에는 성 같은 건물이 햇빛 속에 빛나고 있었다.

흑인이 가득 탄 작은 배들이 해변에서 우리를 향해 다가오고 있었지만, 나는 만의 수면에 떠 있는 특이하게 생긴 물건에서 눈을 뗄 수 없었다. 생물체 같고 깃털이 달린 아주 특이한 생김새였기 때문에, 공포에 가까운 기분으로 그것을 쳐다봤다. 아름다운 섬에서 얼마나 끔찍한 날개 달린 괴물이 나올 수 있는지 궁금했던 나는 배가 그쪽을 향해 갈 때 당황스러운 마음으로 지켜보았다. 우리 배가 다가간 바로 그 순간 새 떼가 날개를 퍼드덕거리고 날아오르더니 방파제에 앉았다. 방파제에는 바위에 다리를 걸친 채 낚싯줄을 보는 어부들이 있었다. 나를 그렇게 깜짝 놀라게 한 것이 무엇인지를 돌아보니, 새들이 남기고 간 물건이 제대로 보였다. 그것은 아무 해도 끼치지 않는 빨간 부표(!)일 뿐이었다.

신사 분 한 명과 함께 간 나는 해변에 내린 첫 번째 승객이었다. 어떤 승객들은 우리보다 앞서 출발해 작은 증기선을 탔다. 신사는 내게 신기한 경험을 시켜 주겠다고 하더니, 다른 승객들이 탄 증기선보다 빨리 가는 작은 배를 보여 주겠다고 했다. 육지에서 산책하는 동안 나를 안내하겠다고 제안한 그 신사는 경험이 많은 여행자였다. 몇 년 동안 해마다 세계를 여행했으며 동방의 나라에 대해서 자기 고향만큼이나 잘 알고 있었다. 그러나 신사가 해변에 태워다 주겠다고 한 배를 보았을 때는 그의 말이 의심스러웠다. 그래도 나는 아무 말도 하지 않았다.

조잡하게 만들어진 배였다. 길이가 약 1.5미터, 꼭대기의 폭이 약 0.6미터였고, 위에서 용골로 갈수록 좁아지기 때문에 바닥은 나란히 발을 놓기도 힘들었다. 배의 가운데에 마주 보는 두 자리가 있는데, 승객 태울 자리를 마련하느라 치운 게 분명한 커피 자루에 가려 있었다. 이 특이한 배의 양끝에 노를 하나씩 든 남자가 한 명씩 앉았다. 노는 곧은 장대인데, 그 끝에는 모양과 크기가 치즈 상자 뚜껑만 한 널이 달려 있다. 뱃사공들은 노를 한 방향에서 저어 우리를 해변으로 날랐다. 배의 균형을 잡는 구실을 하는 것은 배만큼이나 긴 통나무 하나였다. 배에서 1미터쯤 떨어진 이 통나무는 굽은 장대 두 개로 배와 연결되어 있다. 여행자들은 이런 배를 아우트리거라고 부르지만, 실론 사람들은 카타마란이라고 한다.

사공들은 별로 힘들이지 않고서도 물살을 가르며 배를 움직였고, 몇 분 만에 우리는 작은 증기선을 멀찌감치 따돌리고 증기선에 탄 승객들이 육지에 닿기 전에 호텔에 자리를 잡았다. 콜롬보에서는 바다로 나가는 원주민 어부가 카타마란을 탄다고 한다. 카타마란은 항해에 아주 적합하고 전복 사고가 한 번도 보고되지 않았을 정도로 안전하다고 알려져 있다.

그랜드 오리엔털 호텔 근처의 경치는 정말 매력적이다. 이 크고 훌륭한 호텔에는 타일 덮인 회랑과 쾌적하고 편안한 복도가 있고, 복도에는 편한 의자들과 널찍한 팔걸이로 쓰일 만큼 의자 가까이에 놓인 대리석 상판의 작은 탁자들이 갖추어져 있었다. 사람들은 거기에 편안하고 느긋하게 기대어 쉬면서 시원한 라임 스쿼시나 풍미가 좋은 토속 차를 홀짝이거나 맛있는 과일을 먹을 수 있었다. 나는 미국을 떠나고 나서는 금연 구역을 찾을 수 없었다. 이 사랑스러운 산책로에서 남자들은 담배를 피우고 위스키와 소다수를 마시고 신문을 읽었으며, 여자들은 소설을 읽거나 상인들과 흥정을 했다. 예쁜 구릿빛 피부의 여자들이 고운 손뜨개 레이스를 팔고, 터번을 높이 쓴 영리한 상인들은 작은 벨벳 상자를 열어 눈이 휘둥그레지는 보석들을 내보이면서, 매혹된 관광객들의 경탄 어린 시선을 끌었다. 색이 깊고 진한 에메랄드·눈부시게 빛나는 다이아몬드·고상한 진주·순수한 핏방울 같은 루비·움직이는 선이 있는 행운의 캣츠아이 등이 있었는데, 전부 아름답게 세공되어서 '나도 전에 당신 같은 사람들에게 물건을 사 봤다'는 말부터 꺼내는 남자들조차 담배와 신문을 내려놓고 하나같이 매력적으로 빛나는 장신구들을 음미할 정도였다. 콜롬보에 내린 여자들 중 보석 상자에 반지 몇 개를 더 넣지 않고 떠난 이가 없고, 세계 어디에서든 여행자가 그 반지를 보는 순간 그것을 낀 사람에게 "콜롬보에 가 보셨군요. 맞죠?"라고 물을 만큼 유명하다.

미국을 떠난 이래 처음으로 미국 돈을 보았다. 미국 돈은 콜롬보에서 인기가 대단하고 보석처럼 비싼 값어치를 한다! 그러나 돈으로는 별 쓸모가 없다. 내가 미국 돈으로 값을 치르려고 했을 때 액면가의 60퍼센트가 공제될 거라고 들었다. 그런데 콜롬보의 다이아몬드 판매상들은 20달러짜리 미국 금화를 얻으면 기뻐서 높은 사례금을 준다. 그들에게 미국 금화의 유일한 쓰임새는 그것에 고리를 끼워서 시곗줄에 장식으로 다는 것이다. 그곳 상인들의 부는 시곗줄로 평가된다. 시곗줄에 미국 금화가 많이 달려 있을수록 부유한 상인이라고 한다. 시곗줄 하나에 금화를 스무 개나 달고 있는 사람도 보았다. 콜롬보에서 거래되는 보석은 대개 그랜드 오리엔털 호텔 복도에서 팔린다. 상인들은 물건을 가져오고, 관광객들은 가게에 들러 사는 것보다 그렇게 사는 것을 더 즐거워한다.

시원해서 쾌적한 데다 특색 있는 것들이 많아서 흥미로운 이 복도는 식당으로 연결되어 있다. 식당은 그림처럼 당당한 이 호텔의 나머지 부분과 잘 어울린다. 작은 식탁이 우아하게 정돈되어 있으며, 콜롬보에서 나는 꽃으로 매일 풍성하게 장식된다. 꽃들은 색이 다양하고 아주 예쁘지만 향기는 없다. 천장에는 자수 장식 부채가 늘어뜨려져 있다. 동양의 발명품인 이 부채는 하루 중 가장 더울 때 위안이 된다. 부채는 기다란 천 조각인데, 대나무 막대에 붙여 식탁에서 약간 떨어진 곳에 매달아 놓는다. 성인 남자나 소년이 도르래 줄을 잡아당겨 대나무 막대를 계속 움직이며 부채를 부친다. 이 부채가 나른하고 시원한 공기를 건물 구석구석에 보내 투숙객이 편하게 지낼 수 있다. 이런 부채는 동양에서 항해하는 모든 배에서도 쓰인다.

빅토리아 호에서 온 투숙객에게는 호텔에서 제공되는 식사가 어느 하나 가릴 것 없이 더 맛있었다. 그 전 2주간 매일 다른 이름으로 나오는 같은 음식을 빅있기 때문이다. 신할리즈족(스리랑카의 주요 종족)이 웨이터로 일하고 있었다. 배에서 어쩔 수 없이 참아야 했던 부주의하고 무례한 영국인 승무원들보다 나았을 뿐 아니라 서양인들에게는 흥미롭기도 했다.

웨이터들은 영어를 아주 잘했고 그들에게 한 말을 다 이해했다. 키가 작고 잘생겼으며 유쾌하기도 했다. 몇 명은 피부색이 밝은 구릿빛이고, 이목구비가 반듯하며 아주 매력적이었다. 앞치마 같은 흰색 리넨 치마와 흰색 재킷 차림을 하고 갈색 맨발로 매끄러운 타일 바닥 위를 소리 없이 움직였다. 곧고 검은 머리카락을 길게 꼬아 뒤통수에서 느슨하게 묶었다. 묶은 머리는 한쪽 귀에서 다른 쪽 귀에 걸치게 둥글게 말지 않고, 미국의 어린 학생들이 쓰는 것과 비슷한 거북 껍데기 빗을 항상 정수리에 꽂는다. 신할리즈족 남자와 여자를 구별하기까지는 시간이 좀 걸렸다. 신할리즈족은 남자들이 빗을 꽂는 걸 알고 난 뒤에는 성별을 구별하는 게 어렵지 않았다. 빗은 미국에서 남자들의 바지만큼 신할리즈족 남자의 두드러지는 특징이다. 예민한 미국 여자가 남자 옷을 안 입는 것과 마찬가지로, 신할리즈 여자들은 이 작은 빗을 꽂겠다는 생각을 하지 않는다.

나는 미국에서 떠난 뒤에 웨이터나 가르송(급사, 하인 등을 뜻하는 프랑스어)이라는 말을 듣지 못했다. 영국 배를 떠난 뒤로는 승무원이라는 말도 듣지 못했다. 하지만 그 대신 동양의 호텔과 배에서는 종업원들을 모두 '보이'라고 부른다. "급사! 웨이터! 가르송!"이라고 부르다가는 지치기만 하고 아무 응답이 없을 수 있지만, "보이!"라고 속삭이는 순간 유쾌한 흑인이 바로 곁에서 "예, 손님!" 하고는 분부대로 할 준비를 한다.

나는 유명한 인도 고유 음식인 진짜 카레를 점심으로 먹었다. 빅토리아 호에서는 먹을 수 없었지만, 제대로 요리만 하면 카레가 아주 맛있는 음식이라는 말을 들었기 때문에 육지에 내린 김에 먹어 봤다. 일단 칸이 나뉘고 그 칸에 각각 새우와 밥이 담긴 접시가 내 앞에 놓였다. 접시에 밥 두 숟가락을 담고 그 위에 새우 한 숟가락을 얹었다. 카레에 들어갈 닭고기와 소고기도 있었지만 새우만 담았다. 그러고 나서 여러 가지 과일 절임, 후추로 매운맛을 낸 재료 들이 칸칸이 담긴 접시가 나왔다. 나는 배운 대로 이 세 가지를 모두 덜어 접시에 먼저 담은 음식 위에 얹었다. 끝으로, 전에 듣기만 했지 보지는 못한 말린 음식이 조금 나왔는데 냄새가 강하고 독특했다. 봄베이 덕이라는 음식으로 작은 생선의 배를 갈라 펼쳐 놓은 것이었는데, 완전히 말려서 카레 재료로 쓴다. 맛은 먹

넬리 블라이의 세상을 바꾼 72일

어 봐야만 알 수 있다.

결국 접시에 있는 음식이 완전히 뒤섞여 뭉쳐지냈워졌지만 맛은 아주 좋았다. 듬뿍 먹은 뒤, 카레가 심장을 빨리 뛰게 한다는 것을 알고서야 그만 먹었을 정도로 카레를 좋아하게 되었다. 봄베이 덕에 관한 이야기는 아주 재미있다. 어느 날 페르시아의 왕이 인도의 고관으로부터 질 좋은 봄베이 덕을 아주 많이 보내려 한다는 전갈을 받았다. 왕은 선물을 받을 생각에 아주 기뻤고, 봄베이 덕을 넣어 두려고 큰돈을 들여 못을 지었다! 오리duck인 줄 알았다가 고약한 냄새가 나는 마른 생선을 받았을 때 그가 소스라치게 놀랐을 모습을 상상해 보라!

점심을 먹은 뒤 우리는 마운트 라바니아 호텔에 가려고 마차를 몰았다. 내가 본 것 중 가장 매끈하고 완벽하게 만들어진 길을 따라갔다. 빨간 아스팔트로 만들어진 것 같았는데, 그 길을 죄수들이 닦았다는 말을 나중에 들었다. 많은 길에 그림 같은 나무 그늘이 드리워져 있었다. 길가에 줄지어 선 나무가 뻗은 가지들이 우리 머리 위로 초록 잎의 아치를 이루어, 길을 지나는 사람과 탈것의 모습이 망원경으로 보는 것처럼 매혹적이었다. 초가지붕 오두막과 힐끗 보이는 그 집 거주자들은 길에서 지나치는 사람들과 번갈아 가며 우리의 관심을 끌었다.

마운트 라바니아는 우리가 항구로 들어올 때 본 바로 그 건물이었다. 바다를 굽어보는 언덕에 자리한 좋은 호텔로서 더운 계절에 인기 있는 휴양지다. 부드러운 초록 잔디로 둘러싸인 채 푸른 바다를 향해 있어서 1년 내내 신선한 미풍을 맞을 수 있다.

저녁을 먹은 뒤에 그랜드 오리엔털 호텔의 사람들이 모두 드라이브를 하러 밖으로 나갔는데, 여자들과 대다수 남자들이 모자를 쓰지 않았다. 넓은 길을 내려가 마을을 가로질러 드라이브를 하면서 열대 정원 안에 아늑하게 들어선 아름다운 집들을 지나 갈레페이스로 갔다. 파도가 그 어느 곳보다 음악 같은 소리를 내며 모래톱에 부딪히는 해변을 따라 난 길이 갈레페이스다. 이 길은 바닷가와 아주 가까이에 있으며, 붉은 길 표면이 부드러운 달빛을 받아 은빛으로 보인다. 짙푸른 바다는 검게 보이고, 거품을 내며 부서지는 파도는 눈이 쌓인 것처럼 보였다. 부드럽고 맑은 달빛 속에서 팔짱을 끼고 조용히 산책하는 연인들이 있었는데, 너무 가까이에 있는 파도가 갑자기 거세게 밀려와 방심한 연인들을 휩쓸어 우리가 여행하다 느긋하게 쉬고 있는 그 낯선 땅 밖으로 데려가지는 않을까 걱정스러웠다. 바다를 바라보는 벤치에 기댄 사람 중에는 영국 제복을 입은 군인도 이따금 있었다. 피로에 지친 군인들의 자세가 일한 뒤의 휴식인지, 간절한 향수병의 결과인지 알 수 없었지만 안타까웠다. 어느 날 밤에는 거센 파도 속에서 허리까지 물에 담그고 낚시를 하는 원주민을 보았다. 사람들 말로는, 밤에 미끼를 더 잘 무는 물고기가 많다고 했다. 하지만 나는 낚시꾼이 물살에 휩쓸려 가기가 얼마나 쉬울지는 친구들이 그가 없어진 것을 알아챌 때까지는 아무도 모를 거라고 생각했다.

갈레페이스가 또 다른 길과 만나는 곳에는 야자수로 둘러싸인 갈레페이스 호텔이 있다. 바닥과 기둥이 돌로 된 베란다의 길고 편안한 의자에 느긋하게 앉으면, 바다가 모래톱과 만나는 곳의 키 큰 야자수 숲을 볼 수 있다. 파도가 들려주는 깊고 달콤한 음악을 들으면서, 삶이 주지 못하는 것을 가져다주는 꿈속으로, 현실에 대한 피할 수 없는 실망을 잠시 동안 지워 마음을 달래는 상상의 그림 속으로 빠질 수 있다. 그 꿈이 흐릿해질 때면, 살아 있는 청동상이 소리 없이 맨발로 하얀 팔걸이에 갖다 놓은 시원한 라임 스쿼시로 한숨을 씻으면서, 가스등을 밝힌 문으로 벌거벗은 흑인 인력거꾼이 조용히 인력거를 끌고 들어와 갑자기 멈추고 승객이 내리도록 인력거 손잡이를 바닥에 놓는 장면을 느긋하게 지켜본다.

어느 기분 좋고 어스레한 밤, 바닷소리와 섞인 일행의 말을 반쯤 흘려들으면서 느긋하게 그곳에 앉아 있었다. 어떤 연인이 얼굴을 위아래로 마주 보고 손을 맞잡은 채 딱 붙어 서 있었다. 입구의 등불을 배경으로 베란다의 아치 밑에 있는 두 사람의 어두운 형체가 드러났다. 삶을 천국으로, 지옥으로 만들고 모든 장편소설과 단편소설, 연극의 바탕이 되고 이야기의 기초가 되는 망상에 빠져 있는 그들에게 동정심을 조금 느꼈다. 새로 도착한 사람들의 떠들썩한 소리에 여자가 더없이 행복한 망각에서 깰 때까지 두 사람은 그대로 서 있었다. 여자는 남자가 잡고 있던 손에 입을 맞출 때까지 기다리지 않고 어둠 속으로 달려갔다. 나는 다시 한숨을 쉬고 라임 스쿼시를 한 모금 마시면서 일행의 말에 대꾸하려고 고개를 돌렸다.

다음 날 아침에는 신할리즈 웨이터가 들어오는 바람에 잠에서 일찍 깼다. 웨이터는 커피와 토스트를 작은 탁자에 올려서 커튼이 쳐진 내 침대 가까이로 끌어다 놓은 뒤에 나갔다. 발코니로 나가는 유리문이 열린 틈으로 어스름한 빛이 들어오는 것을 보니 아직 이른 시간인 것 같아 곧 다시 잠들었다. 얼마 후 탁자 위의 접시가 달그락거리는 소리에 잠깐 깨서 눈을 떠 보니, 까마귀가 탁자 위에서 내 토스트를 조용히 먹고 있었다!

그때 나는 침대에서 나오기 전에 토스트와 차를 먹는 실론의 관습에 익숙하지 않았기 때문에 까마귀가 느긋하게 실컷 먹고 편안하게 떠나도록 내버려 두었다. 내가 평소보다 일찍 일어난 것은 기회가 있을 때 그곳에서 볼 수 있는 것을 보고 싶다는 생각 때문이었다.

시원하고 기분 좋게 씻은 뒤에 급히 옷을 입고 아래로 내려 갔다. 친구들은 거의 모두 일어나 있었고, 몇 명은 이른 아침을 즐기러 벌써 나가고 없었다. 아침 식사는 9시에야 제공되고, 모든 사람이 시원하고 기분 좋은 아침 시간의 혜택을 보려고 하기 때문에 토스트와 차를 먹어 둬야 한다는 것을 알았을 때는 까마귀에게 인심 베푼 것을 후회했다.

우리는 소형 마차를 타고 다시 갈레페이스 길을 내려가 남자, 여자, 아이, 소, 말, 물소, 개가 놀고 있는 호수를 지나쳤다. 낯선 광경이었다. 호수 위 작은 초록 섬에는 사람들이 옷을 두드리고 물에 담그고 비틀어 짜며 빨래하고 있었고, 그렇게 빤 옷을 풀밭에 널어 말렸다. 우리가 마차를 타고 다닌 거의 모든 길이 그림처럼 굽이져 있었고 종종 거대한 가로수들이 늘어서 아치를 이루었는데, 나무에는 아름답고 화려한 꽃들이 흐드러지게 피어 있었다.

모든 사람이 밖에 나와 있는 것 같았다. 백인들은 마차나 자전거를 몰거나 타고, 걷기도 했다. 길이가 800미터는 충분히 될 방파제는 콜롬보 시민들이 좋아하는 산책로다. 아침저녁으로 화려하게 차려입은 사람들이 등대와 해변 사이에 오가는 것을 볼 수 있다. 폭풍이 치는 계절이 오면 바닷물이 이 산책로 위로 12미터나 올라오기 때문에, 폭풍이 그치면 산책로의 녹색 점액질을 제거한 뒤에야 다시 안전하게 다닐 수 있다. 1875년에 영국 왕세자가 이 아름다운 방파제의 초석을 놓았고, 그로부터 10년 만에 완공되었다. 현존하는 가장 멋진 방파제로 꼽히는 곳이었다.

콜롬보는 미국 로드아일랜드의 뉴포트를 떠올리게 한다. 적어도 내 눈에는 콜롬보가 더 아름다운 것 같다. 집값이 비싸지 않은데도 더 멋지고 그림 같다. 길이 넓고 더할 나위 없이 훌륭하며, 바다의 경치는 웅장하다. 열대 지방이긴 해도 분명히 뉴포트를 떠올리게 하는 것이 있다.

더없이 좋은 아침 식사를 한 뒤에 투숙객들은 대체로 호텔 복도에서 쉰다. 일이 있는 남자들은 11시 전에 마치고 돌아온다. 정오쯤에는 모두 느긋하게 쉬고, 점심을 먹은 뒤에는 낮잠을 잔다. 사람들이 자는 동안 하루 중 가장 더운 시간이 지나간다. 오후 4시에 다시 드라이브나 산책을 할 준비를 하고, 해가 진 뒤에는 저녁 식사를 위해 옷을 갈아입을 시간에 맞춰 돌아온다. 저녁을 먹은 뒤에는 인력거를 타거나 극장에 가는 즐거움이 있다.

어느 날 밤 나는 파르시족 극장에 가 봤다. 입구에 사람들이 모여 있었는데, 몇몇은 과일을 팔았으며 공연이 끝난 뒤 집으로 가는 사람들을 태우려고 기다리는 인력거꾼들도 있었다. 난충의 극장 건물에는 의자가 맨땅에 줄지어 있었다. 원주민 남녀와 어린이들이 꽤 많았는데, 우리가 도착하기 전에 시작된 공연에 관심이 뜨거웠다.

배우는 모두 남자였다. 함께 간 일행이 내게 이 나라 여자들은 무대에 오른다는 것을 아예 생각도 못한다고 말했다. 무대는 여느 무대와 다르지 않았고, 이곳 주민 예술가들의 그림이 펼쳐진 배경은 일반적인 무대배경처럼 훌륭했다. 무대 왼편 끝에는 바닥을 올린 단 위에서 한 남자가 책상다리를 하고 앉아 톰톰을 치고 있었다. 톰톰은 의심할 여지없이 북의 모체다. 북과 같은 원리로 만들어지지만, 모양이 둥글지 않고 긴 편이다. 연주자는 북채 대신 손을 쓴다. 톰톰 소리에 익숙해지면 그 소리가 음악적이지 않다는 생각은 들지 않을 것이다. 이날 밤 톰톰을 맡은 연주자는 얇은 흰색 천을 몸에 걸치고, 같은 천으로 만든 아주 큰 터번을 머리에 쓰고 있었다. 구릿빛 긴 얼굴이 진지했고, 아침 9시부터 계속 톰톰을 치고 있었다니 정말 놀랄 만큼 대단한 끈기였다. 팔은 지치지 않았다 해도 다리가 지친 모양이었다. 조금 편해지려고 책상다리 자세를 바꾸는 것을 여러 번 보았다. 맨발이 관중에게 훤히 드러나 보일 때마다 나는 웃음을 참을 수 없었다.

톰톰 연주자의 정반대편인 오른쪽에는 이상하게 생긴 오르간을 연주하는 남자가 있었다. 왼손으로만 연주하고, 오른손으로는 책을 들고 있었다. 공연하는 동안 내내 배우들에게는 눈길 한번 주지 않고 계속 책을 보며 기계적으로 연주했다.

적어도 배우들은 재미있었다. 오페라의 줄거리는 다른 나라 오페라와 다르지 않았다. 연극의 기초, 즉 구성은 사랑과 슬픔의 이야기였다. 얼굴을 시체처럼 하얗게 칠한 키 큰 젊은 남자가 높은 매부리코에서 나오는 새된 소리로 원주민 여자의 옷을 입은 또 다른 젊은 남자를 향해 노래를 불렀다. 후자는 연극의 주인공인 숙녀였다. 키 큰 남자는 자기 앞의 남자, 아니, 여자 연인 역을 맡은 사람과 똑같이 높은 코에서 나는 소리로 날카롭게 노래했다. 모든 배우가 콧소리로 노래했으며, 목소리가 가늘수록, 콧소리를 많이 낼수록 관객들의 박수갈채가 컸다.

연극의 여주인공은 아주 부유한 차 농장주에게 고용된 하녀였다. 농장주의 아들이 코로 노래하는 하녀의 연인이었다. 농장주의 아들은 한 번에 15분 동안 콧소리를 담아 모든 연인이 그러듯, 여자에게 자기 사람이 되어 달라고 재촉한다. 참을 수 없이 긴 콧소리 노래를 하는 동안 여자 역을 맡은 남자는 내내 수줍어하는 듯 보이려고 애쓰고 나서 똑같은 후렴구가 들어간 똑같은 길이의 노래를 똑같은 음조로, 자기만의 방식으로 부르면서 화답한다. 그동안 남자는 고개를 숙이고 듣는다. 배우들은 거의 움직이지 않으며 보통은 무대의 한 자리에 계속 서 있었다. 때때로 포옹하기도 하지만, 곧 떨어져서 다시 상대방에게 노래한다.

연극은 계속 이어진다. 보통 유대인 역의 분장처럼 얼굴에 하얗게 분칠한 뻔뻔스럽고 나쁜 도둑이 하녀를 보고 사랑에 빠진다. 하녀는 도둑의 구애를 뿌리치고 주인집으로 들어간다. 그러자 도둑이 집에 십자 표시를 하고는 자기 패거리와 함께 돌아와서 그 집에 사는 사람들을 죽이겠다고 다짐한다. 순진한 여주인공의 고백을 통해 그녀가 다른 남자를 사랑하고 그 사람이 주인의 아들이라는 그의 추측이 사실로 확인되었기 때문에, 악당은 다시 와서 그 집 사람들을 죽이고 재산과 함께 그 하녀도 뺏어 가겠다고 맹세한다.

도둑이 떠난 뒤에 여주인공이 나타나 그녀의 집에 있는 십자 표시를 발견한다. 꾀가 떠올랐다는 표정을 지은 그녀가 도둑이 떨어트린 분필을 집어 들더니, 그 거리의 모든 집에 같은 표시를 한다. 그래서 도둑이 다시 왔을 때, 어느 집이 그녀와 그녀의 부유한 연인과 주인이 사는 집인지를 구별하지 못해서 치사하고 나쁜 짓을 못 한다. 끈기 있는 도둑은 연인들이 밀어를 나누러 거리에 나올 때까지 엎드려 기다린다. 그들이 콧소리로 사랑을 나누느라 바쁠 때 오르간 치는 남자는 힘차게 오르간을 연주하고, 터번을 쓴 연주자는 자기 인생이 걸린 듯 열심히 톰톰을 친다. 뻔뻔하고 나쁜 도둑은 배를 움켜잡고 아주 괴로운 듯한 표정을 짓고는 또 다른 행동으로 그의 고통을 관객에게 보여 준다. 연인이 집으로 들어가고 도둑이 뒤따라 들어가려는 순간 주인이 나타나자 도둑은 주인에게 다가간다. 도둑은 자기가 부유한 차 상인이라면서 하룻밤만 그 집에서 쉬게 해 달라고 청한다. 주인은 흔쾌히 허락한다. 그때 여주인공이 등장해 그 대화를 듣고는 주인에게 그 남자가 묵는 것을 허락하지 말라고 한다. 주인은 그녀의 당돌함에 몹시 화가 나 나중에 그녀를 크게 벌하겠다고 한다.

상인인 척하는 도둑은 주인에게 밤사이 차를 도둑맞지 않도록 그 집 담 안에 차 궤짝을 두게 해 달라고 부탁한다. 물론 주인은 허락하고, 다음 장면에서는 정원에 차 궤짝들이 놓여 있다. 뻔뻔스러운 도둑이 현관문에 있는 불을 끄고 집으로 들어가서 때를 기다린다. 여주인공은 꿈을 꾸다가, 다른 여주인공들처럼 서늘하고 아름다운 밤에, 꿈속에 나온 정원으로 나간다. 그녀는 정원이 어두운 것을 보고 깜짝 놀란다. 그녀는 램프가 타지 않는 것을 보고는 무언가 생각하듯 손가락을 코 옆에 댄다. 그녀가 가짜 꽃들의 냄새를 맡으며 이리저리 돌아다니는데 차 궤짝의 뚜껑이 살짝 들리고 한 남자가 콧소리로 무언가를 노래한다. 그녀는 깜짝 놀라 뒤로 물러났지만, 비명을 지르는 대신 콧소리로 질문에 답을 한다. 그녀는 궤짝에 차가 아닌 도둑 일당이 숨어 있다는 것을 알아낸다. 그 도둑들이 그녀를 일행으로 착각한 것이다. 남자가 다시 뚜껑을 닫고 명령을 기다리는 동안 그녀는 모든 궤짝을 솜씨 좋게 잠가 버린다. 그러고 나서 한 남자 하인에게 도와 달라고 청해, 도둑 일당이 숨어 있는 궤짝을 집 안으로 옮겨 확실하게 가둬 버린다.

다음 장면에서는 사람들이 모여 즐거워하는 방이 보인다. 모두 바닥에 앉아 있고, 그들 중에는 도둑 두목도 있다. 여주인공과 다른 하녀들이 칼춤을 추기 위해 불려 나온다. 손목과 발목에는 방울이 달린 고리를 차고 있다. 춤은 아주 흥겹다. 여주인공과 하녀들은 서로 칼싸움을 하는 춤을 춘다. 때때로 흩어지기도 하고 둥그렇게 에워싸기도 한다. 여주인공은 마치 장난처럼 손님들을 위협하는 몸짓을 한다. 그녀는 도둑이 주인의 포도주에 몰래 독을 타는 것을 보고, 도둑 주변에서 춤을 춘다. 그리고 자기 단도로 도둑의 가슴을 찌르고는 춤을 계속

춘다. 손님들은 아무것도 모르고 웃다가, 도둑이 일어서다 쓰러져 죽은 것을 보고 나서야 그를 찌른 것이 장난이 아니라 실제였다는 것을 안다. 그녀는 잡히고, 주인은 그녀를 죽이겠다고 말한다. 그때 그녀가 날카로운 목소리로 차 궤짝에 있는 남자들 이야기를 하고, 독이 든 포도주에 대해서도 말한다. 손님들은 그녀의 용감한 행동에 박수갈채를 보내고, 주인은 그녀의 소원을 들어주겠다고 한다. 그녀는 주인의 아들을 요구해서 얻는다. 톰톰과 오르간의 음악은 그들이 영원히 행복하게 산다고 말해 준다.

극장에서 돌아올 때는 어린 수소가 끄는 달구지를 탔다. 아주 작고 완충장치가 없는 이륜 수레인 달구지는 운전석이 앞에 있다. 소몰이꾼을 등지고 뒷자리에 앉은 우리는 수레 밖으로 다리를 늘어뜨린 채 호텔로 향했다. 달구지 소는 작고 온순해 보였지만 등에는 혹이, 머리에는 휘어진 뿔이 있는 특이한 생김새였다. 우리 모두를 태울 수는 없을 것 같았는데, 뜻밖에도 걸음이 아주 빨랐다. 끙끙거리는 소리가 계속 나서 많이 걱정했는데, 알고 보니 그것은 소가 아니라 소몰이꾼이 내는 소리였다. 소에게 더 빨리 가라고 그런 소리를 낸 것이다.

우리는 나무가 우거진 아주 조용하고 아름다운 길로 갔다. 달빛이 대지에 아름답고 부드럽게 떨어지며 바닷소리 말고는 아무것도 정적을 깨지 않았고, 병영 쪽으로 비틀거리며 걷는 군인과 가끔 마주칠 뿐이었다. 우리는 희미한 램프가 낮게 걸린 회교 사원을 보았다. 안에 들어가니 성직자들이 돌바닥에 엎드려 있었는데, 몇 사람은 제단 바로 밑에 있었다. 우리는 그들과 낮은 소리로 이야기를 나눈 뒤 달구지로 돌아왔고, 달구지는 곧 우리를 호텔로 데려다 주었다. 호텔로 향하는 모퉁이를 막 돌았을 때, 한 경관이 뛰어와 달구지 바퀴를 잡아 멈추게 하고는 마부에게 우리를 모두 체포한다고 했다.

램프 중 하나의 초가 다 탔는데 그걸 그냥 둬 한쪽 옆이 어두운 채로 수레를 몬 것 때문에 우리가 체포되었다. 함께 간 일행이 경찰과 일을 수습한 덕분에 우리는 감옥이 아니라 호텔로 갔다.

호텔에 나타나는 원주민들 중에는 뱀 쇼를 하는 사람들이 있다. 그들은 거의 알몸이며 때때로 너덜너덜해진 재킷을 입거나 머리에 터번을 쓰기도 하지만 대개는 맨머리로 다닌다. 그들은 갖가지 마법을 능숙하게 해 보인다. 내가 가장 감탄한 속임수는 나무를 자라게 하는 것이다. 씨앗 하나를 보여 주고는 땅에 놓고 그 위에 흙을 한 움큼 덮는다. 손수건으로 작은 흙더미를 가린다. 미리 확인해 보라며 우리에게 건넸던 손수건이다. 손수건을 덮고 나서 노래를 부르고 잠깐 있다 손수건을 치우면 땅에 녹색 싹이 나 있다. 우리가 의심하면서 지켜보는 동안 남자가 말한다. "나무가 좋지 않네, 너무 작아." 그리고 손수건으로 다시 덮고 노래를 반복한다. 한 번 더 손수건을 들면 싹은 훨씬 더 자라 있다. 하지만 마술사는 여전히 기쁘지 않은 듯 나무가 좋지 않고 너무 작다고 되뇐 뒤 다시 가린다. 나무가 1~1.5미터 높이로 커질 때까지 이런 행동이 반복된다. 그러고는 나무를 잡아 뽑아서 우리에게 씨와 뿌리를 보여 준다.

이런 남자들이 항상 "뱀 춤 볼래요?" 하고 물어도 사람들은 관심 있는 다른 것들만 보았지 뱀 춤은 보지 않았다. 어느 날 아침, 한 남자가 내게 "뱀 춤 볼래요?"라고 재촉했다. 나는 그렇게 하겠지만 뱀 춤이 아닌 다른 것에는 값을 치르지 않겠다고 했다. 그 남자가 썩 내키지는 않은 듯 바구니 뚜껑을 들어 올리고, 코브라가 천천히 기어 나와 땅에서 똬리를 쳤다. 그 '뱀 부리는 마술사'가 작은 피리를 불면서 빨간 천을 흔들어 코브라의 주의를 끌었다. 코브라가 빨간 천을 쏘아보며 천천히 일어나더니 꼬리 끝으로 선 것처럼 보일 때까지 점점 몸을 세웠다. 코브라가 뱀 마술사를 보고 그를 향해 돌진했지만 마술사는 노련하게 코브라의 머리를 잡아 쥐었고, 나는 뱀의 입에서 피가 튀는 것을 보았다. 마술사는 뱀의 머리를 단단히 잡고 한동안 누르다가 가까스로 바구니 안에 집어넣었다. 그러는 동안 뱀은 맹렬하게 꼬리를 땅에 내리쳤다. 마침내 바구니 뚜껑이 닫히자 나는 긴 숨을 쉬었다. 뱀 마술사가 슬프게 말했다.

"코브라 춤 안 춰. 코브라 너무 어려요. 코브라 풋내기예요!"

나도 그렇게 생각했다. 그 코브라는 풋내기였다!

콜롬보에서 처음으로 인력거를 보았다. 인력거는 바퀴가 둘 달린 작은 수레로, 비 오는 날 올릴 수 있는 지붕만 빼면 1인승 이륜마차와 많이 닮았다. 인력거의 긴 손잡이 장대는 그 끝이 가로대와 연결되어 있다. 인력거꾼은 흑인이고 허리에 두르는 천으로 아랫도리를 가릴 뿐 옷은 거의 입지 않는다. 태양이 뜨거울 때는 거대한 버섯처럼 생긴 큰 모자를 쓰지만, 대개는 모자를 인력거 뒤에 걸어 둔다. 곳곳에 인력거 주차장은 물론이고, 인력거꾼들이 대기하는 장소가 따로 있다. 손님을 기다리는 동안에는 손잡이 장대를 바닥에 내려놓고 인력거 좌석 발판에 앉은 채 두 발을 땅에 놓는다. 이 남자들은 허리에 천만 두른 채 기름을 바르고 더운 날에 달린다. 사람들은 그들이 옷은 더 입고 기름은 덜 바르길 바란다! 그 기름은 독특한 냄새를 풍긴다.

어느 날 내가 지인과 인력거를 타고 나갔다. 내가 인력거를 탈 때 인력거꾼이 한쪽 발로 손잡이 장대를 누르고 있었다.

인력거꾼이 출발 준비를 위해 장대를 밟은 발을 들어 올릴 때 친구가 인력거에 타려고 했는데 자리에 앉자마자 반대편으로 나가 떨어졌다! 인력거꾼이 발을 손잡이 장대에 올려 두지 않았기 때문에 균형을 잃은 것이다.

나는 남자 인력거꾼에게 끌려서 마을을 돌아다니는 것이 수치스러운 일이라고 생각하고 있었다. 그러나 조금 다니다 보니 그것이 근대적 여행 수단의 큰 향상이라고 판단했다. 즉 스스로 돌볼 수 있는 말馬이 있다는 것은 아주 편리하다! 가게에 들어갈 때 말에게 덮은 담요가 벗겨질까 봐 걱정하지 않아도 된다. 또 말을 몰면서 너무 위험한 속도로 재촉하는 건 아닌지 걱정할 필요도 없다. 말로 항의할 수 있는 말馬이 있다는 것은 큰 위안이다.

실론의 완벽한 도로에 대해서는 앞에서도 말했다. 내가 정박한 동양의 거의 모든 항구에 그와 같은 수준의 도로가 있었다. 도로가 매끄러운 것이 맥주를 싣는 마차가 전혀 없다는 축복 때문인지, 뉴욕 시 도로 담당 공무원 같은 이들이 없기 때문인지는 확실하게 알 수 없었다.

콜롬보의 사원을 방문했을 때는 흥미로운 것을 거의 찾지 못한 반면, 사원을 둘러보는 특권의 대가는 항상 후하게 지불해야 했다. 불교 학교에 간 어느 날에는 실론의 유명한 고승을 만났다. 그는 낮은 방갈로를 에워싼 베란다에 앉아 자기 앞에 놓인 탁자 위에서 뭔가를 쓰고 있었다. 금빛 낡은 비단으로 만들어진 가운으로 멋지게 몸을 감싸고 있었다. 비단이 허리까지 떨어졌지만, 우리와 인사한 뒤에 비단을 당겨 어깨에 둘렀다. 구릿빛 피부의 그 노승은 백발을 삭발했다. 영어를 아주 잘했다. 해마다 미국에서 편지를 수백 통 받으며, 다른 어떤 나라보다 미국에서 불교로 개종하는 사람이 많다는 말도 했다.

콜롬보의 두 신문은 아주 똑똑하고 젊은 영국 남자 둘이 맡고 있다. 이방인에게 아주 친절한 그들 덕에, 실론에 있는 동안 아주 즐거웠다. 호텔 매니저는 독일의 좋은 가문 출신이다. 고객이 편하게 지내도록 하는 일에는 지칠 줄 모르고 노력한다. 호텔 매니저의 아내는 아주 예쁘고 목소리가 아름다운 자그마한 여자다. 그녀의 친절한 소개로 실론의 재봉사를 한 명 알게 되었는데, 그가 만드는 가운의 맵시가 탁월하지는 않았다. 내가 워스(미국 뉴욕 주의 마을)에서 만들어 온 가운을 본 적이 있는데, 비교도 되지 않을 만큼 훌륭했다. 그런데도 이 재봉사는 가운 한 벌 만드는 값으로 5루피(!)를 받는다. 5루피는 2달러 50센트쯤 된다. 가운 하나를 만드는 데 이틀이 걸렸다.

캔디라는 곳이 괜찮다는 소문을 귀에 못이 박히게 들어서 어느 날 아침 7시, 베이징으로 가는 스페인 대사와 홍콩에 가는 명랑한 아일랜드 청년과 함께 캔디로 출발했다. 두 사람 모두 브린디시에서부터 내내 함께 여행했다. 우리는 역으로 마차를 몰았고, 개찰구를 지나면서는 많은 사람들이 우리를 앞질러 갔다. 이 노선에는 시설이 좋지 않은 영국 기차가 사용되었다. 좌석이 하나뿐인 객실에 들어갔는데, 운 좋게도 좌석이 앞을 바라보게 놓여 있었다. 표는 역에서 냈고, 문이 잠긴 뒤에 기차가 출발했다. 출발하기 전에 차장이 우리가 원하면 기차에서 아침을 먹을 수 있다며 식사 신청 명부를 가져왔다. 우리는 거기에 이름을 써 넣었다. 호텔에서 아침을 먹기에는 너무 이른 시간이었기 때문에 먹을 기회가 생긴 건 정말 다행이었다. 8시에 기차가 섰고, 차장이 식당차가 있는 앞쪽으로 가라면서 문을 열었다. 기차의 다른 쪽 끝에 가기 위해 기차 안을 통과하는 것이 아니라 밖에 나가서 가야 한다는 것이 이상했다.

식당차에는 차량과 거의 같은 폭으로 고정 탁자가 설치되어 있어서, 사람이 다닐 공간이 좁았다. 거기에서 수용할 수 있는 인원보다 많은 사람들이 있었지만, 기차가 출발했기 때문에 사람들이 서 있어야 했다. 이 기차에서 나오는 아침 식사가 꽤 좋다는 말을 여러 사람에게서 들었다. 차림표를 보면서 닭으로 진수성찬을 차렸다고 생각했다. 먼저 식초와 양파를 더한 생선이 있고, 그 뒤로 닭고기 수프·닭고기 아스픽·구운 닭고기·뼈 없는 닭고기·튀긴 닭고기·삶은 닭고기·냉닭고기·닭고기 파이가 이어진다!

아침 식사를 마친 뒤에도 다음 역에 도착할 때까지는 식당에 있어야 했다. 식당차가 열리고 나서야 객차로 돌아갔고, 객차는 목적지에 도착할 때까지 다시 잠겼다. 캔디의 도로는 아주 아름답다고들 한다. 길이 산을 휘감아 올라가는데, 그런 점에서 놀랍다기보다는 예뻤다. 열대의 땅이지만, 잎사귀와 꽃이 아주 평범하다. 가장 예쁘게 보인 것은 논이다. 계단식으로 되어 있기 때문에, 깊은 골짜기를 내려다보면 부드러운 연녹색 계단이 이어지는 모습에 이런 감탄이 절로 나온다.

"와, 예쁘다!"

마침내 캔디에 도착했을 때 마차를 하나 빌려 호수, 공공 도서관, 사원을 보러 갔다. 해자(성곽이나 고분을 둘러싼 못)로 둘러싸인 한 오래된 사원에서 대단하지는 않은 여러 제단과 부처의 치아라는 상아 조각 같은 것을 보았다. 캔디가 예쁘긴 해도 듣던 만큼은 아니다. 사람들이 시원하다고 했는데 콜롬보를 그리워할 만큼 더웠다. 모든 볼거리에 싫증이 난 우리는 멋진 식물원을 보러 페라데니야로 마차를 몰았다. 그곳은 찾아간 보람이 있었다. 그날 저녁에 콜롬보로 돌아왔다. 지치고 배가 고팠다. 또 낮에 더위를 먹어서 머리가 아팠다. 돌아오는 길에 스페인 신사는 우리 기분이 가라앉지 않게 하려고 애썼지만, 나로서는 그가 하는 모든 말에 짜증이 났다. 그래도 아일랜드 청년은 즐거워했다. 스페인 신사는 아주 예의 바르고 친절했지만 사람 말을 딱 잘라서 반박하는 기분 나쁜 버릇이 있어서 사람을 분통 터지게 했다. 나는 그렇게 느꼈지만, 아일랜드 청년은 그의 말에 웃음을 터뜨렸다. 우리가 산비탈을 내려가고 있을 때 스페인 신사가 바깥 경치를 보려고 자리에서 일어나 열린 창으로 머리를 내밀었다.

"마차가 뒤집히겠어요."

그가 우리를 돌아보며 아주 자신 있게 말했다.

나는 구석에 기대 잠을 청했고, 객석 끝에 다리를 걸친 아일랜드 청년도 잠을 자려 하고 있었다.

"안 뒤집혀요."

내가 겨우 대답했고 아일랜드 청년은 미소를 지었다.

"아니에요, 뒤집혀요. 기도하세요!"

스페인 신사가 외쳤다.

아일랜드 청년이 깔깔대며 웃었고, 나는 멀미도 잊은 채 옆구리를 잡고 웃었다. 사소한 일이었지만, 가끔 사소한 것이 큰 웃음을 준다. 그 뒤 아일랜드 청년은 내가 "기도하세요!"라고

만 해도 체면을 잊고 뒤집어졌다.

　그날 밤에는 몸이 너무 안 좋아 서닉도 인 먹고 그냥 잠자리에 들었다. 다음 날 아침에는 진주를 파는 시장에 가려고 했지만, 그럴 수 없었다. 내 지인이 돌아와 한 남자가 파장 무렵에 어떤 사람에게 남은 조개를 1루피에 샀는데 그 속에 500달러에 상당하는 진주가 있었다고 말했을 때는 가지 않은 것을 후회했다. 콜레라에 걸릴 가능성이 높은데도 말이다.

　어느 날 한 남자가 사람들에게 '진릭샤(인력거)'의 뜻을 아느냐고 묻는 것을 들었다. 첫 번째 사람이 '사람의 힘으로 끄는 것'을 뜻하는 말이라고 하자, 두 번째 사람이 순진하게 놀라며 "'풀먼Pull man 차'라고 생각했어요!"라고 말했다. 나는 또 오스트레일리아 배를 탔다가 콜롬보에 들른 승객이 호텔 문 옆에 서 있는 똑똑한 현지인 앤드류에게 수레를 하나 구해 탈 수 있는지를 물었다고 들었다. 수레의 종류가 많아서 앤드류는 그 남자가 원하는 것이 정확히 무엇인지를 몰랐다.

　"정확한 이름이 생각나지 않는데, '유모차'일 거예요!"

　승객이 망설이며 말했고 결국 인력거를 구했다.

10장

해적의 바다에서

콜롬보에서 닷새를 보낸 어느 날 밤, 호텔 복도에 있는 칠판에 다음 날 아침 8시에 오리엔털 호가 중국으로 간다는 공지가 있었다. 나는 5시에 일어나서 얼마 있다 배로 출발했다. '스페인 수상'이라는 별명이 붙은 스페인 사람은 상점에 보석을 사러 갈 때 내가 함께 가 주기를 바랐지만, 내 일정이 너무 걱정스럽고 신경이 곤두서 있었기 때문에 중국행 배를 타기까지더는 기다릴 수 없었다.

작별 인사를 하고 나서 오리엔털 호를 탔다. 오래 지체되다 보니 인내심이 바닥나 있었다. 갑판에 올라갔을 때 배에는 아무도 없는 것 같았다. 잘생긴 중년 남자와 그 옆에 산뜻한 마

정장을 입은 금발의 젊은 남자만 보였다. 두 사람은 바다를 바라보고 이야기하면서 갑판을 천천히 걸어 다니고 있었다. 내가 앉을 자리를 마련하려고 내 갑판 의자를 묶은 끈을 푸느라 끙끙거리는데, 중년 남자가 다가와서 도움이 필요하냐고 정중하게 물었다.

"언제 출발할까요?"

내가 짧게 말했다.

"네팔 호가 오는 대로요. 새벽녘에 여기 도착할 예정이었는데, 아직 보이질 않네요. 네팔 호가 오기를 기다리다가 닷새가 지났습니다. 낡고 느린 배거든요."

중년 남자가 말했다.

"도착하면 만에 가라앉아 버려라! 낡아빠진 배 같으니라고! 그런 배를 닷새 동안이나 기다린다는 건 모욕이에요."

내가 거칠게 말했다.

"그래도 콜롬보는 머물기 좋은 곳이잖아요."

중년 남자가 반짝이는 눈으로 말했다.

"그럴 거예요. 거기서 머무는 게 목숨만큼 중요하지 않다면 말이죠. 정말이지, 네팔 호가 바다에 가라앉는 걸 보면 얼마나 좋을까!"

내 언짢은 기분이 분명히 그들을 놀라게 했고, 그들이 놀라는 것이 재미있었다. 닷새 동안 지체된 것이 내게 무엇을 의미하는지 알 수 있는 사람이 거의 없다고 생각했고, 열흘이나 늦어서 내 이름이 사람들 입에 오르내릴까 봐 두려워하며 수치스러운 표정으로 뉴욕에 몰래 돌아가는 초라한 모습을 상상하니 웃음밖에 나오지 않았다. 보잘것없는 내 처지를 생각하며 지나치게 웃어 대는 동안 남자들은 놀라서 나를 쳐다봤다. 한바탕 웃었더니 기분이 좋아져서 다시 다 잘 될 거라고 말할 수 있었다.

"네팔 호가 오네요."

내가 수평선 위로 막 보이기 시작한 한 줄기 연기를 가리키며 말했다. 남자들은 의심했지만 곧 내 말이 맞았다는 게 밝혀졌다. 중년 남자의 친절한 파란 눈과 젊은 남자의 웃고 있는 파란 눈을 흘긋 보며 말했다.

"제가 못되게 굴었어요, 하지만 어쩔 수 없어요. 벌써 닷새가 지체됐고, 배가 8시에 나간다고 해서 새벽 5시에 일어났어요. 9시가 다 된 지금까지 출발할 기미조차 없는 데다 배가 고파 죽을 지경이라고요."

이 말에 남자들이 웃고 있을 때 아침 식사를 알리는 종이 울렸고, 남자들이 나를 데리고 내려갔다. 아일랜드 청년이 재기 발랄한 눈빛으로 유쾌하게 웃으며 거기 있었고, 콜롬보까지 빅토리아 호로 같이 여행한 젊은 영국 남자도 있었다. 낯이 익었지만, 영국 남자는 공공연한 여성 혐오자라서 말을 걸진 않았다. 배에는 여자가 없었다. 그날 아침에는 여자가 나뿐이었다. 우리는 아주 즐겁게 아침 식사를 했다.

아주 잘생긴 외모만큼이나 예의 바르고 친절한 선장이 식탁 상석에 앉았다. 어떤 배라도 자랑스러워할 선원들이 그 주변에 모여 있었다. 하나같이 잘생기고 성격 좋고 지적이며 예의 발랐다. 나는 처음 이 배를 탔을 때 얘기를 나눈 중년 남자가 기관장이며, 젊은 청년이 배의 의사임을 알게 되었다.

식당 홀은 아주 멋지고 쾌적했으며 음식은 훌륭했다. 빅토리아 호보다 훨씬 작았지만 모든 면에서 훨씬 나았다. 객실은 더 편했고 환기도 더 잘 됐다. 음식도 훨씬 더 나았으며 선원들은 예의 바르고 성격이 좋았으며 선장은 외모로나 태도로나 신사였고 모든 것이 마음에 쏙 들었다. 며칠 동안 일이 돌아가는 대로 그냥 보기만 하면서 나에 대해서는 아무 말도 하지 않았다. 런던 사무실에서 친절하게 보내 준 소개장을 건네지도 않았다. 빅토리아 호에서는 그 소개장 덕에 주목을 받거나 특별 대우를 받지도 않았기 때문에 오리엔털 호에서는 기회를 보기로 했다. 한결같은 친절과 공손함이 이 배의 규칙이라는 것을 안 뒤에야 소개장을 건넸다. 선장은 소개장을 받고 기뻐

했지만 처음부터 워낙 친절했기 때문에 소개장을 봤다고 해서 더 친절할 수는 없었다.

1시가 다 되어 갈 때에야 네팔 호의 승객들이 오리엔털 호로 갈아탔다. 그동안 배는 해변에서 보석과 레이스를 팔러 온 상인들 때문에 북적거렸다. 보석 상인들은 승객들을 어찌나 잘 속이던지! 물건 값으로 황당하게 많은 돈을 요구하고 때때로 그걸 받아 냈다. 배가 항해할 준비가 되면 아무리 싼 값에라도 팔려고 했다. 꽤 뻔뻔스럽기도 했다. 상인들이 귀하다고 한 원석을 사려고 낮은 가격을 제시한 남자에게 상인이 이렇게 말하는 것을 듣기도 했다.

"구경한 값을 달라는 게 아닙니다."

보석 상인은 너무 뻔뻔하고 대담했다. 증기선 회사에서 갑판에 올라오지 못하도록 하지 않는 게 놀라웠다.

오리엔털 호는 1시에 출발했다. 첫날과 그 뒤 이틀은 갑판에서 느긋하게 보냈다. 육지에서 매일, 심지어 매 시간 봐야 하는 삶의 투쟁, 근심, 소동에서 벗어나 육지가 보이지 않는 기분 좋은 푸른 바다에 다시 돌아가자 마음이 정말 편안했다. 동양이 대체로 끔찍한 삶의 혼잡으로부터 자유로운 곳이지만, 아무리 한가로이 빈둥거리는 사람들에게서도 삶의 흔적은 보이기 마련이다. 생존을 위해 싸우는 어리석은 인간들을 보거나 알거나 신경 쓸 일도 없이 평화로운 정오 속으로, 저녁놀 속으로 빠져들어 둥둥 떠가는 느낌은 오직 웅대하고 넓은 바다에서만 즐길 수 있다. 사실 선원들이 이런저런 일을 하지만, 살기 위해 서로 밀치는 분위기는 전혀 아니다. 느긋한 승객이 보기에는 선원들이 돛을 올리거나 내리는 일만 하는 것 같고, 돈이 아니라 행복을 위해서 물 위에 떠다니고 꿈꾸고 자고 이야기하며 사는 것만 같다.

네 번째 날은 일요일이었다. 오후는 천천히 지나치는 아름다운 녹색 섬을 보면서 갑판에서 보냈다. 때때로 그 섬에 사람이 사는지 아닌지 한가롭게 추측했다.

그다음 날에는 말라카 해협 식민지 중 하나인 페낭, 즉 프린스오브웨일스 섬에 닻을 내렸다. 배가 콜롬보에서 너무 오래 지체했기 때문에 해변에서 여섯 시간밖에 보낼 수 없다고 했다. 지인을 동반한 나는 닻을 내린 순간 뭍으로 가려고 준비를 마쳤다. 우리는 삼판을 타고 해변에 갔다. 고물 가까이에 노가 고정되어 있는, 특이하게 생긴 납작한 배였다. 말레이족인 뱃사공은 고물에 똑바로 서서 손을 번갈아 가며 노를 저었고, 우리가 가는 방향 또는 우리 쪽으로 등을 보이며 자세를 바꾸었다. 노를 힘껏 부지런히 젓는 동안 내내 앞에 뭐가 있는지 보기 위해 고개를 자주 돌렸다. 육지에 닿은 뒤에는 정가보

넬리 블라이의 세상을 바꾼 72일

다 20센트 많은 30센트를 받고도 더 달라면서 부두 끝까지 쫓아왔다.

우리 일행은 마차를 빌려 폭포로 갔다. 폭포는 자연적으로 신록이 우거진 산비탈에 부딪치며 떨어지고, 산허리는 보기 좋은 열대 정원처럼 바뀌어 있었다. 그 그림 같은 폭포에 신기한 구석은 전혀 없다. 수원지가 어디인지 궁금했지만, 아주 더워질 때까지 걷고 나서 수원지가 멀리 있다는 것을 확실히 알게 되자 그렇게까지 애써서 폭포의 비밀을 알 가치는 없다고 결론 내렸다.

마을로 가는 길에 힌두 사원에 들렀다. 들어가자마자, 맨발에 옷을 반쯤 걸친 수많은 사제들이 매우 흥분해서 달려와 신발을 벗으라고 요구했다. 사원은 널찍하게 지어졌고, 곡선형 지붕과 서까래는 비둘기 같은 새들의 잠자리로 이용된 지 오래였다. 돌로 된 바닥 위로 세월이 지나갔다는 건 분명했지만, 그 밖에 무엇이 지나갔는지 장담할 수 없었기 때문에 나는 한사코 무조건 신발을 벗지 않겠다고 버텼다. 나는 흥미로운 그들의 우상을 충분히 보았다. 하나는 화려한 옷을 입은 검은 신이었고, 다른 하나는 화관으로 꾸며진 형체가 분명하지 않은 검은 돌이었다. 그 더러운 돌의 기초 부분은 화려한 꽃 무더기에 묻혀 있었다.

페낭은 내가 가 본 항구 중 영어가 가장 적게 사용되었다. 원주민 사진사에게 물었더니 이런 답이 돌아왔다.

"아가씨, 말레이 사람들은 고유 언어를 자랑스러워해요. 다른 언어를 쓰기에는 자부심이 너무 크죠."

사진사는 자기가 영어를 쓰는 것이 얼마나 이로운지 알고 있었다. 그는 내게 카비네판 인화지들을 보여 주며 한 장당 1달러를 달라고 했다.

"1달러라니! 너무 비싸요."

내가 깜짝 놀라서 외쳤다.

"너무 비싸다고 생각하면 살 필요 없어요. 아가씨가 돈이 얼마나 있는지는 아가씨 자신이 가장 잘 알 테니까요."

사진사가 정말 뻔뻔스럽게 대답했다.

"왜 그렇게 비싸죠?"

내가 그의 뻔뻔함에 굴하지 않고 물었다.

"페낭이 영국에서 아주 멀리 있기 때문이겠죠."

그가 태평하게 대꾸했다.

나중에 오리엔털 호의 승객 중 한 사람이 그 사진사가 뻔뻔하게 구는 데 화가 나서 사진사의 길고 가는 코를 잡아당겼다는 말을 듣고 기뻤다.

처음 본 중국 절은 아주 흥미로웠다. 분홍색과 흰색 지붕이

카누처럼 휘어 있고, 입은 벌리고 꼬리는 공중으로 올린 용으로 장식되어 있었다. 회랑 쪽을 통해 거리에 흩어진 참배자들이 환히 내다보였다. 어두운 실내가 중국 등과 금박 장식 때문에 화려하게 보였다. 작은 신상들 앞에는 대개 쌀·구운 돼지고기·이상하게 달콤한 향기를 내며 타는 향 등이 놓여 있었지만, 미신을 믿는 사람들이 운수를 시험하는 어둡고 구석진 곳만큼이나 흥미로울 것이 없었다. 제단 주변보다 구석에 피부색이 검은 사람들이 더 많이 있었다. 사실, 유일한 신자는 머리에 밀랍을 바른 중국 여자다. 가늘고 긴 눈에 피부가 갈색인 아기를 업은 그녀는 팔찌를 낀 신상 앞에 온순하고 겸손하게 절하고 있었다.

삭발한 승려들이 낡은 금빛 비단옷 차림으로 정원 정자에 있다가 우리가 금붕어 연못을 구경하는 것을 보았다. 그중 한 사람이 앞으로 와서 내 손을 잡고 승려들이 모여 있던 곳으로 정중하게 이끌었다. 우리가 함께 앉아 차를 마시면 좋겠다고 했다. 귀여운 중국 찻잔에 담긴 차는 우유와 설탕을 타지 않고 마시는데, 그들이 차를 자꾸만 채워 줘서 잔이 소꿉장난 그릇처럼 생긴 게 고마울 정도였다. 말이 통하지는 않았지만 같이 많이 웃었다.

페낭에서는 거의 멕시코 은화만 사용된다. 미국 은화는 제

값을 쳐 주지만, 미국 금화를 내밀면 거절하고, 지폐에는 경멸의 눈길을 보낸다. 콜롬보의 중국인 인력거꾼과 페낭에 있는 중국인 인력거꾼을 비교해 보면 균형 잡힌 경주마 옆에 있는 살진 애완용 말 같다. 페낭 인력거꾼은 내가 본 중국인 중에 가장 살진 사람들이다. 팔다리의 통통함이라니!

배로 돌아가려고 출발했을 때 만의 바다는 아주 거칠었다. 어마어마한 파도가 성난 듯 우리 작은 배를 한쪽으로 팽개쳐 버리자, 함께 있던 일행은 뺨이 울긋불긋 상기되더니 주변은 전혀 신경 쓰지 않고 뱃전 위로 고개를 늘어뜨렸다. 나는 남자의 가슴에 이상한 감정을 일으키고도 그 감정에 무심하고 태평한 요부 같은 바다를 좋아하지 않을 수 없었다. 석탄을 실은 운반선의 출렁거림 때문에 파도가 더욱 높아져 뭐든 삼킬 것 같았지만, 우리는 무모하게 배의 사다리로 뛰어 올랐다. 갑판에 간신히 올라가자마자 운반선의 밧줄을 자르라는 명령이 내려졌다. 심지어 그러는 사이 배는 닻을 올리고 출발하고 있었다. 거의 즉시 배에서 큰 동요가 일어났다. 마지막 석탄 자루를 배의 아래 구역에 내려놓던 누더기 차림의 남자 약 50명이, 자기네 동료들을 태운 운반선이 밧줄이 끊긴 채 빠르게 해변으로 밀려가는 것을 알고는 미친 듯이 갑판 위로 달려왔다. 운반선이 멀어져 간 뒤 떠들썩하게 지껄이고 주먹을 꽉 쥐고 자물쇠를 당기고 소리도 질러 보았지만, 아무 소용이 없었다. 아주 강한 밀물이 들어오고 있어서, 운반선 위에 있던 사람들이 애를 써도 운반선은 서서히 육지로 휩쓸려 갔다.

선장이 일꾼들은 도선사의 배를 타고 해변에 가게 될 것이라고 밝혀서 일꾼들의 공포를 가라앉혔다. 우리 모두가 모여서 그들이 떠나는 광경을 보았는데 정말 재미있었다. 처음에는 배의 속력을 줄이지 않은 채 사람들을 옮기려고 예인선을 배에 묶었다. 하지만 한 사람이 아찔하게 물에 빠지고 바다가 예인선을 삼켜 버리려고 하자 우리 배는 어쩔 수 없이 속도를 줄여야 했다. 몇몇 일꾼들은 굵은 밧줄을 타고 미끄러져 내려갔고, 나머지 일꾼들이 흠뻑 젖고 하얗게 질린 동료들을 움켜잡아 예인선 위로 끌어올렸다. 나머지는 사다리로 내려갔는데, 1.5미터 정도가 모자라서 도선사의 배에 미처 닿지도 않았다. 벌써 배에 내린 사람들은 사다리에 매달린 남자의 다리를 붙잡았고 남자는 혹시라도 손을 놓칠까 봐 필사적으로 사다리에 매달렸기 때문에, 배의 승무원이 그를 발로 차서 떨어트리겠다고 위협할 때까지 마냥 그러고 있었다.

현지인인 도선사는 마지막에 내려갔다. 그다음에 밧줄이 풀렸고, 우리는 예인선과 멀어져 갔다. 예인선은 바닥의 물을 퍼내려고 움직이는 것조차 겁날 만큼 너무 많은 사람들을 태운 채 밀물에 휩쓸려서 우리가 마지막으로 본 육지 쪽으로 돌아갔다.

처음에 내 객실은 아래쪽이었는데, 간호사와 두 어린이의 객실이 너무 가까이 있었기 때문에 거의 쉴 수가 없었다. 아이들의 부모는 현명하게도 배의 다른 편 객실을 선택한 덕에 편히 쉴 수 있었다. 아이들의 사소한 말다툼 탓에 새벽녘에 깨기를 여러 번 겪은 뒤에는 그 부모가 원망스러워졌다. 아이들의 엄마는 꽤 미인이었다. 모두가 인정할 정도로 코가 아름다웠고, 하녀가 필요 없을 정도로 남편을 노예처럼 부려 먹었다.

고백했다시피 나는 밤을 새우는 만큼 아침에 자는 것을 좋아하며, 잠을 제대로 못 자면 형편없는 저녁 식사를 한 남자처럼 사나워진다. 아이들의 분별없는 아버지는 아침 일찍 씻으러 가기 전에 아이들을 보러 오는 버릇이 있었다. 그가 씻으러 간다는 것은 아이들에게 하는 말을 듣고 알았다. 아이들의 아버지가 객실 문을 열고 세상에서 가장 시끄럽고 냉정하고 매정한 목소리로 이렇게 외치면서 내 선잠을 완전히 깨우기 일쑤였다.

"안녕. 내 새끼들 오늘 아침 기분은 어때?"

답 대신에 알아들을 수 없이 웅얼거리는 목소리가 들린다. 그러면 아버지가 소리친다.

"아기가 엄마에게 뭐라고 말할까? 말해 보렴, 아기가 엄마에게 뭐라고 말할까?"

"엄마!"

아이가 거칠고 부자연스러운 목소리로 길게 외친다.

"아기가 아빠한테 뭐라고 말할까? 말해 보렴, 아가, 아기가 아빠한테 뭐라고 말할까?"

"아빠!"

높고 날카로운 목소리로 대답이 이어진다.

"음매 소는 뭐라고 말할까? 우리 귀염둥이, 어서 말해 보렴, 음매 소는 뭐라고 말할까?"

대답이 없자 아이에게 다시 외친다.

"음매 소가 뭐라고 말할까? 우리 귀염둥이, 어서 말해 보렴, 음매 소가 뭐라고 말할까?"

이게 만일 한두 번이었다면 교양인의 너그러움으로 참았겠지만, 엿새 동안 아침마다 짜증나게 똑같은 말로 묻는 일이 반복되다 보니 인내심이 바닥났다. "음매 소가 뭐라고 하는지 아빠한테 말해 줄래?"라는 말이 또 들리자 미친 듯이 이렇게 외쳤다.

"제발, 얘들아, 음매 소가 뭐라는지 답해 드려. 잠 좀 자게."

무거운 침묵, 분노와 경악으로 가득 찬 침묵이 이어졌고 나는 다시 잠에 빠져서 흰 뿔 달린 소, 곧은 뿔이 달린 소와 뿔이 없는 소에 올라탄 아이들에게 진흙투성이 언덕에서 쫓겨 내려가는 꿈을 꾸었다. 그들은 모두 소 같은 목소리로 "음매! 음매! 음매!" 노래하고 있었다.

그 분별없는 부모가 그 뒤로는 말을 걸지 않고 나를 경멸하듯 쳐다봤다. 그 엄마가 뱃멀미를 한다고 하자 나는 그녀의 지인에게 기독교인의 의무를 들먹이며 조만간 찾아가 문병하라고 설득했다. 그 분별없는 엄마는 의사가 왕진하는 것을 허락하지 않고, 남편이 그녀의 증세를 의사에게 이야기하고 처방을 받아오게 했다. 나는 그 엄마에게 비밀로 하고 싶은 뭔가가 있다고 생각했다. 내가 문병하라고 설득했던 여자는 내 충고를 따라 분별없는 엄마의 객실 문을 두드렸는데 아무 대답이 없었다. 여자는 파도 소리 때문에 노크 소리가 안 들렸나 하고 그냥 문을 열었다. 분별없는 엄마가 고개를 들고 여자를 보더니 비명을 지르며 베개에 얼굴을 묻었다. 분별없는 엄마는 이와 머리카락이 없었다! 깜짝 놀란 사마리아인은 그 엄마의 다리가 코르크 의족이라는 것은 미처 살펴볼 여유도 없이 방을 뛰쳐나왔다! 나는 나중에 후회했지만, 갑판 객실로 옮기고 나서는 음매 소와 분별없는 부모를 곧 잊어버렸다. 하지만 그녀가 미인이라는 명성은 돌이킬 수 없이 무너졌다.

말라카 해협이 너무 축축하고 더워서 여행 중에 처음으로 더워서 못 견디겠다는 푸념이 절로 나왔다. 찌는 듯이 덥고 안개가 심했으며 모든 것에, 특히 주머니 속 열쇠도 녹이 슬 만큼 습기가 많았다. 거울에도 습기가 차서 비춰 볼 수가 없었다. 페낭을 떠난 두 번째 날 우리는 아름다운 초록 섬을 지났다. 한때 해적이 출몰했다는 그 해협에 관한 이야기가 많았다. 해적이 사라졌다는 말을 듣고 아쉬웠다. 그만큼 새로운 경험을 열망한 것이다.

그날 밤 싱가포르에 도착할 예정이었다. 빨리 도착할수록 빨리 떠날 수 있기 때문에 예정대로 되기를 간절히 바랐다. 허비한 모든 시간이 내게는 아주 중요했다. 6시에 도선사가 왔다. 나는 떨면서 그의 결정을 기다렸다. 어두워진 뒤에 입항을 시도하는 것은 너무 위험하기 때문에 아침까지는 항구에 들어갈 수 없다는 말을 듣자 절망의 물결이 나를 덮쳤다. 페낭에서 일꾼들이 내릴 때 꾸물거린 결과였다. 우편 계약 때문에 우리 배는 항구에 24시간 머물러야 했다. 우리 배는 그 시간을 때우면서 초조한 내 마음을 부채질했고, 나는 너무나도 행동이 굼떴던 일꾼들 때문에 사실상 희망의 문 바깥에서 귀중한 시간을 허비하고 있었다. 그 몇 시간 때문에 홍콩에서 내가 배를 타는 시간이 늦어질 수도 있었다. 그렇다면 그것은 내 기록상 며칠 지체를 의미할 수도 있었다. 그날 밤 내가 긴장과 초조로 얼마나 고통받았던가!

다음 날 아침 갑판에 갔을 때 배는 선창과 나란히 대어져 있었고, 벌거벗은 중국인 노동자들이 둘씩 짝을 지어 석탄 바구니를 매단 막대를 진 채 배와 해변 사이에 있는 배다리를 끊임없이 가로지르고 있었다. 작은 배들에는 비단, 사진, 과일, 레이스, 원숭이를 파는 행상들이 타고 있었다.

웨일스 사람인 젊은 의사와 나는 격자창이 있고 네 명이 편히 앉을 자리가 있는 가벼운 사륜마차를 빌렸다. 마부의 자리는 같은 높이로 밖에 있었다. 예쁜 점박이 말레이 조랑말이 마차를 끌었는데, 이 작은 말이 몸집에 비해 놀라운 속도를 냈으며 조랑말이 일하는 시간을 제한하는 법이 있을 만큼 참을성도 대단했다.

큰 나무로 그늘이 드리워진, 무도장 바닥처럼 매끈한 길을 따라 마을로 들어갔다. 양옆 습지의 말뚝 위에 지은 현지인 집 때문에 길이 그림처럼 아름다웠고, 그 아름다움은 수많은 묘지와 넉넉하게 묘지를 쓴 방식에 대한 놀라움을 압도했다. 묘지는 둥글게 쌓아 올린 특이한 모양이었는데, 말편자 같은 담이 둘러져 있었다. 흙무덤의 끝부분이자 담이 시작되는 자리에 놓인 편평한 돌에는 색을 입힌 글자가 새겨져 있다.

넬리 블라이의 세상을 바꾼 72일

싱가포르에는 양쪽 인도가 없고, 집에 칠한 파란색과 하얀색이 다른 색보다 눈에 띈다. 2층은 가족이 쓰고 아래층은 보통 업무용인 것 같았다. 격자창으로는 때때로 화려한 가운을 입고 밖을 흘깃거리는 중국 여자들과 엉성한 솜옷에 싸인 중국 아기들이 얼핏 보였다. 아래층에서는 활짝 열린 현관문을 통해 장사하는 사람들이 보였다. 이곳에서는 이발이 중요한 사업이다. 의자, 빗, 물동이, 칼이 이발사가 가게를 여는 데 필요한 도구의 전부다. 길거리에 가게를 차려도 건물 안에 있을 때만큼 많은 고객을 볼 수 있다. 이발사는 중국 남자들을 높은 의자에 앉히고 이마부터 거의 정수리까지 머리를 빡빡 깎는데, 작은 접시 크기만큼 둥글게 남기고는 그 머리카락 다발을 땋아 늘어뜨린다. 이렇게 땋고 비단 술로 마무리한 중국 남자의 머리는 다음 2주 동안 '단정'하다.

내가 머물렀던 다른 항구처럼 여기 사람들도 빈랑나무 열매를 끊임없이 씹는다. 웃는 모습을 보면 피를 마셨다고 생각할 것이다. 빈랑나무 열매는 치아와 입 속을 핏빛으로 물들인다. 많은 주민들이 그것을 손톱에 칠하는 것도 좋아한다.

싱가포르보다 인력거를 많이 타는 곳은 없다. 요금은 한 시간에 10센트를 받는데, 남자 한 명이 끄는 인력거에 네 사람이 타는 경우도 흔하다. 우리는 아주 재미있는 박물관에 방문했고, 교외의 길을 따라 유럽 사람들의 아름다운 방갈로가 들어서 있는 것을 보았다. 멋진 거리는 이륜마차나 자전거를 탄 사람들로 붐볐다.

물론 원숭이 우리도 보았다. 우리에는 작은 원숭이가 많았고, 아주 큰 오랑우탄 한 마리도 있었다. 오랑우탄은 사람만큼 크고, 길고 빨간 털로 덮여 있었다. 생김새는 아주 똑똑해 보였지만 크고 멍한 눈으로 먼 곳을 바라보는가 하면 맹목적으로 미친 듯이 길고 빨간 털을 머리 위로 잡아당기는데, 그런 행동이 사람의 눈길을 많이 끈다. 웨일스 의사가 오랑우탄에게 견과를 주고 싶어 하면서도 빗장으로 손 넣는 것을 두려워했다. 어른 오랑우탄이 손을 넣기에는 격자가 너무 작았지만, 녀석은 포기하지 않고 격자 틈으로 입술을 들이밀고는 10센티미터 정도 밖으로 길게 뺐다. 나는 이 우스운 광경에 웃음보가 터졌다. 입에 얽힌 이야기야 많지만 이 광경은 내가 본 그 어떤 것보다 우스웠고, 내가 얼마나 웃었는지 오랑우탄이 실제로 같이 웃어 주었다. 녀석이 견과를 얻은 것이다!

의사가 오랑우탄에게 시가를 주었다. 녀석은 그걸 받지 않았지만, 손등으로 시가를 만지고는 자기 손에 묻은 냄새를 맡았다. 그러고는 공상하는 듯한 자세로 주저앉더니 하릴없이 머리털을 뒤통수 너머로 당겼다.

어떤 건물의 2층에 있던 전신소에서는 영어에 능통한 직원들을 만났다. 미국 은화를 액면가로 받아 수었시만, 미국의 다른 돈은 취급하려고 하지 않았다. 은행과 우체국은 1층의 트인 공간에 있었는데, 그 편안함과 품격이라고 해야 평범한 부두 창고와 다를 것이 없었다. 중국 사람과 영국 사람이 두 곳에 모두 고용되어 있다.

우리는 유럽식 호텔에서 저녁을 먹었다. 그 호텔은 길고 낮은 흰색 건물로 넓은 초록 잔디밭에서 뒤쪽으로 들어간 곳에 자리 잡았고, 그 앞의 산책로에서는 바다를 바라볼 수 있었다. 길고 흰 탁자가 있는 베란다에서 중국 남자들이 훌륭한 식사를 내왔다.

총독 관저를 보고 돌아가는 길에 이상하고 섬뜩한 소리를 들었다. 대통령 선거가 끝난 밤의 정치 행렬에서 나는 소리와 아주 비슷하게 여러 악기 소리가 뒤죽박죽된 불협화음이었다.

"장례 행렬입니다."

말레이 사람인 마부가 말했다.

"정말요? 여기 장례 방식이 어떤지 봐야겠어요."

내가 말했다. 마부가 고삐를 당겨 마차를 한쪽에 세웠고 우리는 장례 행렬을 간절히 기다렸다. 장례를 알리는 것은 트럼펫 소리였다. 처음에 많은 중국 사람들이 힘차게 펄럭이는 희고 검은 공단 깃발을 들고 나타나자, 보행자와 탈것이 길에서 비켜 주었다. 그 뒤로 말레이 조랑말을 탄 연주자들이 온 힘을 다해 피리를 불고, 심벌즈를 치고, 톰톰을 두드리고, 징을 치고, 긴 철을 두드리면서 따랐다. 이어서 구운 돼지를 묶은 장대를 맨 남자들과 크고 작은 중국 등을 나르는 남자들이 있었고, 그들 뒤에는 만장을 든 사람들이 따랐다. 남자들이 흰 바지에 샌들을 신고 파란색 윗도리를 입고 있었지만, 관을 나르는 사람들은 검은 옷 위로 파란 끈을 묶고 있었다. 운구하는 사람들은 40명쯤 되었다. 남자들이 어깨에 걸친 긴 장대에 올린 관은 흰 점이 찍힌 진홍색 천으로 가려진 채 그 위 아치에 달린 중국 등이나 풍선으로 장식되어 있었다. 조문객들이 탄 마차의 긴 행렬이 그 뒤를 이었다. 머리부터 발끝까지 흰색 공단 차림인 조문객들이 장례식에서 가장 행복해 보였다. 우리는 떠들썩한 소리가 멀리 사라질 때까지 쳐다봤고, 서커스 행렬을 본 것처럼 즐거워하며 마을로 돌아갔다.

"무슨 일이 있어도 장례 행렬은 꼭 보았을 겁니다."

의사인 브라운 씨가 내게 말했다.

"안 보려야 안 볼 수 없었죠. 특별히 우리를 위해 준비된 거였으니까요."

내가 웃으며 말했다.

장례 행렬에 죽음을 암시하는 것이 전혀 없었다는 점에 대해 웃고 떠들면서 사원을 보기 위해 다시 미치를 몰았다. 우리 중 아무도 이슬람 사원 출입을 허가받지 못했기 때문에 힌두 사원으로 갔다. 힌두 사원은 높은 담으로 둘러싸인 낮은 석조 건물이었다. 입구로 가는 길에는 구걸하는 사람들이 많았다. 크고 작고 걸인들, 다리를 절고 앞을 못 보는 걸인들이 이마를 공손하게 만지면서 시혜를 요구했다. 사원은 닫혀 있었지만, 승려 몇 명이 달려와서는 사원으로 향하는 오래되고 더러운 돌길이 신성하다며 신발 신은 발로 밟지 말라고 경고했다. 내가 신발을 벗으면 그 더러운 길이 신성해지기라도 하나! 내 동료들은 신을 벗으면 사원에 들어갈 수 있다고 했지만, 나는 여자라서 그런 특혜를 받을 수 없었다.

"왜요?"

왜 여자라는 이유로 사원에 들어갈 수 없는지 알고 싶어서 물었다. 미국에서도 호텔이나 그 밖의 이상하고 옹색한 건물에 들어갈 때 여자라는 이유로 나는 옆문만 이용해야 한다.

"안 됩니다, 부인, 아이 맘마는 안 됩니다."

승려가 고개를 단호하게 흔들면서 서툰 영어로 말했다.

"저는 아이 엄마가 아니에요!"

내가 얼마나 분개하며 소리를 질렀는지 일행들이 웃음을

터트렸고, 나도 곧 같이 웃었다. 엄마가 아니라는 말도 승려에게는 아무 효과가 없었다. 계속 들여보내지 않으려고 했다.

　높은 담의 안쪽에 늘어선 오두막 같은 곳에는 환상적인 모양의 묵직한 상이 담긴 수레가 많았다. 크리슈나 상인 것 같았다. 근처에는 나무로 만든 여자 형상이 있는 것이 빗장 너머로 보였다. 요정 같지도, 소녀 같지도 않은 모습이었다. 마귀같이 표현되었고, 입에서 긴 염주가 늘어뜨려 있었다. 가난한 가족의 어머니라면 크게 성공했다고 할 모습이었다. 팔이 두 개가 아니라 여덟 개였다. 두 팔은 딱딱한 나무로 만든 아기를 안고 있었고, 나머지 여섯 팔은 게 다리처럼 자기 몸을 돌보고 있었다. 승려들이 바퀴 달린 하얀 목마를 보여 주었는데, 간단히 말해 아주 끔찍한 악마의 형상이었다. 그렇게 끔찍한 형상을 일일이 떠올릴 수 없을 만큼 아주 많이 보았다. 그래도 무척 흥미로웠던 두상 하나는 기억이 난다. 누구이고 무엇인지, 어떤 목적으로 만들어졌는지에 대한 내 호기심을 만족시키기에는 승려의 영어 실력이 부족했다. 두상 하나뿐이었지만, 높이가 3.6미터는 충분히 되고 폭도 그만 한 크기였다. 얼굴은 타는 듯한 진홍빛이고, 두 눈이 굳게 감겨 있었다. 잔디밭에는 얇은 빗장에 흰 소 한 마리가 매여 있었다. 내가 여행하는 동안 본 소 중에 유일하게 말쑥한 모습이었다. 곁에 있던 의사가 장난스럽게 고개를 흔드는 그 소한테서 눈을 떼지 않고 멀찍이 물러나는 것을 보았다.

"조심해요! 저건 신성한 흰 소일 거예요."

긴장한 의사가 말했다.

"푸주한의 눈에도 신성해 보일 만큼 늙고 사나운 소 같네요."

내가 경박하게 대답해도 의사는 굴하지 않았다.

"이 소가 신성한 소인데 우리한테 덤빈다면, 저 사람들은 이 소가 이교도를 죽이도록 내버려 두는 것이 자기네 의무라고 생각할 겁니다. 저 빗장이 튼튼해 보이지는 않는군요."

의사의 공포를 진정시키기 위해 우리는 늙은 소와 신들을 두고 떠났다.

싱가포르 사람들은 다른 나라 사람들처럼 계급이 있다. 그러나 이곳 사람들은 자기 신분을 다른 이들에게 말해 줄 이웃이나 세상에 알려 줄 신문을 기다리지는 않는다. 그 대신 모든 남녀노소가 이마에 회색 분으로 표시해 세상 사람 모두가 자신의 카스트를 보고 읽고 알 수 있게 한다.

배로 가는 길에 마부의 허름한 집에서 멈췄다. 그 집 1층에서 마로 된 옷을 두르고 있는 예쁘고 작은 말레이인 부인과 갈색 피부의 벌거벗은 작은 아이들을 보았다. 부인이 코에는 커다란 금 고리를, 발가락에는 반지를, 귓바퀴에는 귀고리를, 발목에는 금장식을 하고 있었다. 문간에는 원숭이가 있었다. 나는 포트사이드에서 소년을 사라는 유혹을 뿌리쳤고, 콜롬보에서는 신할리즈 소녀를 사고 싶은 욕망을 억눌렀다. 하지만 원숭이를 보자 의지력이 약해져서 곧장 거래를 시작했다. 그리고 그 녀석을 샀다.

"원숭이가 물까요?"

내가 마부에게 물었고, 마부는 내가 감탄하도록 원숭이 목을 잡고 들어 올리면서 대답했다.

"원숭이는 물지 않아요."

그런 자세에서는 원숭이가 물 수 없을 것이다.

11장

몬순에 맞서

그날 밤 홍콩을 향해 출발했다. 그다음 날은 바다가 거칠고 맞바람이 불어 배가 속도를 낼 수 없었다. 정오쯤에 거의 모든 승객이 갑판에서 자취를 감추었다. 파도는 더욱 거세졌고 요리사는 때아닌 휴가를 즐겼다. 갑판에 남은 승객 중 몇몇은 악의 없는 농담을 하고 있었다. 저녁 식사를 하는 동안 일등항해사가 지독한 병에 시달리는 사람들의 고통을 보았다며 이야기를 시작했다. 그 병은 이제 선장까지도 제압할 기세라는 것이다. 나는 한동안 그 이야기에 귀를 기울였다. 듣지 않을 수 없었기 때문이다. 일등항해사가 잘하는 것이 있다면 사소한 일화들을 들려주는 것이었다. 어떤 이야기는 어찌나 생생하던지

결국 나는 구역질이 나서 벌떡 일어나 달리기 시작했다. 그 순간 맞은편에 앉아 있던 의사가 일어나 따라왔다. 나는 토하지는 않고 그럭저럭 기력을 회복했다. 하지만 의사는 완전히 속이 뒤집혔다. 저녁을 먹으러 돌아갔을 때 우리에게 고통을 안겨 준 장본인은 사라지고 없었다. 나중에 일등항해사를 만났을 때 그가 창백한 얼굴로 회개하듯 고백했다. 자기가 한 실감나는 농담 때문에 자신도 뱃멀미를 했다고 말이다. 그 후로 바다가 거칠 때면 의사가 항상 내게 애원하듯 말했다.

"시작하면 안 됩니다. 당신이 멀미를 시작하면 저도 따라서 하게 되니까요."

몬순 계절 동안 바다의 끔찍한 큰 파도는 내가 본 광경 중 가장 아름다웠다. 때때로 갑판에 앉아서 뱃머리가 파도 위에 똑바로 서 있다가 우리를 바다 밑바닥으로 끌고 가려는 듯 곤두박질치는 것을 숨도 쉬지 않고 바라보았다. 남자들 몇 명은 뱃멀미를 한다는 사실을 더는 비밀에 부치지 않고, 신선한 첫 공기를 들이마시기를 바라며 갑판에 나와 의자에 온몸을 쭉 뻗고 늘어져 있었다. 무시무시한 큰 파도가 치는데도 공기는 여전히 무겁고 답답했다. 때때로 질식할 것 같았다. 내게 아주 상냥했던 남자 하나도 뱃멀미를 했다. 그 이야기를 들었을 때 나는 뱃멀미가 가라앉은 상태였지만, 남자의 창백한 얼굴을 보고 그가 동정을 호소하는 소리를 들으면 몹시 잔인한 생각이 들었다. 뱃멀미를 하는 남자를 동정할 수 없다니, 내가 정말 무정하게 느껴졌다. 다른 사람들 몇몇이 그 불쌍한 남자를 놀리려고 했다. 내가 갑판에 앉았을 때 남자들이 자기들이 앉을 의자만 두고 모든 의자를 조심스럽게 치워 버렸다. 뱃멀미를 하는 남자에게 그것은 대수롭지 않은 문제였다. 그는 내 발 밑에 자기 담요를 깔고서 그 위에 조용히 몸을 웅크리고는 아주 비참하게 나를 보았다. 어느 날 남자가 내게 애처롭게 말했다.

"보시기에는 제가 휴가를 즐기지 못하는 것 같겠지만, 즐기고 있습니다."

그가 한번은 감상적으로 내게 말했다.

"제가 얼마나 멋진 것을 볼 수 있는지 모르겠지요. 하지만 홍콩에 1주일만 머물러 보면, 내가 얼마나 멋진 걸 볼 수 있는지 알 겁니다."

내가 냉담하게 말했다.

"그래요, 대단한 게 있다면 홍콩에서 6주는 머무르겠죠."

보다 못한 어떤 사람이 남자에게 내가 일등항해사와 약혼했고, 그 항해사는 내가 다른 남자들과 얘기하는 것을 좋아하지 않는다고 일러 주었다. 이렇게 하면 남자가 나를 그만 쫓아 다닐 거라고 생각했지만, 오히려 남자의 집착을 더 키울 뿐이었다. 폭풍우가 치던 어느 날 저녁에 갑판에 혼자 있는 나를 발견한 남자가 내 발치에 앉아 내 의자의 팔걸이를 잡더니 거칠게 묻기 시작했다.

"인생이 살 만하다고 생각하세요?"

"네, 인생은 아주 멋지죠. 저를 불행하게 하는 것은 죽음에 대한 생각뿐이에요."

내가 진심으로 답했다.

"당신은 이해하지 못하거나 생각이 다르군요. 저는 당신을 끌어안고 갑판 너머로 뛰어내릴 수도 있습니다. 그리고 사람들이 발견하기 전에 우리는 영원한 휴식에 들겠죠."

그가 격정적으로 말했다.

"그렇게 말할 순 없죠. 그건 휴식이 아닐 수도……."

내가 대꾸를 시작하자, 남자가 흥분해서 말을 잘랐다.

"아니, 아니에요. 증명할 수 있어요. 증명해 보이죠. 물에 빠져 죽는 것은 평화로운 잠, 조용한 표류예요."

"그런가요?"

내가 몹시 궁금한 척 말했다. 조금이라도 움직이면 저 성난 바다 밑에 수장될 것 같아서 자리에서 일어나기가 두려웠다.

"그럼 얘기해 주세요. 설명해 줘요."

한동안 단둘이 있던 상대가 미친 남자라는 것을 깨달았을 때 내게 슬며시 다가온 섬뜩한 느낌에 숨이 찼다. 그가 막 말을 시작했을 때 일등항해사가 갑판 위에서 내 쪽으로 천천히 다가오는 것이 보였다. 나는 감히 일등항해사를 부를 엄두가 나지 않았다. 남자가 눈치챌까 봐 웃지도 못했다. 일등항해사가 가 버릴까 봐 두려웠지만, 그는 다행히 나를 보았고 그렇게 몰두하고 있는 남자를 놀릴 생각으로 살금살금 다가오더니 이 불쌍한 자의 등을 툭 치며 말했다.

"정말 아름다운 사랑 장면이군!"

"여기예요!"

나는 깜짝 놀란 남자가 상황을 이해하기 전에 도망치면서 외쳤다.

일등항해사가 여전히 장난삼아 내 손을 잡았고, 우리는 아래로 달려 내려갔다. 나는 일등항해사와 선장에게 무슨 일이 일어났는지를 말했고, 선장이 남자에게 족쇄를 채우려고 했지만 내가 그냥 두라고 청했다. 그 뒤로 나는 한시라도 혼자 있지 않고, 동행 없이 갑판에 있지 않도록 조심했다.

1등실로 여행 중인 파르시족 사람들은 어마어마하게 큰 파도가 덮칠 때 배의 아래쪽으로 내려가도록 조치가 취해졌다. 파르시족 사람들은 앉을 때 슬리퍼를 벗는 특이한 버릇이 있기 때문에 다른 승객들은 폭풍우를 반겼다. 파르시족은 양말을 신지 않기 때문에 슬리퍼를 벗는 습관은 괴로운 것이었다. 의사가 파르시족 남자는 어디에서건 책상다리를 하고 앉을 때마다 신발을 벗고 갈색 맨발을 위로 보이게 놓는다고 진지하게 단언했다.

원숭이는 훌륭한 선원이었다. 어느 날 원숭이를 보러 가니, 젊은 남자들이 원숭이의 건강을 위해 건배하고 있었다. 내가 들어갔을 때 원숭이는 아픈 머리를 부여잡고 있었다. 높은 파도를 일으킨 것이 나라고 생각했는지 녀석이 달려들었기 때문에, 나는 도망쳐야 했다.

폭풍우 치는 갑판이 연인에게는 멋진 휴양지라고 일등항해사인 슬리먼이 내게 말했다. 그가 템스 호의 일등항해사로 있을 때 이집트로 여행하던 미국 아가씨 두 명에 대해 아주 많이 이야기했기 때문에 그 말은 틀림없을 것이다. 아가씨들의 주소를 잃어버렸지만 그의 마음은 진짜였다. 왜냐하면 그가 한 아가씨의 시집을 잃어버렸고, 비록 그 여자의 주소는 모르지만 시집을 다시 사서 런던의 한 은행에 넣어 두었기 때문이다. 그 시집은 지금도 거기서 금발 미국 아가씨의 행방에 관한 더 많은 정보를 기다리고 있다.

오리엔털 호는 승객이 얼마 안 돼서 연인이 많지 않았다.

'스페인 수상'은 배에서 아주 조용히 지냈지만 심미안과 로맨스를 위한 가슴이 있었고, 여성에 대한 헌신의 화신이었다.

"한 여인과 깊이 사랑에 빠진 적이 있습니다. 같은 배로 여행하던 정말 아름다운 여인이었지요. 정말이지 세상에서 가장 아름다운 여인이었습니다. 저는 그녀를 지켜보았고, 그녀는 저를 지켜보았죠. 저는 그녀에게 감탄의 눈길을 보냈고, 그녀는 당연히 기쁜 눈빛으로 화답했답니다. 그녀는 두 남자와 여행하고 있었지요. 어느 날 복도에서 어색하게 그녀와 부딪쳐서 '죄송합니다, 아가씨!' 하고 사과했어요. 그러자 그녀가 낮고 슬프게 대답하더군요. '전 아가씨가 아니에요!' 그날 밤 그녀가 저녁을 먹으러 왔을 때 보니, 울었는지 눈이 빨갛더군요. 그녀가 흘깃 저를 보았습니다. 그 눈은 아주 슬프게 말하고, 입술은 슬픔에 빠진 아이의 입술처럼 떨리고 있었어요. 그녀가 포도주를 벌컥벌컥 마시기 시작했지만, 제가 쳐다보자 잔을 밀어 버리더군요. 그녀의 남편은 아주 사나운 친구였습니다. 그러나 그 아름다운 여인에 대한 사랑 때문에 저는 내 가족과 그녀의 가족 따위는 잊은 채 그녀를 마음의 동반자로 삼고 싶은 열망에 빠져 있었지요. 그들은 첫 번째 항구에서 내렸어요. 그들이 해변으로 갈 때 저는 갑판에 서 있었지요. 그녀의 남편과 친구가 계단을 내려갔습니다. 그들을 따라가던 그녀가 나를 보고 발길을 멈추었지요. 그녀의 눈은 내게 분명하게 말했습니다. '말하지 말아요, 저는 당신 것이에요.' 마음 같아서는 당장에 달려들고 싶었지만, 그녀에게 몸이 닿기 전에 멈추고는 아픈 눈빛으로 이렇게 말했지요. '가요, 착한 여자가 되세요.' 그녀가 천천히 배로 내려갔지요. 배가 움직이기 시작하자 일어나서 나를 향해 두 팔을 뻗더니 그 무정한 배 안에서 절망적으로 울며 도로 주저앉더군요. 그 뒤로 그녀를 보지 못했고 이름도 모르지만, 그 아름다운 여인이 저를 사랑했다는 것은 분명히 압니다!"

"당신은요?"

캐묻기 좋아하는 내가 물었다.

"저도요!"

조금 차갑게 웃으며 어깨를 가볍게 으쓱하고 한 말이 듣기에 나쁘지 않았다. 그것은 어느 더운 날 물방울이 떨어지는 소리를 떠올리게 했다.

"아, 그녀는 아름다운 숙녀였어요. 아주아주 아름다운, 정말 아주 아름다웠지요. 하지만 세뇨리타(아가씨를 뜻하는 스페인어), 내게는 당신보다 나이가 많은 아들이 있고, 지금의 내 가족에게 헌신하고 있습니다."

나는 짜증이 나 다른 쪽에 앉은 영국 남자에게 홱 돌아섰다.

"영국 남자들은 왜 항상 '저런!'이라고 말할 때 '저러언!' 하고 길게 빼죠?"

내가 나른하게 물었다.

"저러언! 그러던가요? 난 모르겠는데요, 당신은 알아요?"

"네, 알아요. 그건 자기 자신을 대단하게 생각하기 때문이에요."

내가 웃으며 말했다.

"저러언! 정말이에요?"

영국 남자의 말은 이것이 전부였다.

"정말 재치 있는 분이시네요. 그럼, 이브가 왜 홍역에 걸리지 않았는지 아세요?"

조금 있다 그가 물었다.

"아, 담으로 미뤘으니까요."

내가 바우어리 가(싼 여관과 술집이 많은 뉴욕의 거리 중 하나) 말투로 대답했다.

"정말 잘 맞혔어요. 그럼 카인은 왜 홍역에 걸리지 않았을까요? 어서요, 생각하지 말고."

"아, 벨이 없었으니까요. 자, 그럼 꾸물대지 말고 답해 보세요. 학문은 무엇으로 닦는지 아세요?"

내가 놀리듯 말했다.

"아니, 그건……."

"어서요."

"정말이지, 미국인들은 참 이상하게 말씀하시는군요. 저 러언, 모르겠어요."

"당신은 아실 줄 알았는데. 정말 유쾌하신 분이잖아요, 아 닌가요?"

"저러언!"

그는 그렇게 중얼거리면서 위스키와 소다를 마시려고 아 래층으로 달려갔다.

영국 남자들은 위스키와 소다수를 엄청나게 소비한다. 시 도 때도 없이 마신다. 오리엔털 호의 승객 중 한 영국 남자는 온종일 위스키와 소다수를 마시다가 저녁 식사 때는 여섯 가 지 포도주를 마셨는데, 늘 같은 포도주들뿐이라고 불평했다. 변함없이 식탁에서 비틀거리며 일어서면서 말이다!

괴짜들 이야기를 해 보자! 어떤 여자가 일등항해사에게 배 가 움직이는 것을 알 수 있도록 배의 스크루 바로 위에 있는 객실을 쓰고 싶다고 했다. 원하는 대로 객실을 옮긴 여자는 내 가 본 것 중 가장 심한 뱃멀미를 앓았다. 또 다른 승객은 침대 에 스프링 매트리스가 있다고 불평했다!

몬순 계절의 어느 날 밤에 파도가 무섭게 배 위를 때렸다.

내가 있던 객실에도 물이 들어왔는데, 침대까지 물이 차지는 않았다. 섬나서 요동치는 바다와 갑판을 구별할 수 없기 때문에 아래층 갑판으로 탈출하는 것은 불가능했다. 침대로 다시 기어갈 때 두려움이 나를 스멀스멀 덮쳤는데 만족스러운 느낌도 들었다. 나는 모두에게 배가 분명히 가라앉을 거라고 단언했는데, 정말 그런 일이 일어날 수 있다는 생각이 들었다. 함께 떠오른 생각은, 만약 배가 가라앉으면 내가 75일 안에 세계 일주를 할 수 있을지 없을지는 아무도 모르게 된다는 것뿐이었다. 이런 생각이 그때는 꽤 위안이 되었다. 왜냐하면 그때 나는 100일 안에도 세계 일주를 못 할 거라고 생각했기 때문이다. 내가 바꿀 수 없는 일은 그냥 내버려 둬야 한다고 굳게 믿는 사람이 아니었다면, 절박한 내 운명을 걱정할 수도 있었다. 그러나 이렇게 생각했다.

"설사 배가 침몰한다고 해도 배가 가라앉는 동안 걱정할 시간은 충분이 있어. 세상 사람들이 다 걱정한다 해도 일을 이렇게든 저렇게든 바꾸지는 못해. 그리고 만약 배가 침몰하지 않으면 그 많은 시간을 걱정으로 허비하게 될 뿐이야."

그래서 나는 잠자리에 들어 아침 식사 때까지 숙면을 취했다. 일어나 밖을 보니, 배는 거친 바다를 뚫고 힘겹게 나아가고 있었다. 갑판이 마르지는 않았어도 물은 빠져 있었다. 나가 보니, 내가 좋아하던 유쾌한 아일랜드 청년이 버드나무 가지로 만든 의자 팔걸이 한쪽에는 샴페인 한 병을 두고 다른 한쪽에는 잔을 둔 채 큰대자로 뻗어 있었다. 배가 조금씩 흔들릴 때마다 그는 홍콩에 도착하면 육로로 영국에 돌아갈 수 있을 때까지는 홍콩을 뜨지 않겠다고 맹세했다!

"어젯밤에 내 객실 친구를 봤어야 했어요."

내가 곁에 앉자 청년이 웃으며 말했다.

청년이 말한 남자는 아주 똑똑한 영국 남자로 여성 혐오자인 체했다. 우리는 자연스럽게 그를 제물로 삼아 어떤 농담이든 즐겼다.

"객실에 물이 찬 걸 알게 되자마자 침대에서 뛰쳐나와 구명조끼를 입더니 담배 상자를 들고 객실 밖으로 탈출하더라고요."

나는 땅딸막한 영국 남자가 거대한 구명조끼를 입고 작은 담배 상자를 든 채 객실에서 탈출하는 모습을 떠올리며 옆구리가 아플 때까지 웃었다! 진절머리 나는 담배가 든 상자까지도 수행해야 할 중요한 임무가 있는 모양이다. 너무 웃다가 흘린 눈물을 훔치고 있을 때 그 영국 남자가 다가와서 우리가 왜 웃었는지에 대해 듣고는 이렇게 대꾸했다.

"내가 객실을 빠져나오는 동안 우리가 '소년'이라고 부르는 이 아일랜드 친구는 뭐했는지 아세요? 이층침대의 위칸에 딱 달라붙어서 내내 신음하며 기도하고 있었어요. 이 친구는 배가 가라앉을 거라고 확신했고, 침대에서 뛰어내려 탈출하라고 설득해도 말을 듣지 않더군요. 신음하고 기도하는 것 말고는 아무것도 하려고 하지 않았다고요."

'소년'이 웃으면서 대답했다.

"젖은 파자마를 입은 채로 마저 자고 싶진 않았거든요."

이 말을 듣고 여성 혐오자가 달아났다!

그날 나중에 배가 심하게 좌우로 흔들렸다. 갑판에 앉아 있을 때 배가 갑자기 깊은 구멍에 빠진 마차처럼 한쪽으로 기울었다. 나는 의자에 앉은 채로 갑판을 가로질러 내팽개쳐졌다. 한 젊은 남자가 도우려고 내게 오려던 바로 그때 배가 다른 쪽으로 전보다 더 크게 기울었다. 그 바람에 나는 다시 뒤로 내동댕이쳐졌고 철봉을 잡고서야 겨우 목숨을 건질 수 있었다. 조금만 더 있었다면 채광창을 통해 갑판 아래 식당으로 돌진했을 것이기 때문이다.

철봉을 잡았을 때 나를 도우려고 달려오던 남자는 고꾸라져 얼굴을 바닥에 박고 말았다. 나는 남자의 자세가 우스워서 웃기 시작했다. 그가 일어나려는 움직임이 전혀 없자, 나는 여전히 포복절도하면서 그쪽으로 달려갔다. 남자의 코가 피투성이인 것을 보았지만, 그걸 보고도 더 우습다고 생각할 정도로 어리석었다. 남자를 의자까지 부축하고 나서 의사에게 달려갔지만 웃음 때문에 하고 싶은 말을 거의 할 수 없었다. 남자는 코가 부러졌고, 의사는 그 흉터가 평생 갈 거라고 했다. 내가 그 사건을 이야기했을 때 다른 사람들도 웃었고, 비록 나 대신 다친 남자가 정말 가엾긴 했지만, 나를 도우려던 것에 고마움을 표시할 때마다 터져 나오는 웃음을 참을 수 없었다.

우리 승객들은 꽤 이상했다. 나는 항상 사람들의 특이한 면모를 즐겼다. 어느 날 배에 대해 이야기할 때 내가 말했다.

"모든 것이 빅토리아 호보다 훨씬 나아요. 음식도 훌륭하고, 승객들은 세련되고, 선원들은 예의 바르고, 배는 편안하고 쾌적해요."

내가 배에 대한 찬사를 마쳤을 때 승객들의 관심 대상이던 작은 몸집의 새색시가 와서 말했다.

"네, 모든 게 정말 훌륭해요. 그런데 구명조끼는 입고 자기에 꽤 불편하더라고요."

모든 승객이 놀라서 경악하는 표정을 지었고, 다음 순간 식당이 떠나가도록 울리는 웃음이 한꺼번에 터져 나왔다. 그 신부는 집을 떠나 신혼여행에 나선 때부터 계속 구명조끼를 입고 잤다고 했다. 그 부부는 배에서 당연히 그렇게 하는 줄 알았다고 했다.

승객들이 얼마나 괴짜인지는 홍콩에 도착하고 나서야 알았다. 우리 배는 몬순에 맞서면서도 예정보다 이틀이나 일찍 들어갔다. 육지에 닿았을 때 한 남자가 일찍 도착했다는 이유로 증기선 회사를 고소했다. 일정 기간 동안 유효한 표를 샀는데 유효 기간이 다되기 전에 도착했다면, 회사가 승객의 지출에 대한 책임이 있으니 호텔 숙박비를 내야 한다는 것이었다.

어느 일요일에는 선장이 배에 있던 한 목사에게 예배를 주관해 달라고 요청했다. 목사는 그렇게 했고 홍콩에 도착한 뒤 2파운드짜리 청구서를 내놓았다! 목사는 자기가 휴가 중이기 때문에, 대가를 받지 않는다면 그 시간에 일할 생각이 없었다고 했다. 회사가 지불은 했지만 다음부터는 비용을 확인하기 전에는 목사에게 예배를 주관하지 못하게 하라고 승무원들에게 주의를 주었다.

12월 22일 저녁 승객들 모두가 갑판의 어두운 구석에 앉았다. 남자들은 노래하고 이야기를 했다. 유일하게 깨어 있을 수 있었던 한 여성과 나는 관객이 되어 이들을 보고 즐겼다. 다들 아침을 간절히 기다렸지만, 그 열망에는 슬픔이 많이 섞여 있었다. 날이 밝으면 우리가 홍콩에 도착해 새로운 풍경을 보고 새로운 친구를 만나겠지만, 오래된 친구들과는 헤어질 것이기 때문이었다.

 12장

영국령 중국

우리는 이른 아침에 처음 홍콩 시내를 보았다. 어렴풋한 흰색은 높은 산비탈에 있는 성같이 생긴 집이었다. 만에 들어갈 때 우리 배가 대포를 쏘았는데, 그렇게 하는 것이 우편선의 관례라고 선장이 말했다. 아름다운 만은 높은 산이 벽처럼 둘러싸고 있는 근사한 분지였다. 여러모로 그곳이 천연 요새임을 알수 있었다. 이 항구에 한번 들어오면 산 사이의 좁은 통로밖에 나갈 길이 없는데, 그 틈새가 너무 좁아 보여서 배가 통과할수 있다는 것이 좀처럼 믿기지 않았다. 실제로 출구가 위험할만큼 좁아서 배가 푸른 바다로 안전하게 나갈 때까지는 아주 주의를 기울여야 한다고 한다. 밝은 태양 아래 거울 같은 만에는 여러 나라에서 온 낯선 배들이 점점이 떠 있었다. 묵직한 철갑선, 어뢰정, 우편선, 포르투갈의 로처(서양형 선체의 중국 배), 중국식 범선과 삼판. 마침 우리가 볼 때 중국 배 한 척이 바다로 천천히 나아가고 있었다. 물 위로 높이 올라온 특이하고 폭이 넓은 고물과 거대한 눈으로 장식된 이물이 아주 흥미로웠다. 나는 아주 우아하다고 생각했는데, 한 승무원은 너무 볼품없고 추하다고 했다.

홍콩은 독특한 그림 같았다. 이곳은 계단식 도시다. 아케이드가 있고, 성처럼 생긴 건물이 녹색 산비탈에 층층이 자리 잡고 있다. 주택이 어찌나 규칙적으로 줄을 지어 있었는지 하나하나가 성 모양을 본뜬 거대한 계단이라는 엉뚱한 상상을 했다.

나는 의사와 한 신사와 함께 배에서 내려 부두 끝으로 걸어가서 의자 가마를 골라 타고 마을로 갔다. 가마꾼은 미국 기차역 주변에 있는 마부만큼이나 손님을 재촉했다. 의자에 잘 앉는 요령이 있다. 가마를 바닥에 놓고 가마꾼이 손잡이를 아래로 기울이면 손님은 등이 의자 쪽을 향하도록 하고 안으로 들어가 의자에 등을 대고 앉는다. 그러면 가마꾼이 의자를 자기 어깨까지 들어 올리고 한결같은 총총걸음으로 출발한다. 의자에 전해지는 느낌은 안장을 얹은 말을 타고 달리는 것과 비슷하다.

해변 길을 따라가면서 여러 종류의 창고와 발코니가 있는 고층 공동주택 건물을 지나갔다. 그 안에는 수백 가구의 중국인들이 산다. 주민들이 발코니를 빨랫줄로 이용하면서 빨래 축제를 벌이는 것처럼 보이지만 않았다면, 발코니가 있는 집은 멋지게 보였을 것이다. 주름이 가지 않게 코트를 거는 방식으로 옷들이 막대에 널려 있고, 그런 막대가 발코니에 가득 묶여 있어서 마치 그 거리의 모든 가구가 헌 옷 전시회라도 여는 것 같았다.

마을은 정돈되지 않은 모습이었다. 길이 지지분하고 주민들도 깨끗하지 않았으며 집도 더러웠다. 부두에 늘어서 있는 수많은 배도 더러웠으며 부두에도 한결같이 지저분한 사람들이 바글거렸다. 우리를 태운 가마꾼들도 더러웠고, 반쯤 삭발한 머리를 감고 있는 가마꾼의 변발도 지저분했다. 가마꾼들은 현지인에게 콧바람을 내뿜어 길을 내면서 종종걸음으로 꾸준히 나아갔다. 콧바람을 내고 씩씩거리는 행동은 기관차의 기적보다 위협적으로 주민들을 흩어지게 했다.

해변 길에서 벗어난 가마꾼은 산비탈을 한 층씩 감아 올라가는 길 중 하나로 들어섰다. 내 유일한 희망이자 바람은 오리엔털앤드옥시덴털 증기선 회사의 사무실에 가능한 한 빨리 도착해 일본으로 가는 가장 빠른 배편을 알아내고, 세계 일주라는 시간 싸움을 계속하는 것이었다. 이제 막 39일이 지난 상황이었다. 뉴욕을 떠난 지 겨우 39일 만에 중국에 와 있었다. 나는 의기양양한 기분이었다. 훌륭한 오리엔털 호가 콜롬보에서 잃어버린 닷새를 만회했을 뿐만 아니라 예정보다 이틀이나 빨리 홍콩에 도착했기 때문이다. 그것도 북동 몬순과 맞서면서 말이다. 오리엔털 호의 첫 중국행 항해였고, 콜롬보에서 홍콩까지 가면서 그 전 기록을 모두 깼다.

나는 내 행운에 한껏 고양되어서 계속 운이 따를 것이라는 데 한 치의 의심도 없이 오앤드오 사무실로 갔다.

"일본으로 가는 첫 항해 일정이 어떻게 되나요?"

내가 사무실에 있는 남자에게 물었다.

"잠깐만요."

그가 안쪽 사무실로 들어가더니 나를 미심쩍게 쳐다보는 남자를 데려왔고, 내가 다시 묻자 이렇게 말했다.

"이름이 뭡니까?"

"넬리 블라이요."

조금 놀란 내가 대답했다.

"들어오세요, 들어오세요."

남자가 불안하게 말했다. 우리가 따라 들어가 자리에 앉자 다시 말했다.

"실패하실 겁니다."

"네? 그렇지 않아요. 지체된 시간도 만회했다고요."

나는 여전히 놀라서, 뉴욕에서 출발한 뒤에 혹시 태평양이 꺼져 버렸나, 아니면 태평양 항로의 모든 배가 파괴되어 버렸나 궁금했다.

"당신이 져요."

그가 확신하는 듯 말했다.

"지다뇨? 무슨 말씀이세요?"

나는 남자가 미쳤다는 생각이 들기 시작했다.

"세계 일주 시합 중이지요?"

그는 마치 내가 넬리 블라이가 아니라고 생각하는 것처럼 물었다.

"네, 맞아요. 시간과 싸우는 중이에요."

내가 대답했다.

"시간? 그 여자 이름이 그게 아닌 것 같던데요."

"그 여자! 그 여자라뇨!"

나는 그렇게 되물으면서 속으로 '불쌍한 사람, 제정신이 아니군' 하고는 의사에게 기회를 봐서 그곳에서 빠져나가는 게 좋겠다고 눈짓을 할까 생각했다.

"네, 당신 말고 다른 여자요. 그 여자가 이길 겁니다. 그 여자는 사흘 전에 여기서 떠났어요."

나는 남자를 빤히 쳐다봤다. 그리고 고개를 돌려 의사를 보았다. 꿈이 아닌지 궁금했다. 나는 그 남자가 정말 미쳤다고 결론 내렸다. 그래서 태연하게 애써 웃으려고 했지만, 멍청하게 이런 말을 할 수밖에 없었다.

"다른 여자라고요?"

그는 활발하게 말을 이었다.

"네, 모르셨어요? 당신이 뉴욕을 떠난 날 또 다른 여자가 시합에 뛰어들어 출발했어요. 그 여자가 이길 겁니다. 여기에서 사흘 전에 떠났으니까. 아마 말라카 해협 근처에서 그 여자를 만났을 겁니다. 그 여자는 예정보다 일찍 떠날 배를 구하기 위해 돈을 얼마든지 쓸 권한이 있다고 하더라고요. 그 여자의 편집장은 우리 오앤드오가 만약 오셔닉 호를 원래 예정보다 이틀 먼저 샌프란시스코에서 출발시킨다면 1000달러나 2000달러를 내겠다고 제안했어요. 오앤드오가 그렇게 하지는 않았지만, 여기까지 제시간에 도착해 실론행 영국 우편선을 탈 수 있도록 최선을 다했어요. 만약 그들이 예정보다 훨씬 앞서 도착하지 않았다면, 배를 놓치고 열흘 정도 지체했어야 했지요. 하지만 그녀는 그 배에 탔고, 사흘 전에 떠났어요. 그리고 당신은 여기에서 닷새를 지체할 겁니다."

"그러긴 어렵잖아요, 안 그래요?"

내가 억지로 입가에 웃음을 띠며 조용히 말했다. 그러나 결코 마음속에서 우러난 웃음이 아니었다.

"전혀 모르셨다니 놀랍군요. 그 여자 말을 듣고 우리는 원래 시합이 계획되어 있는 줄 알았거든요."

내가 단호하게 말했다.

"편집장님이 저한테 상의하지도 않고 이런 시합을 계획하셨을 리가 없어요. 뉴욕에서 내게 온 전보 같은 게 없나요?"

"없어요."

"아마 우리 신문사에서는 그 여자에 대해 모르나 봐요."

내가 더 활기차게 말했다.

"아녜요, 압니다. 그 여자는 출발하는 날까지 당신과 같은 신문사에서 일했어요."

"이해가 안 되네요."

내 성공과 관련 있는 중대한 문제를 전혀 모른다고 하기에는 자존심이 허락하지 않아서 나는 조용히 대답하고 이렇게 물었다.

"아까 닷새 동안은 홍콩을 떠날 수 없다고 하셨나요?"

"네, 그리고 80일 안에 뉴욕에 도착하지 못할 겁니다. 그 여자는 70일 안에 도착하겠다고 하더군요. 그녀는 증기선 회사의 모든 지사 직원에게 그녀의 성공을 위해 할 수 있는 모든 것을 제공해 달라고 요청하는 편지를 가졌는데, 당신한테도 그런 편지가 있나요?"

"딱 하나요. 피앤드오의 사무실에서 자기네 회사 배의 선장들에게 내가 혼자 여행하니까 잘해 주라는 거죠. 그것뿐이에요."

내가 살짝 웃으며 말했다.

"그것 참 유감이군요. 내 생각에 벌써 졌어요. 가망이 없습니다. 여기에서 닷새, 요코하마에서 또 닷새를 허비할 거예요. 이런 계절에 항해가 느리다는 건 확실히 알고 계실 테죠."

바로 그때 한 젊은 남자, 정말 부드러운 검은 눈과 맑고 창백한 안색을 가진 남자가 사무실에 들어왔다. 사무실 직원인 하먼 씨가 그를 소개했다. 오셔닉 호, 즉 내가 결국 일본과 미국으로 갈 때 타게 될 배의 사무장인 퍼먼 씨였다. 퍼먼 씨는 내 손을 꼭 잡고 악수했다. 부드럽고 검은 눈에 동정심이 가득 어려 있는 그의 친절한 말씨로 내 기분이 훨씬 나아졌다.

"당신을 만나러 오리엔털 호에 갔었습니다. 하먼 씨가 그게 좋겠다고 했거든요. 우리 배를 타신 이상 저희가 잘 보살펴 드리고 싶습니다. 하지만 불행하게도, 아까는 제가 당신을 놓쳤지요. 호텔로 갔더니 사람들이 당신에 대해 아무것도 모르더군요. 그래서 여기 오기까지 당신이 길을 잃었을까 봐 걱정하고 있었습니다."

"가는 곳마다 친절한 친구들을 만나네요."

나는 내게 닥친 불운에 할 말을 잃고 있던 의사에게 가벼운 몸짓을 해 보이면서 말했다.

"저 때문에 너무 고생하시게 해서 죄송합니다."

"고생이라뇨! 당신은 이제 같은 편을 얻은 겁니다. 도울 수 있다면 저희도 정말 행복할 거고요. 다른 사람이 당신보다 짧은 시간에 세계 일주를 할 가능성에 대해 신경 쓰지 마십시오. 당신은 지금까지 최악의 교통편을 연결해 왔고, 그 아이디어를 처음 생각한 사람이 당신이라는 걸 모두가 알고 있습니다. 다른 사람들은 당신이 생각한 작품을 훔쳐 내려고 하는 것에 지나지 않아요. 그러니까 일찍 도착하든 늦게 도착하든, 사람들은 당신에게 그 아이디어의 창안자라는 영예를 줄 겁니다."

퍼먼 씨의 친절한 말에 나는 단호하게 설명했다.

"편집장님한테 75일 안에 세계 일주를 하겠다고 약속했어요. 제가 성공한다면야 기쁘겠죠. 저는 누구와 경쟁하는 게 아니에요. 경쟁할 생각도 없고요. 만일 어떤 사람이 더 짧은 시간 안에 세계 일주를 하려고 한다면, 그건 그 사람의 문제죠.

사람들이 저를 상대로 경쟁한다고 해도 그들이 성공하느냐 마느냐는 그쪽 사정이에요. 저는 경쟁하는 게 아니에요. 75일 안에 여행하겠다고 약속했으니, 그렇게 할 거예요. 1년 전에 처음 내가 이 일을 제안했을 때 허락받았다면 60일 안에 했을지도 모르지만요."

나는 짐과 원숭이를 오리엔털 호에서 오셔닉 호로 옮기도록 한 뒤에 호텔로 돌아갔다. 호텔에는 내가 쓸 객실이 따로 마련되어 있었다. 점심을 먹은 뒤에 많은 사람들을 만났다. 그들은 내 여행을 흥미로워했고, 내가 어쩔 수 없이 그곳에 머무르는 동안 나를 즐겁게 할 수 있는 일이라면 무엇이든 기꺼이 할 마음이 있었다.

드레스가 하나밖에 없어서 나를 위해 제안된 만찬이나 연회에 참석하는 것을 거절했다. 오후에는 저명한 홍콩 신사의 부인이 나를 기다리고 있었다. 자기가 얼마든지 친구가 되어줄 테니 자기 집을 내 마음대로 이용하라는 것이었다. 내가 홍콩에 머무는 동안 집을 마음껏 쓰기를 바랐지만, 나는 대부분의 시간을 밖에서 보내고 싶었다. 그 집에서 생활하는 시간에 내 시간을 맞출 수가 없고, 마음대로 오가고 머무르는 편이 좋기 때문에 그녀의 호의를 거절했다. 부인이 애원하다시피 했지만, 나는 놀러 온 것이 아니라 일을 하고 있다며 설득했다.

일에 전념하고 사교적인 즐거움은 자제하는 것이 의무라고 여겼다.

서녁은 오리엔털 호에서 먹었다. 작별 인사를 할 때는 선장과 승무원들이 보여 준 친절을 떠올리며 그들에게 매달리고 싶었다. 다음 날 새벽에 여명과 함께 오리엔털 호가 떠나고 나면 다시 낯선 땅, 낯선 사람들 속에 혼자 남게 되기 때문이었다.

저녁 늦게 오셔닉 호의 사무장과 또 다른 지인과 나는 가마를 타고 구불구불한 길을 올라갔다. 녹색 나무들이 길 위에 아치를 이루었고, 나뭇잎들은 고요한 밤공기 속에 움직임 없이 매달려 있었다. 가끔 우리가 서로 부드럽게 말하는 느긋한 목소리와 가마꾼들이 맨발로 끊임없이 내는 자박자박 발걸음 소리가 정적을 깰 뿐이었다. 온 세상이 잠에 빠진 것 같았다. 우리는 조용히 길을 가며 밤이 되어 정원 문에 희미하게 켜진 가스등 불빛 속에서, 동양적 화려함을 띤 아늑한 집을 얼핏얼핏 훑어보았다. 그런 다음 겹겹이 이어진 녹색 나무 아치 밑을 한동안 가다 벗어나자 구름 한 점 없는 하늘과 희미하게 반짝이는 별빛이 보였다. 마지막에는 오르막길이 나왔다. 우리는 어둠 속에 고요하게 누운 도시 위, 아름답게 별이 빛나는 하늘과 가장 가까운 곳에 있었다. 높은 담에 난 넓은 대문을 통해 조금 들어가자 무성한 잎이 지붕처럼 하늘을 가려 갑자기 아무것도 보이지 않더니, 가마꾼들이 넓은 계단의 발치에서 신속하게 가마를 땅에 내렸다. 그 계단은 활짝 열린 문으로 이어졌고, 문을 통해 부드럽고 따뜻한 환영의 빛이 우리를 비추고 있었다. 여정의 끝에 다다른 것이다.

따뜻한 환대가 우리를 기다리던 실내에는 환한 장작불이 타고 있었다. 그 장작불 앞에서 담요 위에 웅크린 채 혼자 남아 꿈을 꾸고 싶었다. 하지만 꿈 대신 현실에는 친구들과 멋진 만찬이 있었다. 수많은 열대 꽃으로 아름답게 꾸며진 식탁, 이상적인 영웅보다 더 잘생긴 모습으로 상석에 앉아 있는 남자, 훌륭한 메뉴, 내 생각에 딱 적당한 수만큼 참석한 잘생기고 재치 있는 손님들이 그야말로 꿈만 같은 저녁을 만들어 냈다.

홍콩에서는 사람들이 늙지 않는다고 한다. 홍콩인들의 젊어 보이는 외모는 그 명성을 증명하기에 충분했다. 나는 이유를 물었다. 스스로 즐거움을 만들려고 애쓰고, 그렇게 함으로써 시들어 가는 시간이 아닌 젊음과 행복을 찾게 되기 때문이라는 답이 돌아왔다.

홍콩에 있는 극장에는 전문 극단이 거의 없지만, 영국 식민지의 아마추어 배우들이 훌륭한 오락을 제공하기에 부족함이 없었다. 마을에서 정말 최고인 사람들이 참여하는데, 내 생각에는 각자 자기 무대 의상을 준비하는 것 같았다. 그곳에 주

둔한 군부대에서는 젊은 장교들 개개인을 아주 믿을 만한 배우로 만들어 낸다. 나는 어느 날 밤에 홍콩 아마추어 연극 클럽이 공연하는 〈알리바바와 40인의 도둑〉을 보러 갔다. 같은 제목의 옛날이야기를 새롭게 각색한 연극으로, 그 클럽을 위해 한 장교가 정리한, 그 지역에서 인기 있는 이야기들로 채워져 있었다. 음악은 영국군 아가일앤드서덜랜드하이랜더의 군악대 대장이 맡았다. 병사 두 명이 아름답고 예술적인 무대장치를 디자인하고 설치했으며 조명 효과까지 담당하고 있었다. 관객들은 마차가 아닌 가마를 타고 극장에 왔다.

　내부의 장면은 황홀했다. 부드러운 가운이 스치는 소리, 꽃향기, 부채 부치는 소리, 다정하고 행복한 속삭임, 이브닝드레스를 입은 사랑스러운 여자들이 정장 차림의 잘생긴 남자들과 한데 섞여 느끼는 당혹감. 이보다 아름다운 게 있을까? 만일 미국 여자들이 극장에 갈 때 보닛을 쓰지 않는 영국 여자들을 흉내 내기만 하면, 우리는 그들이 영국 여자들의 다른 면들을 흉내 내도 용서하고 똑같다고 말해 줄 것이다. 총독이 도착하자 관객들이 일어선 가운데 악단이 '신이여, 여왕을 지켜 주소서'를 연주했다. 다행히 연주는 곧 끝났다. 연극은 즐거웠다. 배우들이 자기가 맡은 역을 훌륭하게 해냈는데, 특히 앨리 슬로퍼(세계 최초의 만화책 주인공)로 분한 배우가 탁월했다.

연극이 끝나고 멋지게 차려입은 여자들이 각자 가마에 올라타면, 우아한 색깔의 중국 등을 앞뒤로 밝힌 가마들이 어둠 속에서 저마다 길을 가는 장면은 아주 동양적이고 매력적이었다. 물론 마차를 갖는 것은 사치지만, 가마와 마차를 가진 사람들에게는 그보다 더한 사치가 있다. 내 판단으로는 20달러 남짓한 돈이면 은을 박아 넣은 장대와 비단 커튼이 있는 멋진 의자 가마를 살 수 있다. 어떤 여자들은 가마꾼을 네 명에서 여덟 명까지 두기도 한다. 그 정도의 가마꾼을 부릴 수 있을 만큼 가마꾼의 임금이 낮다. 홍콩에서 부유한 집안 사람들은 모두 전용 가마가 있다. 남자들은 보통 덮개가 없고 흔들 발판이 붙은 버드나무 가마를 좋아하는 반면, 여자들은 거리에서 사람들의 시선을 받지 않고 안전하게 다닐 수 있도록 전체적으로 밀폐된 의자 가마를 좋아한다. 설비가 잘 갖춰진 가마에는 편리한 주머니, 우산걸이, 짐을 놓을 공간까지 있다.

내가 들른 모든 항구에 지위, 재산, 외모가 훌륭한 미혼남들이 아주 많았기 때문에 여성들이 왜 모여들지 않는지가 자연스럽게 궁금해졌다. 몇 년 전에는 "젊은이들이여, 서부로 가라!"라는 말이 딱 맞았지만, 나는 이렇게 말할 것이다.

"여자들이여, 동양으로 가라!"

젊은 남자들이 차고 넘친다! 그리고 이 미혼남들은 동양에서 아주 행복한 시간을 보낸다. 잘생겼고, 유쾌하며, 성격도 좋다. 멋진 집이 있으며 하인 말고는 그 집에 아무도 없다. 생각해 보렴! 그리고 닌 이렇게 속삭이련다.

"여자들이여, 동양으로 가라!"

내가 도착한 지 이틀 뒤에 오셔닉 호의 스미스 선장이 나를 찾아왔다. 나는 엄한 표정의 노인일 것으로 예상했다. 응접실에 들어가서 꽤 젊고 잘생긴 데다 어느 맑은 날 바다의 파란색을 담은 듯 눈이 아주 부드럽고 파란 남자가 나를 보고 웃었을 때, 내 표정이 정말 아주 멍청해 보였을 것이다. 밝은 갈색 콧수염을 기른 호감 가는 젊은 얼굴을 보고, 내가 상상했던 오셔닉 호 선장의 긴 은회색 수염을 생각하니 웃음이 나올 것 같았다. 선장의 웃음을 띤 파란 눈을 보며 내 상상 속 선장의 엄한 눈을 생각하자, 또 한 번 웃고 싶어 미칠 것만 같았다. 키가 크고 날씬하고 균형 잡힌 몸을 보니 상상 속 선장의 넉넉한 조끼 아래 넓은 허리 둘레를 받치고 선 짧은 다리가 떠올랐고, 결국 소리 내어 웃고 말았다.

"제가 상상한 선장님 모습과 아주 달랐어요."

나중에 우리가 첫 만남에 대해 이야기할 때 내가 말했다.

"저도 당신이 세계 일주를 하는 아가씨라는 걸 믿을 수 없었어요. 듣던 것과는 많이 달랐거든요. 듣기로는 나이 많고 성

질이 불같은 아가씨라고 했죠. 얼마나 끔찍한 말들이 많았는
지, 내심 우리 배를 놓치길 바라고 있었어요. 우리 배를 타면
당연히 저와 같은 식탁에 앉아야 하지만, 아가씨 자리를 다른
식탁에 마련하겠다고 말하고 다녔지요."

선장이 비밀을 폭로하고 웃으며 말했다.

헤어지기 전에 선장은 나를 '해피 밸리'에 데리고 갔다. 우
리는 인력거를 타고서 연병장과 활발한 경기가 벌어지고 있던
크리켓 경기장, 시청, 견고하고 장식이 없는 막사들을 지나쳐
갔다. 가로수가 줄지어 선 평탄한 길을 따라가자 산이 품고 있
는 아늑하고 평평한 녹지 공간이 나왔다. 이 평지는 경마장으
로 쓰이고 있었다. 심판석은 평범하고 그저 그런 경마장 스탠
드였지만, 민가에서 자신들이 쓰려고 야자수로 세운 관중석은
평범하지 않아서 더욱 좋았다.

해마다 2월에 이곳에서 경마가 벌어진다. 대회는 사흘간
이어지고, 그 기간 동안 모든 사람이 일을 그만두고 부자도 가
난한 사람도 똑같이 경마장에 모여든다. 경주마는 몽고 토종
조랑말인데, 이 대회가 아주 짜릿하고 흥미진진하다는 명성을
얻고 있다.

'해피 밸리'는 산허리에 자리 잡고 있다. 홍콩에는 온갖
종파와 국적의 묘지들이 있다. 배화교·장로교·감독교·감리

교· 가톨릭이 나란히 같은 묘지를 사용하고, 이슬람교의 묘지도 바로 곁에 있다. 설사 이곳의 아름다움이 그다지 대단하지 않다고 해도, 서로 다른 종교를 믿는 사람들이 죽은 자들을 이 아름다운 열대 계곡에 함께 묻는 데 동의했다는 사실은 이곳에 해피 밸리라는 이름을 붙이기에 충분하다. 내 생각으로는 이곳의 아름다움이 공공 정원 못지않고, 방문객들은 이곳을 공원으로 이용한다. 묘지에 관한 끔찍한 것들은 모두 철저히 제거되어서, 사람들은 자신이 죽음의 골짜기에 있다는 것을 전혀 의식하지 않고 아름다운 관목과 꽃을 보면서 산책길을 따라 천천히 걸어 다닌다. 우리는 갖가지 오물 속에서 원주민들이 뒤섞여 사는 밀집 구역을 지나 마을로 돌아갔다. 홍콩에서는 약 1제곱킬로미터 안에 400명이 산다고 단언하는 것을 들었다. 이것은 중국인들이 한데 모여 사는 방식의 한 예다. 마치 설탕 덩어리에 몰려 있는 개미 떼를 떠올리게 했다. 홍콩 당국은 지나친 밀집 거주를 불가능하게 하기 위해 건물 주인들에게 건물을 다르게 짓도록 강제하는 노력을 기울이고 있다. 오물이 질병을 일으키기 때문이다.

퀸즈 로드는 모든 방문객에게 흥미로운 곳이다. 이곳에는 미혼 남자들을 볼 수 있는 홍콩 클럽, 우체국 그리고 다른 건물들보다 큰 중국 상점들이 있다. 가게가 크지 않지만 벽에 검은색 나무 캐비닛들이 늘어서 있다. 그리고 사람들은 금·은·상아로 만든 조각, 섬세한 부채, 그림이 그려진 두루마리, 은은하게 향기가 나는 예쁜 백단향 상자를 보며 즐거운 전율을 느끼고 욕심을 낸다. 누구든 그 모든 것이 갖고 싶어진다.

중국 상인들은 물건을 친절하게 보여 준다. 물건을 사라고 재촉하지는 않아도 천천히 손님을 따라다니면서 그 가게에서 가장 아름답고 비싼 물건을 슬쩍 손님 앞에 내놓는다.

'친친'은 중국인들의 인사말로 "좋은 하루!", "안녕!", "잘 자!", "잘 지냈어?"를 모두 뜻한다. 중국 사람들은 모두 '피진' 영어라고 하는 잡종 영어를 쓴다. 그들에게 진짜 영어를 알아듣게 하기는 불가능하다. 따라서 유럽 사람들, 심지어 주부도 하인한테 말할 때는 잡종 영어를 쓴다. 하인은 유모와 간혹 요리사를 빼고는 모두 남자다. 남녀 모두 부모가 보통 어린아이를 어를 때 쓰는 것 같은 바보스러운 말을 하인과 상인에게 쓴다는 것이 그 말을 처음 접한 사람들에게는 우스꽝스럽게 들린다. 더 우스운 것은 남자들이 불친절하고 제멋대로 구는 하인에게 '잡종 영어'로 욕하는 소리다. 한 남자가 잔뜩 화가 난 표정으로 이렇게 말하는 것을 상상해 보라.

"맴매하기 전에 썩 꺼져!"

피진 영어는 여러 상황에 적용된다. 사람들은 "피진이 있

넬리 블라이의 세상을 바꾼 72일

다 해"라는 말을 자주 한다. 이것은 해야 할 일이 있다는 뜻이다. 또는 중국 남자에게 자기 일이 아닌 어떤 일을 요구한다면 이렇게 말힐 것이다.

"보이 피진 아니다 해."

중국인 거리를 천천히 돌아다니면서 더 중국적이고 들러볼 만한 가게를 구경하던 나는 한 식당에 들어갔다. 이곳에서 별의별 이상한 냄새가 길거리까지 퍼져 나왔다. 방 한가운데의 식탁 주변에 둥글게 벤치가 놓여 있었다. 사람들이 울타리 위의 닭처럼 벤치에 앉아 식사하는데, 발을 바닥에 대거나 어디에 걸치지 않고 터키 사람이나 재봉사처럼 책상다리를 하고 쭈그려 앉지도 않으면서 무릎을 턱까지 끌어당기고 앉아 있었다. 그들은 턱 앞에 큰 그릇을 하나 두고 젓가락으로 열심히 밥을 입에 넣고 있었다. 차는 식사 때뿐만 아니라 하루 중 언제든 끊임없이 마신다. 찻잔은 아주 작고 받침 없이 쓰고, 차는 항상 설탕이나 크림이 없이 마신다.

큰길의 구석이나 후미진 곳에서 볼 수 있는 직업 작가들은 흥미롭다. 이들은 문서를 대필해 주고, 고객들은 자기 운세에 대한 예언을 듣고서야 자리에서 일어난다. 글 값을 지불할 때, 상인들이 하나같이 돈의 무게를 재는 것을 보았다. 또한 은전의 합법성과 가치를 보장하기 위해 은전에 개인 도장을 찍는 것이 상인들의 관례다. 이런 특이한 관례 때문에 많은 은전의 모양이 찌그러져 있어서, 나는 처음에 거스름돈으로 그것을 받아도 될지 걱정했다.

홍콩에서 결혼 행렬도 보았다. 대규모 악단이 떠들썩한 음악을 연주했고, 그 뒤에는 파란색과 금박을 입힌 기묘한 모양의 물건을 든 일꾼들이 따르고 있었다. 이 물건은 신화와 역사의 장면을 나타낸다고 한다. 아주 우아한 중국 등과 멋진 깃발을 든 사람들도 뒤를 따랐다. 이런 행렬이 있을 때는 신상을 모신 사원으로 구운 돼지를 들고 간다고 들었는데, 나중에야 행렬 참가자들이 아주 조심스럽게 돼지를 들고 옮겼다.

남자가 홍콩에 일자리를 구하러 가는 것은 가망 없는 짓이다. 유럽 사람들이 경영하는 금융과 선박 회사는 분명히 남자들을 많이 채용하지만, 영국에서 3~5년 계약을 맺고 데려온다. 사망이나 이직으로 결원이 생기면 회사는 즉시 런던에 있는 대표와 의논하고, 그곳에서 또 다른 사람이 계약서에 서명한 뒤 홍콩으로 일하러 온다.

어느 날 나는 영국 여왕을 기려 빅토리아 피크라고 불리는 산에 올라갔다. 섬에서 가장 높은 빅토리아 피크는 높이가 약 550미터라고 한다. 마을에서 해발 약 335미터인 빅토리아 계곡까지는 전차 선로가 놓여 있다. 이 전차는 1887년에 개통되었다. 그 전에는 사람들이 가마를 타고 거기까지 올라갔다.

전차가 완공된 첫 해에 14만 8344명이 전차로 산에 올라 갔다. 요금은 올라살 때 30센트, 내려갈 때는 15센트다. 홍콩 은 여름에 아주 더워서 형편이 되는 사람들은 연중 내내 미풍 이 부는 산꼭대기에 살고 싶어 한다. 건물을 지을 평지는 산을 폭파해 만들고, 벽돌·돌·가구는 모두 사람들이 마을에서부터 550미터 높이까지 나른다.

골짜기에서 가마를 구해 타고 크레이기번 호텔로 갔다. 그 호텔은 유색인이 운영한다. 동양식 호텔로 관광객뿐 아니라 홍콩 시민들도 자유롭게 이용한다. 호텔 주인에게 호텔의 이 곳저곳을 소개받고 최고의 만찬을 대접받은 뒤에 빅토리아 피 크로 갔다. 산꼭대기로 올라가는 가마를 나르는 데는 남자 세 명이 필요했다. '엄브렐라 시트'라는 뾰족한 지붕과 벤치 하나 가 전부인 장소에 이르자 모두가 멈춰 일꾼들에게 충분히 쉴 시간을 주고 나서 어린이와 함께 있는 유모와 관광객을 지나 쳐 가던 길을 계속 갔다. 얼마 후 일꾼들이 다시 멈췄고, 우리 는 신호소까지 걸어갔다.

경치가 훌륭했다. 산이 품고 있는 만은 고요하고 평온하며, 점점이 떠 있는 배 수백 척이 작은 장난감같이 보인다. 궁전 같은 하얀 저택이 유리 같은 만의 가장자리에서 시작된 산비탈을 따라 들어서 있다. 우리가 본 모든 저택에 산을 폭파해서 만든 테니스 코트가 있다. 사람들은 해가 진 뒤에 산에서 본 경치가 최고라고 한다. 마치 두 하늘 사이에 몸이 떠 있는 것 같다. 어둠이 내리면 수천 척에 이르는 배가 저마다 불을 밝힌다. 이것이 도로와 집에서 나온 불빛과 어우러져서, 머리 위 하늘보다 더 많은 별들이 떠 있는 또 다른 하늘처럼 보인다.

어느 이른 아침, 홍콩에서 가장 멋진 경주마 팀을 소유했다는 걸 자랑으로 여기는 한 신사가 나를 태우고 드라이브를 하기 위해 호텔에 들렀다. 장난감처럼 작지만 힘은 거인 같은 기운찬 경주마가 끄는 낮고 편안한 사륜마차를 타고 시내를 가로지르며 질주해 곧 만을 테두리처럼 두르고 있는 길로 들어섰다. 반대편에 있는 아름다운 건선거(배를 만들거나 수리하기 위해 만든 구조물)의 풍경이 한눈에 들어왔다. 그 건선거는 전체가 화강암으로 지어졌으며 가장 큰 배를 수용할 수 있는 규모라고 한다. 그보다 더 흥미로운 것들이 있다고 생각해서 건선거를 보러 가는 것은 거절했다.

드라이브를 하는 동안 기묘하고 지저분한 사원 두 곳을 방문했다. 그중 한 곳은 번지르르한 제단이 있을 뿐 평범하고 작았다. 그곳에 이르는 돌계단에는 체구와 모습, 질병과 더러움의 정도가 저마다 다른 걸인이 가득했다. 동정심을 일으키기

넬리 블라이의 세상을 바꾼 72일

느커녕 혐오감만 일으킬 정도로 보기 싫은 모습이었다.

또 다른 사원은 공중 빨래터 근처에 있었다. 빨래하는 사람들이 얕은 계울에 들어가 편평한 돌에 옷을 철썩철썩 두드리고 있었다. 거대한 바위 한쪽에 동굴처럼 깎아 만든 기묘한 곳이었다. 바위로 된 단이 제단으로 쓰이고 있었고, 중국 여성들이 노년에 의지할 수 있는 아들을 갖게 해 달라고 빌기 위해 허름하지만 아름다운 이 사원을 찾는다.

홍콩에서 흥미로운 것들을 모두 본 뒤에 진짜 중국 도시를 보러 가기로 마음먹었다. 나는 미국이 중국 이민자를 받지 않으려 한다는 것을 알고 있었기 때문에, 중국에 와 있는 동안 가능한 한 중국의 모든 것을 보기로 했다. 그야말로 고별 방문이 되리라! 크리스마스이브에 나는 광둥으로 출발했다.

13장

광둥에서 보낸 크리스마스

오앤드오 직원이 내가 광둥까지 타고 갈 포원 호로 데려다 줬
다. 그러고는 포원 호를 책임진 그로건 선장에게 나를 맡겼
다. 선장은 중국에서 몇 년 동안 산 미국인이다. 수줍음이 많
았지만, 아주 친절하고 유쾌한 사람이었다. 그보다 더 살진 남
자나 그렇게 재미있게 살진 남자를 본 적이 없다. 선장의 토실
토실 살진 몸, 어깨와 가슴의 살덩이 속에 파묻힌 둥글고 붉은
얼굴을 볼 때마다 웃음이 나오는 것을 참기 힘들었다. 사람들
이 내 외모를 두고 하는 말에 대해 내가 얼마나 민감한지를 생
각하면서 웃음을 얼마간 억눌렀다. 내 턱의 모양이나 코의 높
이, 입의 크기에 대해 무자비하게 글을 쓰는 비평가들에게 나

는 죽음을 피할 수 없는 것과 마찬가지로 그런 개인적 특성은 바뀔 수 없다고 늘 말했다.

"모자나 드레스 스타일을 비평하라. 그것들은 내가 바꿀 수 있다. 하지만 코는 그냥 두라. 타고난 것이다."

내가 했던 말, 그리고 바꿀 수 없는 사람의 특성을 가지고 사람을 비난하거나 흠 잡는 것이 얼마나 부조리한 일인지를 생각하면서 나는 웃음을 참는 대신 동정심이라는 부드러운 감정을 품었다.

우리가 떠난 뒤 곧 밤이 되었다. 나는 모든 것이 어둠에 묻힌 갑판에 갔다. 배는 꾸준하고 부드럽게 앞으로 나아갔다. 들리는 소리라고는 세상에서 가장 상쾌하고 편안한, 뱃전을 치는 파도 소리뿐이었다.

머리 위와 사방에 별이 빛나는 하늘밖에 없는 곳에서 조용한 갑판에 앉아 뱃머리에 부딪히는 물소리를 듣는 것, 이것이 내게는 낙원이다. 사람들은 남자들의 우정과 찬란한 태양과 부드러운 달빛과 아름다운 음악을 이야기하지만, 나에게는 조용한 갑판 위의 버드나무 의자를 다오. 그러면 온갖 근심과 소음과 편견으로 가득한 세상은 멀리 사라지고, 이글거리는 태양도 차가운 달빛도 밤의 짙은 어둠에 시들어 버리나니. 벨벳처럼 포근한 어둠 속 굽이치는 바다에 내 몸은 부드럽게 흔들리며 휴식을 취하고, 머리 위 고요한 하늘에 수없이 박힌 별들의 반짝임이 내 유일한 빛이어라. 내 음악은 바다의 입맞춤 소리니, 머리를 식히고 마음을 진정시켜 주네. 내가 가진 꿈을 품은 친구들이여, 나에게 버드나무 의자를 다오. 그러면 그 완벽함 속에서 나는 행복을 누리네.

그러나 꿈은 잊어라. 이것은 일상의 세계고, 나는 이 세계를 돌며 시간과 싸우고 있다. 저녁 식사 뒤에 우리를 모래톱 너머로 안전하게 데려다 줄 조류를 기다리며 배가 닻을 내렸을 때 나는 중국인 승객들을 보러 아래로 내려갔다. 중국인들은 도박을 하고 아편을 피우고 자고 요리하고 먹고 읽고 이야기하고 있었는데, 모두가 한 층에 그것도 객실이 따로 없는 커다란 방 하나에 뒤섞여 있었다. 각자 침구인 작은 깔개와, 쌀과 차가 전부인 식량을 가지고 다닌다.

동이 트기 전에 광둥에 닻을 내렸다. 중국 남자들은 항구에 정박하는 순간 해변으로 갔지만, 나머지 승객들은 아침을 먹기 위해 남았다.

우리가 아침을 먹는 동안 선장이 데려온 안내인이 갑판에 와서 우리와 함께 가져갈 점심 식사를 조용히 챙겼다. 중국인 안내인인 아쿰은 아주 영리한 남자였다. 처음 우리에게 한 말이 "메리 크리스마스!"였다. 크리스마스를 잊고 있었기 때문에, 우리 모두가 아쿰의 정중한 배려에 고마워했다. 나중에 아쿰이 광둥에 있는 미국 선교회에서 교육받았다고 말했다. 그러면서 자기가 배운 것은 영어뿐이라고 아주 진지하게 말했다. 아쿰은 기독교인은 아니었다. 아쿰의 아들도 미국 선교회에서 공부했으며 자기 아버지처럼 배운 것을 잘 활용한다. 아쿰은 안내를 하고 돈을 받을 뿐만 아니라 관광객들이 산 물건 값의 1퍼센트를 상인들에게 받는다. 물론 관광객들은 그만큼 더 높은 값을 치른다. 아쿰은 자기 몫을 떼어 주지 않는 상점에는 관광객들을 데려가지 않았다.

아쿰은 대부분의 몽골 인종보다 잘생겼다. 코가 잘생겼고 눈은 덜 째졌다. 밑창이 희고 구슬 장식이 있는 검은 신발을 신었다. 타이츠라고 하는 게 더 적절할 짙은 감색 바지는 발목에 묶여 있고, 그 위쪽으로는 거의 꼭 끼었다. 그 위에 빳빳하게 풀을 먹인 셔츠 같은 파란 옷을 입었는데 발뒤꿈치까지 닿을 만큼 길었다. 그 위에 입은, 솜을 넣고 누빈 짧은 비단 저고리는 남자용 실내복과 조금 비슷했다. 변발이 뒤꿈치까지 내려와 끝에 검은 비단술이 달려 있고, 변발이 시작되는 자리에는 검은 원형 터번이 얹혀 있었다.

아쿰이 우리를 위해 가마를 준비했다. 가마는 검은 비단 커튼, 장식 술, 놋쇠 장식으로 마무리된 검은 나무 막대 등 검은

색으로 산뜻하게 꾸며져 있었다. 가마에 올라탄 아쿰은 사람들의 시선을 받지 않도록 커튼을 가렸다. 우리가 탄 버드나무 가마에는 평범한 덮개가 달려 있는데, 내가 보기에는 경치를 보는 데 방해가 될 뿐이었다. 가마 하나를 가마꾼 세 사람이 날랐다. 가마꾼들은 맨발에 헝클어진 변발을 하고 짙은 감색 셔츠와 바지를 입고 있었지만, 깨끗하지 않고 조잡해 보였다. 아쿰을 태운 가마꾼들이 입은 하얀 마로 된 긴 웃옷은 폭이 넓은 빨간색 띠로 화려하게 장식되어 있어서 서커스의 어릿광대가 입는 옷과 아주 비슷하게 보였다.

아쿰의 가마가 앞장서고 우리 가마꾼들이 따라갔다. 한동안 내 눈에는 까만 얼굴과 긴 변발의 혼란스러운 덩어리들만 보이는 것 같더니, 곧 익숙해져서 붐비는 대로에서도 갖가지 대상을 구별할 수 있었다. 온갖 노점과 사람들의 기묘한 생김새가 눈에 띄기 시작했다. 우리는 생선을 파는 노점이 있는 어둡고 더러운 좁은 길을 따라 이동했다. 거기서 풍기는 역한 냄새는 천천히 흐르는 탁한 개울 위의 다리를 건널 때까지 가시지 않았다.

입구마다 보초가 서 있는 이 작은 섬은 사몐으로, 유럽 사람들의 주거지로 할당된 땅이다. 중국인들이 이 구역으로 들어가는 것은 불변의 법칙으로 금지되는데, 중국인들이 불평등

조약으로 땅을 차지한 유럽인들에게 증오를 품고 있기 때문이다. 사몐은 그림처럼 아름다운 초록 섬으로, 동양적인 설계로 지은 멋진 집과 큰 나무와 넓고 부드러운 녹색 길이 있으며 그 길 한가운데는 가마꾼들의 맨발이 만들어 낸 좁은 선이 길게 이어졌다.

이곳에서 뉴욕을 떠난 뒤 처음으로 성조기를 보았다. 미국 영사관 입구에서 펄럭이고 있었다. 이상한 일이지만 고국에서 멀리 떨어져 있을수록 더 애국자가 된다. 나는 소중한 조국에서 멀리 떠나왔음을 실감했다. 그날이 크리스마스였고, 성조기를 마지막으로 본 뒤 수많은 나라의 깃발을 보았다. 부드러운 산들바람에 가볍게 펄럭이는 성조기를 보면서 모자를 벗고 말했다.

"저건 세상에서 가장 아름다운 깃발이에요. 그렇지 않다고 말하는 사람에게는 한 방 날려 줄 거예요."

아무도 한마디도 하지 않았다. 모두가 두려워했다! 일행 중에 어떤 영국 남자가 영국 영사관에서 펄럭이는 유니언잭을 슬쩍 쳐다보는 것이 눈에 띄었다. 그는 나한테 들킬까 봐 겁이 나는지 머뭇거리고 있었다.

세이무어 영사는 기분 좋은 환대로 우리 소규모 일행을 맞아 주었다. 우리가 자신의 접대를 받아 주어야 한다며 안달했

지만, 우리는 시간이 얼마 없었기 때문에 호의만 보이고 떠나
야 했다.

세이무어 씨는 영사가 되어 부인과 외동딸과 함께 중국에
가기 전에는 편집자로 일했다. 중국에 간 이래 자수와 상아 조
각을 취미로 삼았고, 광둥에서는 취미 활동을 원 없이 즐길 수
있다. 관광객들이 방문할 때면 그것들을 싸게 살 수 있는 곳을
몇 군데 안내해 주었다. 세이무어 씨는 아주 유쾌하고 싹싹하
고 누구나 좋아할 사람이다. 다들 그가 미국 영사관의 신망을
높이며 사몐에 오래 살기를 바란다.

사몐에서 보는 광둥의 모습은 얼마나 다른가! 광둥에는 수
백만 명이 산다고 한다. 돌로 거칠게 포장된 곳이 많은 길은
폭이 1미터 남짓밖에 안 되는 것 같다. 멋지게 새겨진 화려한
색색의 간판을 단 가게가 도로에 면한 벽이 통째로 없어진 것
처럼 활짝 열려 있다. 모든 가게 뒤에는 종종 값비싸게 장식된
화려한 색채의 제단이 있다. 가마를 타고 길을 따라가면서 화
려하고 매력적인 물건뿐만 아니라 상인과 손님까지 볼 수 있
었다. 모든 가게가 입구 가까이에 계산대를 두었다. 계산원은
모두 어마어마하게 큰 거북 껍데기 테 안경을 쓰는데, 이 안경
덕에 계산원들이 아주 현명해 보인다. 안경을 쓰지 않고 일하
는 점원을 한 번도 보지 못했기 때문에 안경이 점원의 상징이

라고 생각하게 됐다.

　광둥에 있을 때 중국 남자가 돌을 던져도 놀라지 말라는 주의를 들었다. 중국 여자들은 기회가 되면 대개 여자 관광객의 얼굴에 침을 뱉는다고 들었다. 하지만 나는 아무 말썽도 겪지 않았다. 중국 사람들은 사람들 앞에 나서는 것을 좋아하지 않는다. 그들은 대개 고생스럽게 살아가는 것 같아 보인다. 우리가 지나갈 때 가게에서 남자들이 나를 보려고 몰려 나왔다. 일행 중 남자들에게는 관심을 보이지 않았지만 나는 좀 새로웠는지 계속 쳐다봤다. 남자들은 전혀 악의를 보이지 않은 반면, 내가 만난 몇몇 여자들은 덜 우호적인 태도로 나를 이상하게 쳐다봤다. 사람들은 내 장갑을 가장 흥미로워했다. 때때로 대담하게 만져 보기도 했고, 항상 놀랍다는 듯이 쳐다봤다.

　길이 아주 좁아서 처음에 어떤 큰 시장의 통로를 지나는 것으로 착각했다. 간판과 그 밖의 장식물이 많고 건물들이 빽빽하게 들어서 있기 때문에 하늘이 보이지 않는다. 더구나 활짝 열린 가게들은 계산대로 지나가는 행인들과 분리되어 있다는 점을 빼고는 시장 안의 가판대와 다를 것이 없었기 때문에 그렇게 착각하기 더 쉽다. 내가 있던 곳이 시장 건물이 아니고 그냥 광둥 시내의 거리라는 말을 아쿰한테 들었을 때는 깜짝 놀랐다. 때때로 우리의 작은 행렬이 또 다른 가마 행렬과 마주

치면 잠깐 멈추는데, 우리가 안전하게 지나갈 때까지 엄청난 고함과 소란이 이어진다. 두 행렬이 한 번에 안전하게 지나갈 수 없을 만큼 길이 좁기 때문이나.

　내 가마를 진 가마꾼들 중 두 번째 남자 때문에 온종일 너무 불편했다. 그는 자기 위치에서 가마를 들기 위해, 가마의 두 장대에 걸쳐진 끈을 받친다. 이 끈 또는 띠가 어깨를 가로지르면서 목의 뼈가 튀어나온 부분에 닿아 목을 스치기 때문에 피부가 하얗게 벗겨지고 보기가 안쓰러웠다. 계속 걱정이 되어 하루 내내 물집이 잡힐 거라고 생각하며 지켜보았다. 가마꾼의 긴 변발이 머리 둘레에 꼬여 있어서, 그 부분이 그대로 노출되었다. 그 가마꾼은 편한 보행자가 아니었다. 말의 걸음이 그렇듯, 가마꾼의 걸음에도 많은 차이가 있다. 곤란하게도, 그는 끈의 위치를 여러 번 옮겼고, 그때마다 나는 한쪽으로 치우쳐 앉게 되었다. 결국 나는 움직이지 않고 똑바로 앉으려고 엄청 애를 썼고, 우리가 가게에 들르려고 내릴 때는 거의 마비 상태에 이르렀다. 날이 저물기 전에 나는 두통을 앓았다. 중국 남자들의 편의를 위해 너무 고민한 탓이다. 가마꾼들에 관해 불쾌한 점은 가마를 나르면서 투덜거리는 것이다. 그렇게 투덜대는 소리에 특별한 의미가 있는지는 알 수 없지만, 가마꾼들끼리 차례로 내는 그 소리가 전혀 유쾌하지 않았다.

사형 집행장은 꼭 보고 싶어서 들렀다. 사형장 입구에는 도박을 위한 탁자가 있고, 그 주변으로 지저분한 사람들이 몰려 있었다. 한가한 사람들 몇 명이 그쪽을 떠나 느긋하게 어슬렁거리며 우리 뒤를 따라왔다. 그곳은 사람들이 자연스럽게 떠올릴 사형장의 모습과 아주 달랐다. 처음 보기에는 마치 시골마을의 기분 나쁜 뒷골목 같았다. 반쯤 말린 도기가 여러 줄 놓여 있었다. 한쪽에 있는 작업장에서 흙을 반죽하던 여자가 일을 멈추고 도기를 줄지어 놓던 다른 여자에게 수군대며 우리를 보았다. 길이가 약 23미터, 앞쪽 너비가 8미터쯤 되고 뒤쪽으로 갈수록 좁아지는 공간이었다. 어느 한 지점의 땅바닥이 새빨간 것을 보았다. 아쿰에게 묻자 그가 밑창이 하얀 신발로 빨간 땅을 차며 무심하게 말했다.

"피예요. 어제 여기에서 열한 명이 참수됐어요."

그러면서 한 번에 죄수 10~20명이 참수되는 게 흔한 일이라고 덧붙였다. 해마다 평균 400명 정도가 사형된다. 1855년 한 해에만 5만 명이 넘는 반란군이 그 좁은 뒷골목에서 참수되었다고 한다.

아쿰이 말할 때 나는 다소 거칠게 만들어진 나무 십자가가 높은 돌담에 놓인 것을 보고, 사형을 집행하기 전이나 집행하는 동안에 어떤 종교적인 목적에서 쓰이는 거라고 짐작했다.

십자가에 대해 아쿰에게 물었다. 아쿰의 대답에 등골이 오싹했다.

"중국에서는 여자를 처형힐 내 나무 십자가에 묶어서 사지를 찢습니다."

"남자는 죄질이 아주 나쁘지 않으면 단번에 목을 베지요. 여자들은 더 불명예스럽게 처형합니다. 십자가에 묶고 목 졸라 죽이거나 토막 내 죽여요. 토막 내면서 죄인이 죽기 전에 아주 능숙하게 사지를 자르고 창자를 뺍니다. 잘린 머리를 보시겠어요?"

아쿰이 덧붙여 설명했다.

나는 이 중국인 안내인이 과장된 이야기를 아주 잘한다고 생각했다. 이렇게 윤색되고 과장된 이야기를 어느 누가 이만큼 할 수 있을까? 그래서 냉담하게 대답했다.

"그럼요, 어서 보여 주세요!"

나는 안내인이 말한 대로, 손에 도기를 빚을 점토를 들고 있던 한 남자에게 팁을 주었다. 그 남자가 나무 십자가 근처에 있던 통 쪽으로 가더니 손을 넣고 머리를 하나 꺼냈다!

그 통은 석회로 채워져 있다. 죄수가 참수되면 머리가 통 속에 던져지고, 통이 가득 차면 머리를 꺼내 다시 통을 비운다. 중국에서는 부자가 사형선고를 받을 경우, 조금만 노력하면 대신 죽을 사람을 살 수 있다. 중국 사람들은 죽음에 대해 아주 무심하다. 죽음을 두려워하지 않는 것 같아 보인다.

감옥을 방문해서는 문이 모두 열린 것을 보고 깜짝 놀랐다. 문이 아주 좁았는데, 그 안으로 들어가 보니 모든 죄수의 목에 두껍고 무거운 널이 채워져 있었다. 문이 잠기지 않은 것에 대해 더는 놀랄 이유가 없었다. 굳이 잠글 필요가 없었다.

돌로 포장된 크고 네모난 법원도 들렀다. 작은 방에서 재판관 몇 명과 인사했는데, 아편을 피우며 빈둥거리고 있었다! 또 다른 방에서 만난 재판관들은 카드 도박을 하고 있었다! 입구에는 커다란 도박 시설이 있었다. 사람들이 나를 어떤 방으로 데려가 고문 도구를 보여 주었다. 채찍질할 때 쓰는 쪼개진 대나무, 엄지손가락을 죄는 기구, 엄지손가락을 매다는 도르래, 그 밖에 정말 기분 나쁜 도구가 있었다. 거기 있는 동안 도둑질을 하던 남자 두 명이 잡혀 왔다. 무릎이 턱에 닿도록 쭈그러져서 사슬로 묶이고, 아주 고통스러운 자세로 바구니에 놓인 채 두 남자가 들고 있는 장대에 매달렸다. 재판관은 범인들이 남의 것을 훔치는 현장에서 잡혔기 때문에 손을 편평한 돌 위에 펴 놓고 작은 돌로 손의 모든 뼈를 부술 거라고 내게 설명했다. 범인들은 나중에 치료를 위해 병원으로 보내진다. 감옥에서 죽은 죄수는 매장하기 전에 항상 목을 벤다.

광둥 근처에서 오랫동안 산 미국인이 내게 말한 바로는, 가느다란 철사로 엮은 해먹에 발가벗긴 죄수를 넣고 시내의 개울에 있는 작은 다리에 내다는 것이 관례라고 했다. 다리 끝에는 날카로운 칼을 많이 갖다 놓아 다리를 건너는 모든 사람에게 칼로 가엾은 죄수를 한 번씩 베도록 한다. 직접 보진 않았기 때문에 들은 이야기를 전할 뿐이다.

정확한 이름은 기억나지 않지만 대나무 처벌 이야기도 들었다. 그 잔인함을 생각하면 당연히 그런 처벌은 드물 거라고 추측하게 되지만 그렇지 않다. 범죄자들은 다리를 벌리고 선 자세로 땅에 박힌 말뚝에 단단히 묶인다. 이것이 죽순 바로 위에서 행해진다. 이 무시무시한 처벌을 실감하려면 대나무에 대한 설명이 조금 필요하다. 죽순은 맛있는 아스파라거스와 닮았지만, 그 강도와 힘은 철도 당해 내지 못한다. 한번 자라기 시작하면 아무것도 막지 못할 만큼 엄청나게 자란다. 무엇이든 뚫고 자랄 만큼 단단하기도 하다. 아스팔트로 포장해도 아무 장애물이 없는 것처럼 뚫고 자란다. 30일 동안 놀라운 속도로 곧게 자라고 나서 성장을 멈춘다. 그렇게 성장이 멈췄을 때 조개같이 생긴 껍질이 떨어지고 가지가 천천히 나온다. 가지는 버드나무 잎보다도 가느다란 부드럽고 가벼운 입으로 덮여 있다. 멀리서 본 대나무 숲은 정말 아름답고, 겉으로 보기에 대나무는 아주 부드럽고 섬세하지만 실제로는 더없이 단단하다. 앞서 말한 것처럼, 죽순이 자랄 때는 그 어떤 것도 막지 못한다. 그 성장 속도도 견줄 게 없을 만큼 빠르고, 자라는 것을 정말 눈으로 확인할 수 있다고 한다! 대나무는 30일 안에 약 23미터까지 자란다. 죽순 위에 꽁꽁 묶인 죄수를 상상해 보라. 그런 자세에서는 도망칠 수가 없다. 죽순은 자기 위에 뭐가 있든 전혀 신경 쓰지 않고 자라기 시작한다. 죽순은 그 자리에 서 있는 남자를 뚫고 계속 자라고, 죄수는 서서히 죽어 간다. 한동안은 의식이 있다가, 자비롭게도 고열에 의식을 잃고, 그렇게 고통스러운 날들이 지난 후 결국 고개를 떨어뜨린다. 죽은 것이다.

대나무 처벌보다 더 심한 것은 뜨거운 태양 아래 사람을 말뚝에 묶어 둔 채로 온몸에 생석회를 씌우고는 배고픔과 목마름을 달래 줄 물만 주는 것이다. 죄수는 살기 위해 가까스로 손을 뻗쳐 물을 잡는다. 물은 항상 죄수의 손이 닿을 만한 거리에 둔다. 마침내 죄수가 물을 마시고 땀을 낸다. 그러면 생석회가 피부 조직에 화상을 입히기 시작한다.

중국인들은 죄수의 팔을 뒤로 묶은 채 죄수를 매다는 경우가 많다. 근육이 긴장을 유지하는 동안은 살 수 있지만, 긴장을 푸는 순간 혈관이 터지고, 죄수의 목숨은 선홍빛 개울 위를 떠돌게 된다. 불행한 죄수들은 항상 공공장소에 매달리고, 행정관이 이곳을 지키며 아무도 풀어 주지 못하도록 감시한다. 죄수의 친구들은 권력자의 주변에 몰려들어 친구의 목숨을 놓고 흥정한다. 즉 권력자가 부당하게 요구하는 돈을 친구들이 지불할 수 있다면, 죄수는 풀려난다. 만일 그렇지 않으면 죄수는 죽을 때까지 매달려 있게 된다. 죄수의 머리만 빼고 매장하는 방식도 있다. 이때 죄수가 눈을 감지 못하도록 눈꺼풀을 고정하기 때문에 죄수는 죽을 때까지 태양을 피하지 못한다. 대나무 꼬챙이를 손톱 밑에 찔러 넣고 불을 붙이는 것은 고문하는 자들이 즐기는 또 다른 방식이다.

나는 우리가 공포의 사원으로 가는 더러운 돌계단을 오르면서 무엇을 보게 될지 전혀 알지 못했다. 나중에는 인간의 극악무도함을 전시한 곳이라는 결론을 내렸다. 계단에는 온갖 크기, 나이, 모양, 질병을 보여 주는 더러운 몽고 인종들이 가득했다. 보고 걸을 수 있는 사람들은 우리 걸음 소리를 듣고는 달려와서 자비를 베풀어 달라고 애걸했고, 앞을 못 보고 일어설 힘이 없는 사람들은 움직일 수 없기 때문에 더 큰 소리를 냈다. 사원 안의 더러운 석조 정원에는 아주 많은 사람들이 바글거리고 있었다. 나병 환자, 행상, 기형인 사람, 점쟁이, 도박꾼, 돌팔이 의사, 무서운 치열을 가진 치과의사, 심지어 빵 만드는 사람도 있었다! 중국인들은 때때로 이곳을 찾아 신상을 숭배한다고 한다. 작고 더러운 방에 있는 지저분한 그림들은 불교 신자들의 지옥에서 내리는 처벌을 보여 주고 있었다. 채찍으로 때리기, 갈아 죽이기, 기름에 튀기기, 빨갛게 단 뜨거운 종 밑에 깔기, 톱질로 두 동강 내기 등의 끔찍한 일들이 벌어지는 지옥이었다.

광둥은 특이하고 흥미로운 사찰이 많기로 유명하다. 시내에 800곳이 넘는 사찰이 있다. 급히 여행하면서 본 것 중 500신을 섬기는 사찰이 가장 흥미로웠다. 안내인이 미신을 믿는지 물어서 그렇다고 했더니, 점치는 법을 보여 주겠다고 했다. 그러고는 행운의 신 앞에 있는 구리 단지에 향을 몇 개 놓고는 자주 써서 때가 묻고 반들반들하게 닳은 나뭇조각 두 개를 탁자에서 집어 들었는데, 함께 놓고 보니 먹는 배같이 생겼다. '행운의 비둘기'라고 부른 이 나무를 편평한 쪽으로 함께 잡고 향의 연기 위에서 한 번, 두 번, 세 번 돌린 뒤에 바닥에 떨어트린다. 안내인의 설명에 따르면 행운의 비둘기 중 하나는 바로 놓이고 다른 하나는 뒤집히면 행운을 뜻하고, 둘 다 같은 방향으로 떨어지면 불행을 뜻한다. 안내인이 던진 나뭇조각은 한 방향으로 떨어져서 그에게 불행이 닥칠 거라고 생각했다. 내가 행운의 비둘기를 집었다. 타고 있는 향 위로 돌릴 때 팔이 떨리고 심장이 두근거렸을 정도로 미신에 사로잡혔다. 바닥에 나무를 떨어트렸더니 각각 다른 쪽으로 놓여 정말 기분이 좋았다. 행운이 있을 거라고 믿었나.

이어서 시험장을 보러 갔다. 학생 1만 1616명이 동시에 시험을 칠 수 있는 시설이 있는데, 남자들만 시험을 치른다. 지저분한 공원처럼 제대로 자라지 못한 나무 몇 그루가 시들어 있었다. 우리는 깡마른 흑돼지들이 열심히 땅을 파고 있던 곳을 지나 입구로 향했다. 뒤로는 지저분한 아이들이 떼를 지어 따라오면서 시끌벅적하게 구걸했다. 지팡이에 의지한 여자 몇 명은 꼭 조인 작은 발로 절뚝거리다가 멈춰 서더니 신기하고 재미있다는 듯이 활짝 웃으면서 우리를 구경했다. 활짝 트인 공간인 주 출입구를 지나고 공정의 문gate of Equity, 나중에 용문으로 불리게 된 작은 문을 지나자 대로가 나왔다. 풍경이 아주 특이하고 신기한 대로였다. 널찍한 광장의 한쪽 끝에는 망루로 불리는 탑이 있는데, 그 2층에 학문의 신을 모셨다고 한다. 녹색 광장의 양옆에는 흰색으로 칠한 건물이 줄지어 있어서 철도 기지의 방목장 같았다. 건물마다 가로세로가 약 1.7미터·1미터인 방이 들어서 있고, 거기에서 1만 1616명에 이르는 변발을 한 학생들이 필기시험을 치른다. 대로와 마주한 쪽에는 어떤 시험이 치러지는지를 보여 주는 한자가 새겨져 있다. 각 방에는 앉을 수 있는 판자와 그보다 조금 더 높은, 책상으로 쓰이는 판자가 있다. 이렇게 대충 임시변통으로 만들어진 책상은 학생들이 드나들 때 그 밑으로 기거나 위로 뛰어넘지 않도록 밖으로 뺄 수 있게 되어 있다. 새벽에 모든 학생에게 같은 주제가 주어지고, 글을 다 쓰지 못한 학생들은 밤새 그곳에 있는 경우도 많다. 이 시험장은 길이가 420미터, 너비가 200미터 정도 되며 방문할 가치가 충분할 만큼 특이하고 흥미로운 곳이다. 시험은 아주 어려워서 수많은 응시자 중에 150명만 통과하는 경우도 있다고 한다. 글을 심사하는 곳은 행운성의 전당이라고 불리고, 큰길에 새겨진 한자를 번역하면 이런 뜻이라고 한다.

'하늘을 열어 학문을 퍼트리다.'

나는 중국인 나병 환자 수백 명이 산다는 나병 환자 마을을 꼭 보고 싶었다. 마을에는 대나무로 지은 오두막이 아주 많았고, 나병 환자들은 소름이 끼칠 만큼 불결하고 비참한 모습이었다. 아쿰은 마을에 있는 동안 끔찍한 악취를 조금이라도 덜 맡으려면 담배를 피우라고 권했다. 그가 시범 삼아 담배에 불을 붙여서 다들 따라 했다. 나병 환자들은 비참한 송장 같았다. 각기 상태가 다른 남녀노소가 있었다. 옷다운 옷을 걸치지 못한 채 더러운 몸을 넝마로 겨우겨우 가리고 있었고, 몸에 걸친 누더기도 너무 더러워 색깔을 알아볼 수 없었다. 대나무 오두막의 바닥에는 낡은 넝마, 건초 등이 있을 뿐이었다. 가구는 전혀 없었다. 나병 환자들의 모습을 묘사하는 것은 쓸모없는 짓이다. 많은 사람들이 특징이 없고, 어떤 사람은 눈이 멀었고, 어떤 사람은 손가락이 없고, 어떤 사람은 발이 없고, 어떤 사람은 다리가 없다. 한결같이 불결하고 혐오감을 일으키며 비참하다. 일할 수 있는 사람들은 마을 가까운 곳에서 아주 풍성한 밭을 가꾼다. 아쿰은 환자들이 시내 시장에서 채소를 판다고 장담했다! 배에서 점심을 가져온 것은 정말 다행이었다. 걸을 수 있는 나병 환자들은 광둥에서 구걸로 하루를 보내지만, 잠은 언제나 마을에서만 자야 한다. 나는 나병 환자들이 다른 사람들과 함께 지내도 된다면 환자 마을을 따로 둬서 뭐가 좋은지 매우 궁금했다. 시내로 돌아가는 길에 시장에서 구걸하는 나병 환자들과 마주쳤다. 음식 사이에 있는 그들의 모습을 보고 광둥에서는 아무것도 먹지 않겠다고 다짐했다. 나병 환자들은 결혼도 허락되기 때문에 수많은 아이들이 병에 걸린 채, 저주받고 불행한 존재로 태어난다.

나병 환자 마을을 떠날 때 공복감을 느꼈다. 그날은 크리스마스였고, 일행 중 한 남자가 그 시간 뉴욕은 한밤중일 거라고 했는데도 집에서 먹는 저녁 식사가 그리웠다. 안내인이 보여 주고 싶은 건물이 근처에 있으니, 거기에서 점심을 먹자고 했다. 높은 담장 안쪽에는 아름다운 풍경이 펼쳐졌다. 바람 한 점 없이 잔잔하고 쓸쓸한 느낌의 호수가 있었다. 그 뒤에는 낮게 드리운 나뭇가지가 고요한 수면에 입을 맞추고, 다리가 긴 황새가 몇 마리 서 있었다. 중국 부채에 그려진 그림을 통해 친숙한 장면이었다.

아쿰은 조각된 커다란 대문이 있어서 정원 쪽이 보이지 않는 방으로 안내했다. 그 안에는 딱딱한 나무 의자와 탁자가 있었다. 점심을 먹을 때 어디선가 묘하고 애처로운 톰톰과 고음의 피리 소리가 들렸다. 허기를 조금 달래고 호기심이 생기자, 내가 아쿰에게 여기가 어디냐고 물었다.

"죽은 자들의 사원이에요."

죽은 자들의 사원에서 크리스마스 점심을 먹고 있었다니! 하지만 점심을 먹는 데 지장은 없었다. 식사를 끝내기 전에 중국 사람들이 몰려와 대문을 에워싸고 호기심 어린 눈으로 쳐다봤다. 아이들을 데리고 있었는데, 내가 보기에는 잘 차려입고 깨끗한 아이들이었다. 내가 유쾌하게 아이들과 악수하려고 앞으로 나섰는데 아이들이 싫다며 소리를 지르고 두려워하면서 물러났고, 우리는 그걸 보고 크게 웃었다. 함께 있던 사람들이 잠시 후에 아이들을 달래 내 손을 잡도록 했다. 일단 서

먹한 분위기가 없어지자, 나와 내 장갑과 팔찌와 옷에 많은 관심을 보였다. 나는 애초에 친해지려고 한 것을 곧 후회했다.

사람이 죽으면 밤에 하퉁불을 지핀 뒤 금박지로 저금통이나 여자들의 옷장 같은 가재도구 모형을 만들어 불 속에 던져넣고, 그동안 사제가 고음의 피리를 부는 것이 이들의 관습이다. 사람들은 모든 시체에 있는 악귀가 죽은 자의 재산을 불에서 구하기 위해 시체를 떠나고, 한번 시체 밖으로 나간 악귀는 다시 돌아올 수 없기 때문에 시체의 영혼이 구원된다고 주장한다.

물시계를 보기 위해 높고 더러운 돌계단을 올라갔다. 시계가 500년도 더 됐으며 지금까지 고장 나거나 수리된 적이 없다고 한다. 돌담 속의 작은 벽감에는 작은 신이 모셔져 있고, 그 앞에서 향이 타고 있었다. 물시계는 나무 동이 크기쯤 되는 구리 항아리 네 개로 되어 있었고, 단 위의 항아리가 하나 위에 다른 하나를 얹는 식으로 놓여 있었다. 각 단지에는 끊임없이 물을 떨어트리는 주둥이가 하나씩 있다. 맨 끝 바닥에 있는 항아리 안에는 자와 비슷한 계기가 있어, 이것이 물과 함께 올라오면서 시간을 알려 준다. 사람들에게 시간을 알리기 위해 밖에 걸린 흑판에 시간을 표시한다. 맨 위에 있는 항아리에 24시간마다 한 번씩 물을 채우는 것으로 시계 관리가 끝난다.

포원 호로 돌아온 나는 세이무어 영사가 보낸 아름다운 선물과 나를 만났던 수많은 유럽 사람들이 보낸 카드를 보았다. 심한 두통에 시달리던 나는 객실로 갔고, 배는 곧 홍콩으로 가고 있었다. 크리스마스에 광둥을 방문한 것은 과거가 되었다.

14장

미카도의 땅으로

홍콩으로 돌아간 뒤 얼마 안 있다가 오셔닉 호를 타고 일본으로 향했다. 영국령 중국에 머무르는 동안 즐겁고 편하게 해 준 많은 친구들이 배까지 올라와서 작별 인사를 했다. 그들을 두고 가는 게 아주 서운했다. 스미스 선장은 우리를 선장 객실로 불러들였다. 거기에서 다 함께 건배하며 서로의 성공과 행복과 이 세상의 좋은 것 들을 기원했다. 헤어질 순간이 와서 마지막 작별 인사를 나누고 헤어졌다. 나는 미카도(일왕의 별칭이자 1885년 영국 런던에서 초연된 오페라의 제목)의 땅으로 가기 위해 출발했다.

홍콩에서 샌프란시스코까지 오면서 탄 오셔닉 호는 꽤 유서 깊은 배다. 20년 전 할랜드 씨가 벨파스트(북아일랜드의 수도)에서 배를 설계하고 진수했을 때 해운계가 깜짝 놀랐다. 설계자는 승객들의 편의 향상을 위해, 선체 중앙의 응접실 같은 것을 처음 도입했다. 그 덕분에 엔진 소음, 특히 험한 날씨에 스크루 돌아가는 소리가 잘 들리지 않는다. 그 전까지 배는 어둡고 칙칙한 겉모습에 승객에 대한 배려는 전혀 없이 만들어졌다. 할랜드 씨는 오셔닉 호에 처음으로 산책 갑판을 만들고, 밝고 유쾌한 모습의 응접실과 특등실을 꾸몄다. 사실 오셔닉 호 설계는 아주 새로운 시도였기 때문에 다른 선박 회사들의 시기심을 불러일으켰고, 실제로 항해에 적합하지 않다는 비방을 들었다. 첫 항해에 선원과 소방관을 태우기 위해 별도의 수당을 줬을 만큼 모함이 대단했다고 한다.

실패할 거라는 예측과 달리 오셔닉 호는 큰 성공을 거두었다. 이 배는 대서양의 쾌속선이 되었고, 1875년부터 태평양 항로를 다니기 시작했다. 정기적으로 운항하는 쾌속선으로 오앤드오 회사에 속한 배들 중에서 승객들이 선호하는 배다. 확실히 참신한 외관을 유지해서 해가 갈수록 더 새로워 보인다. 1889년 11월에는 요코하마에서 샌프란시스코까지 가장 빨리 항해한 기록을 남겼다. 회사 측은 승객의 편의를 위해 배 수선비나 관리비를 아끼지 않는다. 배에서 제공하는 식사는 최고급 호텔도 능가하기 힘들 수준이다. 승객들은 자유를 만끽하고, 승무원들은 손님이 집처럼 편히 지내도록 최선을 다한다. 동양에서 오셔닉 호는 승객들의 사랑을 받아, 배를 타기 위해 몇 밀씩 기다리는 사람도 있다. 내가 처음 이 배에 탔을 때 원숭이는 이미 오리엔털 호에서 옮겨져 있었다. 여승무원에게 원숭이가 어떠냐고 묻자 건조한 답이 돌아왔다.

"봤습니다."

여승무원은 손목부터 어깨까지 팔에 붕대를 감고 있었다.

"무슨 일이 있었죠?"

당황한 내가 묻자 그녀가 대답했다.

"저는 비명을 질렀을 뿐이에요. 나머지 일은 원숭이가 저질렀죠!"

홍콩과 요코하마 사이에서 그해의 마지막 날을 보냈다. 그날은 승객들이 아무것도 덮거나 두르지 않을 만큼 따뜻했다. 초저녁에 승객들은 사교 홀에서 이야기를 나누고 웃으며 함께 앉아 있었다. 선장은 자기 오르가넷(건반이 없으며 손으로 돌리는 작은 리드오르간)을 홀에 가지고 왔다. 선장과 의사가 교대로 음악을 들려주었다. 그날 밤에 우리는 식당 홀로 갔다. 사무장이 과일주와 샴페인과 굴을 대접했는데, 이 귀한 것들은 그날을 위해 미국에서 미리 준비해 온 것이었다.

배에서 우리는 모두 어린아이가 되었다! 굴을 먹은 뒤에 온갖 유치한 장난을 다 쳤다. 우리가 탁자에 둘러앉자, 의사가 우리에게 '이쉬!', '아쉬!', '오쉬!' 같은 낱말을 주었다. 우리가 각자 낱말을 확인하고 나서 의사는 자기가 신호를 주면 그 낱말을 한 목소리로 외쳐야 한다고 말했다. 우리가 그렇게 하자, 난생처음 들어 보는 엄청나고 우스꽝스러운 재채기 소리가 만들어졌다. 나중에는 요코하마에서 온 유쾌한 남자가 아주 단순하고 매력적인 곡조로 된 짤막한 노래를 가르쳐 주었다. 그의 부인도 남자와 마찬가지로 유쾌하고 생기 있는 사람이었다.

"풀밭에 가는 당나귀 기분 좋게 노래하네. 풀밭에 가는 당나귀 기분 좋게 노래하네. 에-코! 에-코! 에-코!"

종이 여덟 번 울렸을 때 사람들이 일어나서 손에 잔을 들고 '올드랭사인'을 불렀다. 좋은 옛 노래의 마지막 후렴으로 가는 해를 보내고 오는 해를 맞이하며 축배를 들었다. 서로 악수하면서 새해 인사를 나누었다. 1889년이 끝나고 1890년이 기쁨과 고통 속에 시작되었다. 얼마 후에 여자 승객들이 객실로 들어갔다. 나는 내 객실 밑에 있는 흡연실에서 남자들이 부르는 익숙한 흑인 노래를 자장가 삼아 잠들었다.

15장

일본에서 보낸 120시간

홍콩의 부두에서 북적이는 지저분한 배와 그보다 더 지저분한 뱃사람, 거리를 가득 메운 불결한 사람들을 보고 난 뒤 요코하마는 말끔하게 단장한 일요일 같은 모습으로 다가왔다. 해안에서 조금 떨어진 곳에 배가 닻을 내리면, 승객들은 작은 증기선으로 갈아타고 육지로 간다. 최고급 호텔은 여러 항구에 전용 소형 증기선을 보유하고 있지만, 미국의 호텔 전용 마차처럼 고객 유치에 도움이 되도록 호텔에서 운영하기 때문에 여행자들이 돈을 내는 것은 똑같다.

일본에서는 출항뿐 아니라 입항 때도 세금을 물리지만 우리는 바로 세관 검사를 통과했다. 일본의 인력거꾼들은 실론과 중국의 인력거꾼들보다 훨씬 나은 모습이었다. 누더기를 입지도 않았고, 옷을 벗고 있지도 않았으며, 역한 냄새를 풍기지도 않았다. 말끔한 짙은 감색 옷을 입고, 작고 땅딸막한 다리에 주름 없는 타이츠를 신었으며, 넓은 소매가 펄럭이는 짧은 재킷을 걸쳤다. 재미있는 버섯 모양 모자 밑으로 깨끗하고 성격 좋아 보이는 얼굴들이 슬쩍 쳐다보는데, 검푸른색 빳빳한 머리카락이 목덜미 바로 위까지 깎여 있었다. 다른 나라의 인력거꾼들과 뚜렷한 대조를 보였다. 상징적인 그림이나 문자가 외투의 등과 소매에 수놓여 있었는데, 일본의 모든 남자·여자·아이 옷이 그랬다.

밤에 내린 비 때문에 길은 진창이었지만 공기가 시원하고 상쾌했다. 태양이 이른 아침의 안개 틈으로 얼굴을 내밀면서 아주 기분 좋고 따뜻한 빛을 내려 주었다. 우리 무릎에 담요를 덮어 준 인력거꾼은 활기찬 걸음으로 퍼시픽메일 사와 오앤드오 사의 사무실을 향해 출발했다. 거기에서 피앤드오의 '빅토리아' 호를 떠난 이래 처음으로 무례한 사람들을 만났다. 그들도 미국인이었다. 그들을 위해 할 수 있는 변명이 있다면, 그 자리에 너무 오래 있다 보니 자기들이 증기선 회사의 사원이 아니라 사장이라고 착각한 것이다. 미국행 표를 사려고 사무실에 들른 한 남자는 책임자로부터 이런 말을 들었다.

넬리 블라이의 세상을 바꾼 72일

"표를 사려면 나중에 다시 오세요. 지금 저는 점심 먹으러 가야 하니까요."

일본에 있는 동안 그랜드호텔에 묵었다. 큰 호텔 건물에는 긴 베란다와 넓은 홀과 쾌적한 방이 있으며 앞쪽으로는 멋진 호수 풍경이 펼쳐졌다. 지긋지긋한 쥐가 많은 것만 빼면 그랜드호텔은 미국에서도 좋은 호텔로 인정받을 것이다. 음식의 질도 좋고 서비스가 훌륭하다. 일본인들은 소리 없이 민첩하게 움직이며 손님을 만족시키려고 애쓴다. 뉴욕을 떠난 뒤 다시 뉴욕에 돌아갈 때까지 만난 모든 서비스업 종사자 가운데 최고다. 더구나 파란색 타이츠와 흰색 마 재킷을 입은 모습은 정말 깔끔하다.

일본 남자들이 전통 의상을 입고 있는 걸 보면 항상 웃음이 나온다. 가는 다리에 꼭 끼는 바지를 입는다. 위에 입은 긴 옷은 소매가 넓어 헐렁하다. 머리에 설거지통처럼 생긴 모자를 엎어 쓰는 것으로 '옷차림'을 다 갖추면, 그 가는 다리로 어떻게 그 모든 옷차림을 끌고 다니는지 궁금해진다! 사과의 한쪽 끝에 밀짚 두 개를 꽂고 다른 한쪽에는 버섯을 얹어 밀짚이 아래로 가도록 사과를 세우면 일본 남자의 생김새가 대강 이해될 것이다. 프랑스식 굽 높은 신발은 또 어떤가! 일본 샌들은 높이가 13센티미터는 족히 되는 얇은 나뭇조각 위에 작은 널을 얹은 것이다. 이 신발을 신은 사람들은 꼭 죽마를 탄 것처럼 보인다. 이 이상한 신발은 엄지발가락과 두 번째 발가락 사이에 끈을 끼워 신게 되어 있다. 이 나막신을 신은 사람이 걸을 때 신발이 벗겨지지 않게 하려면 발을 위아래로 움직이는 대신 끌어야만 한다.

추운 날에 일본인들을 보면 팔 없는 민족이라고 생각할지도 모른다. 길고 헐렁한 소매 속으로 팔을 접어 넣고 다닌다. 일본 여자들의 소매는 남자아이들의 주머니와 같은 구실을 한다. 일본 여자들은 소매 속에 카드, 돈, 빗, 머리핀, 장신구, 라이스페이퍼를 넣고 다닌다. 이 라이스페이퍼는 손수건이다. 일본 여자들은 외국인이 손수건을 쓰고 나서 주머니에 다시 넣는 것이 끔찍하고 혐오스럽다는 듯이 쳐다본다. 나는 일본 여자들이 소매 속에 마음까지 넣고 다닌다고 생각한다. 그들은 변덕스럽지 않고 누구나 기회가 있다면 진실한 마음을 얻을 수 있을 만큼 순진하고 소박하다. 일본 여자보다 더 진실하고, 헌신적이고, 성실하고, 정숙한 사람은 없다.

만일 내가 사랑에 빠져 결혼한다면, 내 남편에게 이렇게 말할 것이다.

"이리 와요. 내가 에덴이 어딘지 알아요."

그리고 에드윈 아놀드(인도에서 살면서 부처의 삶을 시로 표현해 불교를 서구 사회에 널리 알린, 영국 언론인이자 시인)처럼 내가 태어난 땅을 버리고 사랑과 아름다움과 시와 청결의 땅, 일본으로 갈 것이다. 과거에 나는 왠지 일본과 일본 사람들을 항상 중국과 중국 사람들과 연관 지어 생각했고, 전자가 후자보다 나은 게 전혀 없다고 믿었다. 이보다 더 큰 실수는 없을 것이다. 일본은 아름답다. 여자들은 매력적이고 사랑스럽다. 일본 남자들에 대해서는, 체구가 작고 가무잡잡하고 호감을 주는 인상과는 거리가 있어서 남성미를 말하기 힘들다는 점을 빼고는 거의 알지 못한다. 일본 남자는 아주 영리하다는 사람들도 있으니, 내가 말하는 것은 그들 전체가 아니라 내가 접한 사람들에 관한 것뿐이다. 거인 같은 몸집에 신 같은 외모를 가진 남자를 보긴 했지만, 씨름 선수였다.

일본인은 중국인과 정반대다. 세상에서 가장 깨끗한 사람들이고, 중국인은 가장 더럽다. 일본 사람들은 항상 행복하며 생기가 있고, 중국 사람들은 항상 기분이 언짢고 뚱하다. 일본 사람들은 아주 우아하고, 중국 사람들은 아주 꼴사납다. 일본 사람들에게는 악습이 거의 없고, 중국 사람들은 세상의 모든 악습을 가지고 있다. 간단히 말해, 일본 사람들은 아주 유쾌한 사람들이고, 중국 사람들은 아주 기분 나쁜 사람들이다.

일본에 사는 유럽 사람들은 대부분 큰 방과 시원한 베란다가 있는 낮고 하얀 방갈로에서 허세를 부리며 산다. 이런 집은 동양식 정원 한가운데에 자리 잡고 있는데, 정원에서는 미시시피에서처럼 훌륭한 경치를 보거나 테니스나 크리켓을 할 수 있으며, 무성한 초록 산울타리 덕에 외부인의 눈을 피해 아늑하게 해먹에 늘어져서 지낼 수도 있다. 일본인들의 집은 방갈로와는 대조적이다. 정말 장난감 집처럼 아담하고 작으며, 얇고 결이 고운 지붕널 같은 판자로 지어졌다. 굴뚝과 난로는 없다. 1층의 벽은 뒤로 물러나고 위층 바닥과 옆벽이 아래층 바닥보다 바깥으로 튀어나와 있어, 이것이 집 안쪽으로 지붕 있는 현관을 만드는 셈이다. 가벼운 창틀의 작은 격자에는 유리 대신 얇은 라이스페이퍼가 덮여 있고, 이 창틀이 문 겸 창문 구실을 한다. 서양의 문처럼 앞뒤로 여닫거나 서양식 창처럼 들어 올리고 내리지도 않는다. 그 대신 바퀴 달린 문처럼 미끄러진다. 이런 창은 집 내부에서 칸막이 구실을 하고, 언제든 떼어 내면 한 칸짜리 방이 된다.

일본에는 아주 아름다운 풍습이 두 가지 있다. 하나는 새해를 기념해 집을 장식하는 것이고, 다른 하나는 벚꽃 개화를 축하하는 것이다. 가볍고 섬세한 잎이 달린 대나무 묘목을 거리 한가운데로 기울여 한데 묶으면, 아치가 만들어지면서 아주 효과적인 장식이 된다. 풍년을 기원하기 위해 볏단에 해초, 오렌지, 바닷가재, 양치류를 엮어 문마다 걸어 놓는다. 또 굵은 대나무 줄기 세 개가 놓인 커다란 통을 문 양쪽에 작은 상록수를 배경으로 파수병처럼 둔다.

쌀쌀한 저녁에 우리는 특별히 게이샤, 즉 춤추는 무희들을 볼 수 있는 어떤 집으로 갔다. 문간에는 그 집 사람들이 신는 나막신들이 놓여 있었다. 집안에 들어가기 전에 신을 벗으라고 했는데, 일행 중 어떤 사람은 한사코 신을 벗지 않겠다고 거절했다. 결국 신발 위에 천 슬리퍼를 신는 것으로 타협했다. 2층은 방 하나로 개조되어 있었고, 바닥의 깔개와 군데군데 쳐진 일본식 칸막이 말고는 아무것도 없었다. 일본에서는 의자를 안 쓰기 때문에 바닥에 앉았다. 그래도 특이한 깔개에 속이 채워져서 벨벳처럼 부드럽다. 사람들이 앉으려고 하는 모습을 보자 웃음이 나왔고, 앉은 뒤에 손발이 편한 자세를 찾으려고 애쓰는 모습은 더 우스웠다. 우리 자세는 춤추는 코끼리만큼이나 우아했다. 검은 기모노를 입고 웃음을 띤 여자가 숯불이 담긴 둥글고 네모난 상자를 여러 개 가져와 우리 앞에 두었다. 이것이 일본의 유일한 난로다. 나중에 그 여자가 긴 담뱃대와 찻주전자와 작은 잔들이 담긴 쟁반을 들고 왔다. 일본 여자들은 담배를 계속 피운다.

나는 마음을 졸이며 게이샤를 기다렸다. 마침내 자그마한 여자들이 날개 같은 느낌의 옷 소매에 아름답게 끌리는 기모노를 입고 미끄러지듯 들어왔다. 머리가 무릎에 닿을 때까지 몸을 구부리며 우아하게 절하고 나서 우리 앞에 무릎을 꿇고 '코인방와!'와 비슷하게 들리는 인사를 부드럽게 속삭인다. 이때 쉿소리가 길게 나도록 숨을 들이쉬는데, 그것이 대단한 경의의 표시다. 악사들이 바닥에 앉아 사미센(일본의 전통 현악기), 북, 종으로 쟁강거리는 소리를 내기 시작했다. 그동안 게이샤들은 예쁜 코로 노래를 했다. 만일 코가 그렇게 예쁘지 않았다면, 가슴에서 울리는 흉성에 익숙한 사람은 게이샤의 콧소리를 참을 수 없었을 거라고 확신한다. 게이샤들이 머리 위로 부채를 펼쳐 들고 서면 춤을 시작할 준비가 된 것이다. 키가 아주 작고 허리가 날씬했다. 부드럽고 여린 눈이 눈썹과 속눈썹의 칠 때문에 더욱 검어졌다. 풀칠을 해서 빳빳한 새까만 머리카락은 커다란 나선형으로 아름답게 감기고 금색, 은색 꽃과 금박지로 만든 방울로 장식되어 있다. 나이가 어릴수록 머리치장이 더 화려하다. 아주 섬세한 재료로 된 기모노는 사방으로 바닥에 끌리며, 허리에서 느슨하게 띠로 묶여 있다. 펄럭이는 긴 소매가 뒤로 넘어가면 통통한 팔과 귀여운 손이 드러난다. 작은 발에는 엄지발가락을 넣는 공간이 따로 있는 귀여운 흰색 아마 양말을 신는다. 외출할 때는 나막신을 신는다. 내가 본 여자들 중에 밉지 않고 예쁘게 연지를 바르고 분칠을 할 줄 아는 이들은 일본 여자들뿐이다. 그들은 얼굴에 분칠을 하고 아랫입술을 더 붉게 칠해서 아주 유혹적인 모습으로 꾸민다. 입술이 마치 두 개의 화려한 체리 같다. 악사들이 길게 이어지는 곡조를 연주하고, 작은 미녀들이 춤을 시작한다. 우아하게 아주 매력적으로 작은 부채를 돌리며 하나하나가 다 다르고 넋을 잃게 하는 100가지 동작으로 가냘픈 몸을 움직인다. 그러는 동안 입가에는 순수한 미소를 숨긴 채 어린아이처럼 수줍어하는 표정을 짓고, 부드러운 볼에는 보조개가 패이고, 검은 눈은 춤의 기쁨으로 반짝반짝 빛난다. 게이샤들은 춤이 끝나자 나와 친해졌다. 그래서 내 옷과 팔찌, 반지, 부츠, 그들에게는 아주 경이롭고 이상하게 보인 내 머리카락, 장갑을 놀랍고도 즐겁게 살펴보았다. 실제로 빠짐없어 아주 꼼꼼하게 살폈고 모든 것을 마음에 들어 했다. 그들은 내가 아주 예쁘다면서 꼭 다시 오라고 했고, 일본인들은 절대로 입맞춤을 하지 않는데도 헤어질 때는 미국 관습을 존중한다는 뜻으로 부드러운 입술을 내밀어 내 입에 대고 눌렀다.

일본 여자들은 보닛에 대해서 아무것도 몰랐고, 알 수도 없을 것이다! 비 오는 날 그들은 멋진 머리에 하얀 스카프를 매지만, 그러지 않을 때는 맨머리에 부채와 우산을 들고 나막신을 신고서 거리를 종종거리며 다닌다. 이들에게는 정말 가구가 없다. 침대 대신 깔개 하나뿐이며 베개로 쓰는 홀쭉한 나무 받침 길이가 15센티미터, 폭이 5센티미터, 높이가 15센티미터쯤 된다. 나무 베개에 벨벳을 덮고 목덜미를 받치기 때문에 멋지게 치장된 머리가 1주일은 그대로 간다. 차와 담뱃대는 잠자리에서 일어난 순간부터 다시 잠들 때까지 위로가 될 수 있도록 항상 옆에 두고 지낸다.

내가 쥘 베른을 방문했던 이야기를 번역 출판한 신문사의 일본인 기자가 나를 인터뷰하려고 도쿄에서 왔다. 기자는 내게 묻고 싶은 질문을 조심스럽게 읽었다. 질문은 대판 양지에 내 대답으로 채울 칸을 남겨 두고 드문드문 쓰여 있었다. 사실, 여행을 마치고 돌아와 인터뷰에서 질문을 받는 처지가 되기 전까지는 그런 인터뷰를 우습게 여겼다. 그 뒤에 나는 일본의 인터뷰 방식이 인간적일 것이라고 결론 내렸다.

나는 친숙하게 다이부쓰로 불리는 거대한 청동 불상을 보러 가마쿠라로 갔다. 불상은 두 산기슭이 만나는 푸릇푸릇한 골짜기에 있다. 1250년에 유명한 청동 주조자인 오노 고로예몬이 만들었으며 높이가 약 15미터다. 일본식으로 앉아 있는 이 불상의 허리둘레가 30미터나 된다. 얼굴의 길이가 2.4미터, 눈은 1.2미터, 귀는 2미터, 코는 1미터, 입도 1미터, 무릎

넬리 블라이의 세상을 바꾼 72일

부분의 지름은 11미터고, 엄지손가락 둘레는 1미터 가까이 된다. 나는 친구 두 명과 엄지손가락 위에 앉아서 사진을 찍었는데, 그 친구들 중 한 사람은 불상을 5만 달러에 사겠다고 제의했다. 전에는 축제일에 다이부쓰 신에게 제물을 바쳤다고 한다. 다이부쓰가 하얗게 될 때까지 텅 빈 내부를 데우는 일이 꽤 많았고, 활활 타는 그 화로에 신을 기리는 뜻으로 수백 가지 제물을 던졌다. 지금은 다르다. 제물을 바치는 풍습은 없어졌고, 텅 빈 내부에는 작은 제단들이 조심스레 설치되었다. 방문객들이 사다리 계단으로 다이부쓰의 눈까지 올라가면 주변의 멋진 경치를 볼 수 있다.

우리는 가까이 있는 아주 예쁜 절에 가서 유명한 은행나무와 연못을 보고 아주 기분 좋은 찻집에서 한동안 시간을 보냈다. 그곳에서 작은 일본 아가씨 두 명이 우리에게 다과를 내왔다. 나는 도쿄에서도 하루를 보내며 오페라 〈미카도〉에 나오는 일본식, 유럽식 성들을 구경했다. 그 성들은 15미터 높이의 돌담과 폭이 1미터쯤 되는 해자로 둘러싸여 있다. 도쿄 사람들은 유럽 양식을 흉내 내려고 한다. 나는 고유 의상을 입고 자전거를 타는 남자들을 여럿 보았다. 길은 아주 훌륭하다. 도쿄에는 동양에서 보기 힘든 차선이 있고, 탈것도 종류별로 다 있다. 일본으로 보내지는 유럽 의류는 중고가 아니면 기성품이다. 내가 본 어떤 여자는 아주 멋쟁이라는 말을 들었다. 그녀가 입은 유럽 옷인 보디스는 원래 가늘게 쏙 들어간 허리에 맞춰 재단된 것이었다. 그러나 일본 사람들은 코르셋을 본 적이 없어서 허리가 굵다. 그 여자가 목 단추 하나는 채울 수 있었지만, 그 아래부터는 보디스를 펼쳐 두었다. 그런데도 대단한 멋쟁이로 평가받고 있었다. 어느 날 저녁 식사 때는 발에 흰 양말만 신은 채로, 목둘레가 깊이 파인 이브닝드레스를 입은 일본 여자를 보기도 했다.

일본에서 본 것을 모두 설명하려고 한다면 두꺼운 책 한 권을 채울 것이다. 웅장한 시바 사원에 가서는 멋진 숲을 보았다. 사원으로 통하는, 조각 장식이 된 문에 수백 개의 석등과 청동 등이 있었는데 하나하나가 행운을 뜻했다. 문의 양쪽에는 무시무시한 모습을 새긴 거대한 상이 있었다. 그 상은 씹은 종이 뭉치로 덮여 있었다. 내가 어린 학생들이 그 상을 함부로 대하는 것 같다고 말했을 때 한 신사가 일본 사람들은 종이를 씹어 이 신상들에게 던지면 신들이 기도를 들어주고, 그러지 않으면 기도를 무시해 버리는 것으로 믿는다고 설명했다. 엄청나게 많은 기도가 모두 이루어져야 할 것이다. 또 다른 문에서는 아주 보기 흉한 신상을 보았다. 코가 없는 신상이었다. 일본 사람들은 고통스럽거나 아플 때 손으로 그 신상의 얼굴을 문지르고 이어서 아픈 부위를 문지르면 곧바로 치료된다고 믿는다. 그 신상이 사람들을 치료했는지는 알 수 없지만, 사람들이 신상의 코가 닳도록 문질러 댔다는 것은 확실하다.

일본 사람들은 아주 진보적이다. 자신의 종교와 생활 방식을 고수하고, 사실, 그것들은 여러 면에서 서양 것보다 낫다. 그렇지만 자신들의 생활을 개선하기 위해서라면 어떤 직업이나 습관도 기꺼이 받아들인다. 몇몇 직종에서 유럽 남자 옷이 자기네 고유 의상보다 더 실용적이라는 것을 깨닫고는 즉시 유럽식 옷을 채택했다. 여자들도 유럽 옷을 입어 보고는 미개하고 불편하며 예술적이지도 않다고 생각해 섬세한 기모노로 다시 돌아갔지만, 일본 관습대로 속옷을 전혀 안 입는 것보다 몸에 좋고 편할 것이라고 생각한 유럽 속옷은 계속 착용하고 있다. 기모노의 편리함을 가장 잘 증명하는 것은 일본에 사는 유럽 사람들이 실내복으로 기모노를 완전히 받아들였다는 사실이다. 오랫동안 유행에 얽매여 있었기 때문에 외출할 때 기모노를 못 입을 뿐이다. 일본 사람들의 애국심은 부주의한 미국인들에게 모범으로 제시되어야 한다. 어떤 외국인도 일본에 가서 특정한 산업을 독점할 수 없다. 얼마 전까지도 일본인들이 현대의 이기를 전혀 몰랐던 것은 사실이다. 철도, 전차, 엔진, 전등에 대해 아무것도 알지 못했다. 일본인들은 아주 영리하기 때문에 다른 나라에 이미 알려진 발명품을 재발명하는 것은 재능 낭비라고 생각했지만, 그것들을 어떻게든 손에 넣어야만 했다. 그래서 곧장 다른 나라에 가서 발명품의 비밀을 아는 사람을 만나 3년, 5년, 때로는 10년 계약으로 엄청난 값을 치르고 데려왔다. 그렇게 온 외국인은 고용된 목적에 맞게 일에 착수한다. 일본에서 가장 똑똑한 사람들이 그들과 함께 꾸준히 주의 깊게 노력했다. 계약 기간이 끝나면 더는 외국인의 금고를 채워 주지 않아도 된다. 외국인은 방출되고, 그 일을 완전히 익힌 일본인이 전문가의 자리에 올랐다. 이것이 일본이 자국의 모든 산업을 지배하는 방식이다.

기모노는 세 부분으로 구성되는데, 각 부분이 2.5센티미터 정도씩 길이가 다르다. 나는 한 일본 여성이 휴일용으로 산 기모노를 보았다. 분홍색 복숭아꽃 무늬가 점점이 찍힌 회색 비단 크레이프 직물로 된 한 벌이었다. 전체적으로 아주 부드러운 분홍색 비단으로 안감을 대고, 늘어트리는 가두리에는 은은한 향을 내는 향낭을 두껍게 덧댔다. 안에 입는 옷은 아주 얇은 흰색 비단으로 되어 있었다. 전체 가격이 60달러고, 그중 1달러 50센트는 품삯이다. 일본 옷은 시침질이라고 하는 바느질로 꿰매지만, 바늘땀이 아주 작아 튼튼하다. 일본 여자들은 자신의 여러 매력을 보는 거울을 갖고 있다. 일본에는 아직 유리 거울이 없기 때문에, 아주 반들반들하게 윤이 나며 둥근 강철판 거울이다. 여자들은 모두 아주 작은 카드가 담긴 비단 함을 긴 소매에 넣어 갖고 다닌다.

일본 학교에서는 영어를 가르치고 예절 교육도 한다. 소녀들은 우아한 몸가짐, 손님을 맞이하고 접대하고 배웅하는 법, 다과를 우아하게 대접하는 법, 젓가락을 적절하고 우아하게 쓰는 법을 배운다. 아름다운 여자가 젓가락 쓰는 모습은 사랑스럽다. 찻집이나 평범한 저녁 식사 자리에는 긴 종이 위에 길이가 30센티미터쯤 되고 굵기가 연필과 비슷한 젓가락 한 쌍이 있다. 젓가락은 대개 나무를 깎아 한 쌍으로 만들고 새것이라는 표시로 반만 가른다. 먹기 전에 젓가락을 갈라 쓰고 식사 뒤에는 버린다.

일본에 사는 어떤 미국인이 시신을 화장하는 장면을 본 이야기를 들려주었다. 일본의 묘지는 특이하게도 묘석이 조밀하게 붙어 있어서 그 사이가 미국의 아기 묘 크기보다 작다. 사람이 숨을 거두면 곧바로 옷을 벗기고 머리가 발에 닿도록 반으로 구부린 뒤, 일본 집을 본떠 만든 아주 작은 대나무 상자에 넣는다. 이 대나무 상자가 아주 비싼 경우도 있다. 장대 두 개에 대나무 상자를 얹어 화장하는 곳까지 옮긴다. 고인의 친구들은 화장은 화부에게 맡기고 집에 돌아갔다가 다음 날 다시 온다. 그러고는 유골을 찾아 대개는 단지에 넣어 매장한다. 내가 말한 미국인은 화부와 미리 약속하고는 친구와 함께 시골에 있는 화장장까지 걸어가서 조문객들이 돌아갈 때까지 눈에 띄지 않게 기다리다가 화장 장면을 보기 위해 가까이 다가갔다. 저녁도 먹지 않고 꽤 먼 거리를 걸었기 때문에 타는 냄새가 소고기 냄새 같아서 배가 몹시 고파졌다고 그 미국인이 천진하게 말했다.

땅에 깊이가 90센티미터쯤 되는 작은 구덩이를 파고 그 안에 불을 지핀다. 적당한 열기의 불 위에 상자를 놓으면 바로 타 버린다. 접혔던 시체가 꼿꼿하게 펴진다. 불 위에서 하반신은 발과 무릎의 마디를 빼고는 금방 타 없어진다. 화부는 커다란 쇠스랑으로 조심스럽게 상반신을 당겨 불 위에 오도록 하고, 반쯤 탄 발과 무릎 마디를 긁어 팔 밑에 둔다. 한 시간 안에 화장이 끝나 구덩이 바닥에 남는 것은 약간의 재뿐이다. 화부는 그 과정을 모두 외국 신사에게 설명하는 동안 담뱃대를 연거푸 채우더니 타고 있는 시신에 담뱃불을 붙였다. 화부가 간곡하게 청해서 그 신사는 화장이 끝났을 때 화부와 함께 차를 마시기로 했다. 두 사람은 화부의 정갈하고 작은 집으로 들어갔는데, 화부는 마당에 있는 뜨거운 욕조 안으로 뛰어 들어갔다가 얼마 후 얼굴이 새빨개져서 나타났다. 그사이 화부의 매력적이고 예쁜 딸들이 친절하게 손님을 접대했고, 이들이 즐겁게 어울리기를 바라는 아버지는 문가에 서서 말을 걸기도 하고 믹는 섯을 지켜보기도 했다. 발가벗은 몸을 수건으로 닦으면서 말이다!

일본에서 가장 아름다운 것은 전통적인 거리의 오후 풍경이다. 남녀노소가 배드민턴을 치고 연을 날린다. 체리 같은 입술, 검고 반짝이는 눈, 장식을 해서 빛나는 머리카락, 섬세하고 우아한 옷, 말끔하고 하얀 스타킹을 신고서 나막신 안으로 밀어 넣은 발, 보조개가 패인 볼, 통통한 팔, 통통한 아기 손을 한 예쁜 여자들이 사랑스럽고 천진하고 소박하고 행복하게 요코하마 거리에서 배드민턴을 치는 황홀한 광경을 상상할 수 있는가?

일본 아이들이 노는 모습은 내가 본 여느 아이들과 다르다. 항상 행복해 보이고 싸우거나 울지도 않는 것 같다. 나막신을 신은 어린 일본 소녀들이 자기 몸집만 한 아이를 등에 업은 채 자유롭게 배드민턴을 하는 모습은 아찔할 정도였다. 등에 업은 아이만 내려놓는다면 움직임이 더욱 민첩할 것이 확실하다. 일본 아기들은 아주 재미있을 정도로 작다. 두툼하게 솜을 넣은 옷을 입고 있어서 형체가 없는 깃털 베개처럼 보인다. 내가 그런 것처럼 다른 사람들도 아기들 머리의 면도

한 작은 부분이 특이한 장식일 거라고 생각하겠지만, 그렇지가 않다. 아기 머리를 시원하게 하려고 깎은 것이다.

일본인들은 아름답고 예술적일 뿐 아니라 아주 상냥하기도 하다. 일본에서 우리를 안내한 친구에게 코닥 사진기가 있었다. 그 친구는 우리가 흥미로운 사람들을 만날 때마다 사진을 찍었다. 아무도 거부하지 않았고, 특히 어린이들은 사진 찍히는 것을 즐겼다. 아이들에게 어떤 자리에 있으라거나 특정 자세를 취하라고 하면, 움직여도 된다고 할 때까지 어린 군악대장처럼 자세를 잡았다.

여행 중 유일하게 후회되는 점이자 아주 애통한 일은 급히 출발하느라 코닥 사진기를 챙기지 못한 것이다. 모든 배, 모든 항구에서 코닥 사진기를 가진 사람을 만나면 부러웠다. 사진기가 있으면 마음에 드는 장면을 모두 찍을 수 있었다. 방문한 나라들마다 빛이 좋았고, 사진기를 든 사람들이 집으로 가져가는 감광판에는 자신과 친구들의 즐거운 추억이 많이 담겨 있었다. 2년째 세계 여행을 하고 있다는 독일 사람을 만났는데, 그는 코닥 사진기를 큰 것과 작은 것으로 두 개 가지고 다녔다. 그가 찍은 사진은 내가 본 것 중 가장 흥미로웠다. 그는 여러 항구의 전문 사진사들에게 사진 현상을 맡겼다.

일본 사람들은 사려 깊게도, 맹인을 위한 산업을 따로 지정했다. 누구나 마사지 목욕을 배울 수 있지만, 이 일을 직업으로 할 수 있는 사람은 맹인뿐이다. 이 사람들은 거리에서 구슬픈 곡조로 이런 말을 중얼거리며 다닌다.

"머리에서 발끝까지 2센트에 씻겨 드립니다."

그랜트 장군(남북전쟁을 승리로 이끌고 나중에 미국 18대 대통령이 된 인물)이 세계 여행 중에 심은 나무가 있는 우에노 공원에도 갔다. 그곳 동물원에는 아주 재미있는 원숭이가 있었다. 덩치가 엄청 크고 얼굴은 진홍색에 털은 회색이고 울타리에 사슬로 묶여 있었다. 우리 일행 중 젊은 남자 하나가 다가가 말을 걸었을 때 원숭이는 아주 총명하고 영리해 보였다. 원숭이 주변, 원숭이가 닿지 않는 거리에 모여 있던 작은 무리 중 어떤 젊은 일본 사람이 붉은 얼굴의 수수께끼 같은 이 동물에게 장난으로 돌멩이를 던졌다. 원숭이는 슬프게 무언가를 묻는 표정으로 내 친구를 쳐다보았다.

"가서 물어."

내 친구가 그 표정에 공감하면서 대답했다. 원숭이는 사슬을 벗기 위해 안간힘을 쓰면서 그 명령을 따르려고 했다. 일본 남자가 달아나자 원숭이는 진정되었는지 일본 남자가 서 있던 자리를 의미심장한 표정으로 바라보더니, 이어서 허락을 구하는 듯 내 친구를 바라보았다. 내 친구는 원숭이를 칭찬해 주었다. 사육사가 원숭이에게 줄 저녁 식사를 가지고 왔다. 삶은 고구마 큰 것 두 개였다. 내 친구가 하나를 반으로 쪼개어 주자, 원숭이는 반쪽과 남은 고구마 하나를 발 사이의 울타리 위에 두고는, 나머지 반쪽의 속을 게걸스럽게 파먹었다.

그런데 갑자기 원숭이가 고개를 들고, 번개처럼 빠르게 있는 힘을 다해 무시무시하게 날아올랐다. 남은 고구마 반쪽이 군중 속 누군가의 머리를 향해 날아갔다. 시끌벅적한 비명과 함께 사람들이 흩어졌다. 고구마는 누구의 머리도 맞히지 못한 채 널빤지 울타리로 세게 날아가 철퍽 부딪쳐 형체 없는 덩어리가 된 채 붙어 버렸다. 원숭이에게 돌멩이를 던져 반감을 샀던 일본 사람은 얼굴이 하얘져서 조용히 뒷걸음질을 쳤다. 아까 도망쳤던 그가 돌아왔다는 사실을 아무도 몰랐지만, 원숭이는 그런 사실을 알고 고구마로 복수하려 한 것이다. 원숭이의 영리함에 얼마나 감탄했던지, 이미 한 마리 갖고 있지 않았다면 그 원숭이를 사려고 했을 것이다.

요코하마에서 꼭대기에 일본인 미녀 오유키가 산다는 100계단에 갔다. 수많은 화가와 시인이 그녀를 주제로 작품을 만들었다. 여행객들에게 오유키는 감탄의 대상이었다. 일본에 머물면서 즐거웠던 일 중 하나는 요코하마에 정박 중인 미국 전함 오마하 호에서 열린 나를 위해 오찬 모임이었다.

나는 항상 마부가 말의 머리와 나란히 달리는 일본 마차의 진기함을 즐기면서 여러 번 마차를 타고 나갔다. 쌀밥과 장어도 먹었다. 골동품 가게에 들렀는데 그중 한 곳이 일본의 주택을 본떠 지었고, 나는 거기에서 본 아기자기한 예술품들에 매혹되었다. 요컨대 내가 일본에서 본 것은 모두 섬세한 감각을 즐겁게 했다.

16장

태평양을 건너다

화창한 아침에 요코하마를 떠났다. 새로 사귄 친구 몇 명이 나와 함께 작은 증기선을 타고 오셔닉 호까지 환송해 주었다. 오셔닉 호가 닻을 올릴 때 작은 증기선은 내게 작별 인사를 하듯 기적을 크게 울렸고, 오마하 호 선상에서는 군악대가 나를 위해 '즐거운 나의 집', '콜럼비아 만세(1931년 이전의 미국 국가)', '내가 떠나 온 소녀'를 연주했다. 친구들이 보이지 않을 때까지 손수건을 흔들어서 며칠 동안 팔이 아팠다. 다시 세계 일주 여행을 계속하려는 내 뜨거운 열망은 그토록 매력적인 친구들과 그토록 사랑스러운 땅을 떠나는 것에 대한 아쉬움과 강하게 섞여 있었다.

모든 것이 즐겁고 빠른 항해를 보장했다. 그걸 예상하듯 기관장 앨런은 엔진과 엔진실 곳곳에 이렇게 적었다.

넬리 블라이를 위하여
목숨 걸고 승리하리라.
1890년 1월 20일

이것이 선원들의 표어였고, 나로서는 이런 모든 것이 매우 유쾌했다. 사흘 동안은 항해 기록이 믿기 어려울 정도로 최고였는데, 그 뒤 폭풍우가 닥쳤다. 사람들은 폭풍우가 하루밖에 안 갈 거라면서 나를 격려했지만, 그다음 날에는 더 나빠졌고 한 순간도 수그러들지 않고 계속되었다. 맞바람이 불고 맞파도가 치는 가운데 배가 거세고 끔찍하게 좌우와 앞뒤로 흔들렸다. 나는 초조하게 정오까지 기다리다가 전날보다 조금이라도 더 나아갔기를 바라는 마음으로 항해 기록을 보러 식당으로 나갔고, 그 뒤에는 항상 실망했다. 다들 나에게 잘해 주었다! 그들에게 축복을! 어쩌면 사람들은 내가 실패할 거라는 예상에 나보다 더 힘들어 했다.

"실패한다면 뉴욕으로 돌아가지 않을 거예요. 차라리 죽어버리겠어요."

내가 낙담해서 말하자 앨런 기관장이 달랬다.

"그런 말 말아요, 아가씨. 힘이 닿는 한 뭐든지 다 하리다. 지금껏 전례기 없을 만큼 쇠대한 엔진을 돌리고 있어요. 이놈의 폭풍에 욕이란 욕은 다 했어요. 또 몇 년 동안 하지 않은 기도까지 했고요. 폭풍이 지나가고 아가씨를 제때 도착하게 해 달라고요."

내가 크게 웃으며 말했다.

"저는 죄인이 아닌가 봐요. '죄 많은 저에게 자비를 베푸소서.' 밤낮으로 이렇게 빌었는데 자비를 베풀지 않으니까, 결론은 제가 죄인이 아니라는 거죠. 어쨌든 절망이에요, 절망!"

"안 돼요. 그렇게 낙담하지 말라니까. 바다에 뛰어들기라도 해서 아가씨한테 행복과 성공을 가져다줄 수 있다면, 당장 그렇게 할 거예요."

오셔닉 호의 사무장이 애원했다.

"걱정하지 말아요, 아가씨, 괜찮아요. 저는 예정보다 일찍 도착한다는 데 은행에 있는 제 돈을 다 걸었어요. 제 말만 믿어요, 적어도 사흘 안에 뉴욕에 도착할 겁니다."

명랑하고 낙천적인 선장이 웃었다.

"왜 절 속이려고 하세요? 벌써 늦었다는 걸 아시면서."

내심 새로운 희망에 속아 넘어가기를 간절히 바라면서도

반박하자, 의사가 말했다.

"이봐요, 넬리 블라이, 그런 식으로 말하는 걸 그만두지 않으면 당신 간을 위해 약을 처방할 겁니다(과거에는 간이 감정의 근원이라고 생각했다)."

"세상에, 제가 우울할 수밖에 없다는 걸 아시잖아요. 문제는 간이 아니라 맞바람과 맞파도로 배가 앞으로 가지 못하는 거라고요!"

그러고 나서 내가 웃자 그들도 웃었다. "한 번만 웃어요. 내가 아는 그 유쾌한 웃음을 사람들한테 보여 줘요"라고 간청하던 기관장은 만족했다. 날마다 불행에 빠진 나를 마음이 넓고 강하면서도 부드러운 남자들이 달래는 일 또한 날마다 반복되었다.

마침내 배에 요나(신의 명을 어기고 도망가는 도중, 바다에 던져진 성서 속 인물)가 있다는 소문이 돌았다. 그 소문에 대한 생각들과 이야기가 오가는가 싶더니, 무척 당황스럽게도 선원들 말로는 원숭이가 요나라는 것이었다. 원숭이가 악천후의 원인이고 원숭이가 배에 있는 한 폭풍이 계속될 거라고 했다. 어떤 사람들은 원숭이를 바다에 던지면 어떨지 내 생각을 묻기도 했다. 원숭이에 대한 미신과 정의감 사이에 작은 다툼이 이어졌다. 내가 이 일에 대해 앨런 기관장에게 알렸을 때 그는 그런 소리 말라고 했다. 원숭이가 조금 전에 엄청난 시멘트 더미 밑에서 빠져나와 램프 기름으로 시멘트를 씻어 냈다면서, 원숭이의 행복을 방해하고 싶지 않냐고 했다! 바로 그때 누군가 목사가 요나라고 했다. 목사는 항상 배에 나쁜 날씨를 불러온다는 것이다. 배에는 목사가 두 명 타고 있었다! 그래서 내가 침착하게 목사를 바다에 던진다면 원숭이를 어떻게 해도 상관하지 않겠다고 했다. 그 덕분에 원숭이는 목숨을 건졌다.

기관장 앨런 씨에게는 마술에 재능이 있는 조수, 월터가 있었다. 어느 날 월터가 빈손을 병 옆에 두기만 하고 병을 들어 올리는 걸 보여 주겠다고 말했다. 그러고는 객실 안에 사람이 있으면 감응력이 깨진다면서 전부 밖으로 나가게 했다. 사람들은 열린 문을 통해 열심히 쳐다보았다. 월터는 소매를 걷어 올리고 마치 모든 피를 손 안에 모으는 것처럼 아주 힘차게 팔을 문질렀다. 그리고 손에 모인 피가 빠져나가지 않게 하려는 듯 다른 손으로 손목을 잡더니, 활짝 편 손을 병 옆에 놓았다. 놀랍게도 병이 월터의 손을 따라 올라갔다. 놀라운 마술의 비법을 털어놓으라고 사람들이 재촉했을 때 월터는 이렇게 말했다.

"아주 쉬워요. 그냥 팔을 문지르기만 하면 돼요. 그게 바로 쇼예요. 그런 다음 손 안의 피가 빠져나가지 않게 하려는 것처럼 손목을 잡아요. 이때 아무도 모르게 손가락 하나를 빼서 손과 손가락 사이로 병목을 잡는 거죠. 그러면 병이 손을 따라 올라가게 되죠. 아셨죠?"

어느 저녁에는 배가 무섭게 흔들려서 모두가 식당에 모였다. 한 영국 남자가 월터에게 마술을 해 보라고 졸랐지만, 월터는 이때 하던 일을 방해받기 싫어서 "예, 선생님. 잠깐만요" 하고는 식탁에 물건을 올려놓던 일을 계속했다. 월터는 겨자 단지, 소금 통 같은 것을 다 내려놓고는 접시를 닦고 있었다. 식탁에 접시를 놓으러 갈 때 배가 심하게 흔들렸고, 접시가 겨자 단지에 부딪치면서 겨자가 영국 남자에게 쏟아졌다. 나머지 사람들은 겁에 질렸다. 머리부터 무릎까지 겨자가 튄 영국 남자가 뻣뻣하게 앉은 자세로 무섭게 말했다.

"월터, 이게 뭡니까?"

"그게, 선생님, 첫 번째 마술입니다."

월터가 부드럽게 말하고는 조용하고 신속하게 주방으로 사라졌다.

하지만 어느 날 월터도 당했다. 한 선원이 월터에게 자기가 아무도 찾을 수 없게 월터의 몸에 달걀을 숨길 수 있다고 말했다. 월터는 의심하면서도 기꺼이 그 선원에게 시험할 기회를 주었다. 선원이 달걀을 감췄고, 한 남자를 불러 달걀을 찾게 했다. 남자가 샅샅이 뒤졌지만 달걀은 나오지 않았다. 선원이 월터에게 또 다른 시도를 제안했고, 이제 선원의 능력에 흥미를 느끼고 굳게 믿게 된 월터가 기꺼이 동의했다. 선원이 월터의 셔츠 단추를 풀고 가슴께에 달걀을 놓고는 조심스럽게 단추를 채웠다. 달걀을 찾으라고 지목된 남자가 월터에게 다가가 월터를 치는 순간 설리번이 킬레인을 친 곳에서 철퍽 소리가 났다(설리번과 킬레인은 미국 헤비급 권투 선수로 1889년 7월에 두 사람이 네 시간 넘게 75라운드 경기를 펼쳤다). 그도, 월터도 달걀을 찾은 것이다!

오셔닉 호의 식당에서는 일본 '보이'들이 일하지만 선원들은 중국인이다. 선원들은 돛을 올릴 때 노래하듯 말한다. 그 소리는 "아-오-에-오! 아-오-에-오!"라고 말하는 것처럼 들린다. '보이'들은 식탁보를 흔들어 접시를 안으로 모은다. 식탁보 안에 접시 하나만 놓고 식탁보째로 한두 번 흔든 다음 접시를 바닥으로 미끄러트린다. 그러면 식탁보에 있던 온갖 부스러기들이 접시 위에 다 모이게 된다.

1등실에 탄 중국 남자와 일본 남자가 모습을 드러낸 적이 있었다. 중국 남자는 내내 뱃멀미로 객실에서만 지내 사람들의 눈에 거의 띄지 않았다. 일본 남자는 유럽 옷을 입고 유럽 사람들의 예절을 따라 하려고 노력했고, 분명히 이쑤시개를 쓰는 게 예의라고 생각했다. 사실 어떤 사람에게는 그렇다. 일본 남자는 식사를 마치면 항상 식탁에 앉은 사람들이 모두 볼 수 있게 이를 쑤셨다. 자기가 문화인이라는 걸 보이고 싶다는 듯이 말이다! 음식을 잔뜩 먹고 나서 펜처럼 보이는 이쑤시개를 귀 뒤에 늘 꽂아 두는데, 심지어 다음 식사 때까지 내내 그 자리에 두었다.

더디게 진행되었어도 결국 항해는 끝나기 마련이다. 어느 날 밤, 다음 날이면 샌프란시스코에 도착한다는 발표가 났다. 나는 뜨거운 흥분을 느꼈고, 사람들은 내가 미국 대륙을 횡단할 때 폭설로 발목이 잡힐지를 놓고 이러쿵저러쿵 추측했다. 오랜만에 희망을 되찾았는데, 사무장이 하얗게 질린 얼굴로 달려와 소리쳤다.

"세상에, 선원 건강 증명서를 요코하마에 두고 왔어요."

"자, 자, 잠깐만요, 그게 무슨 소리예요?"

뭔지 모를 불행을 두려워하면서 내가 물었다.

"일본에서 출발한 다음 배가 올 때까지는 아무도 육지에 밟을 수 없다는 뜻입니다. 다음 배는 2주 뒤에나 올 거예요."

사무장이 무기력하게 의자에 주저앉으며 말했다.

샌프란시스코가 눈앞에 있고 그동안 그렇게 이루려고 애쓰던 목표인 뉴욕이 가까이에 있는데 2주 동안 꼼짝 못하고 있어야 한다는 생각에 미칠 것 같았다.

"전 죽어 버릴래요. 2주 동안 참고 있을 수가 없어요."

내가 조용히 말했다. 그 말이 자극이 되었는지 사무장은 한 번 더 배를 뒤졌고, 결국 의사의 책상에 안전하게 보관된 서류를 찾아냈다.

나중에 배에 천연두가 돈다는 소동도 있었지만 헛소문이었다. 이른 아침에 세관 직원이 신문을 가지고 배에 왔다. 폭설로 1주일 동안 철도 교통이 마비됐다는 기사를 읽고서는 끝 모를 절망에 빠졌다. 오셔닉 호가 검역의를 기다리고 있을 때 몇몇 남자들이 나를 해변에 데려갈 예인선을 타고 나타났다. 작별 인사를 할 시간도 없었다. 원숭이와 함께 예인선에 탔고, 친구들한테 받은 선물 때문에 늘어난 가방도 내 뒤에 던져졌다. 예인선이 막 이동하려 할 때 검역의가 나를 부르더니 내 혀를 살펴보는 걸 잊었다고 했다. 진찰을 받기 전에는 배에서 내릴 수 없었다. 나는 혀를 내밀었고, 의사가 "됐어요"라고 외쳤다. 사람들은 웃음을 터트렸고, 나는 작별 인사로 손을 흔들었다. 얼마 안 가 오셔닉 호의 좋은 친구들과 헤어졌다.

17장

미 대륙 횡단

대륙 횡단 여행에 대한 내 기억은 즐거운 인사와 덕담, 축하 전보, 과일, 꽃, 시끌벅적한 응원, 열광적인 환호성, 급한 악수 빠른 기관차 뒤에서 향기로운 꽃으로 가득한 아름다운 객차를 타고 꽃이 핀 골짜기와 꼭대기에 눈 덮인 산을 넘어 미친 듯이 계속 달리고 또 달리던 것뿐이다! 영광스러운 일이었다. 여왕에게나 어울릴 여행이었다. 대륙을 빠르게 횡단하는 동안 받은 열렬한 환영은 미국에서 누구도 누려 보지 못한 영광이라고 한다. 미국인들은 최단기간 세계 일주 기록을 처음으로 세운 미국 여성에게 경의를 표했다. 나 역시 그 일을 해낸 것이 미국 여성이라는 사실이 기뻤다. 내 멋진 성공이 나를 환영해 준 사람들 모두에게도 좋은 일인 것 같았다. 다들 아주 친절했고, 내가 때맞춰 여행을 마치는 데 자신의 명성이 걸린 것처럼 매우 조바심을 냈다.

내가 타자마자 출발하기 위해 준비를 마치고 기다리던 특별 열차도 있었다. 샌프란시스코 항구의 부징수관, 세관원, 검역관, 오앤드오 증기선 회사의 관리자 등이 밤을 새워 가며 내가 도착하기를 기다렸다. 오셔닉 호에서 특별 열차로 갈아탈 때 조금이라도 지체하기 않게 하려는 것이었다. 나를 기다린 사람은 그들만이 아니었다. 어떤 불쌍한 여기자는 결국 하지도 못한 인터뷰를 걱정하느라 전날 밤 잠을 못 잤다. 나는 미국에 도착했을 때 벌어질 일에 대해서는 전혀 모르고 있었기 때문에, 샌프란시스코에서 몇 킬로미터 앞에 있을 때까지 그저 누군가 나를 맞이할 것이라고만 생각했다. 특별 열차가 나를 위해 준비됐다는 것을 미리 알았다면, 나를 만나고 싶어 한 모든 기자들을 응대했을 것이다.

내가 탄 기차에는 산로렌조라는 멋진 침대차가 하나 있었고, 퀸이라는 이름이 붙은 기관차는 서던퍼시픽 회사에서 가장 빨랐다.

"블라이 양, 뉴욕에 몇 시에 도착하고 싶습니까?"

애틀랜틱앤드퍼시픽의 승객 담당자인 비셀 씨가 물었다.

"토요일 저녁 전이면 좋겠어요."

그렇게 대답했지만, 그 시간 안에 도착할 수 있을 거라고는 생각하지 않았다.

"아주 좋습니다. 제시간에 모셔다 드리죠."

비셀 씨가 조용히 말했고, 나는 약속을 지킨다는 말에 만족스러웠다.

오클랜드 부두에서 떠난 지 얼마 되지 않은 것 같았는데 광대한 산호아퀸 밸리에 도착했다. 그곳은 철로가 500미터 정도를 직선으로 뻗은 녹색 평원이었다. 시속 100킬로미터 정도로 달렸는데도 객차 안이 마치 벨벳 위로 여행하는 것처럼 편했을 정도로 노면이 완벽했다.

두 번째 역인 머시드에서는 멋진 나들이옷을 입은 사람들이 역 주변에 엄청나게 많이 모여 있었다. 나는 사람들이 소풍을 가나 보다 생각하고 그렇게 말했는데, 나를 보러 나온 사람들이라는 답이 돌아왔다. 그 말에 깜짝 놀라 일어서서 뒤쪽 승강장으로 나갔다. 놀라서 까무러칠 만큼 큰 환호성이 나를 반겼고, 악단이 '넬리의 파란 눈으로'를 연주하기 시작했다. 귀여운 신문팔이 소년이 과일·사탕·견과를 담은 커다란 함을 주었는데, 왕이 주는 선물보다 더 고마웠다.

우리는 다시 길을 나섰다. 기차에 탄 우리 세 명은 하늘에 떠가는 구름처럼 빠르게 지나가는 아름다운 시골 경치에 감탄하거나 전신주를 세거나 원숭이와 노는 것 말고는 할 일이 없었다. 조용히 앉아서 심신을 달래는 것 말고 뭔가를 하고 싶은 생각이 없었다. 이제 내가 할 일은 아무것도 없었다. 서두를 수도 없고 아무것도 바꿀 수 없었다. 그저 기차가 목적지에 내려 줄 때까지 앉아서 기다릴 뿐이었다. 나는 여행이 빨리 끝날까봐 두려울 정도로 빠른 기차의 속도를 즐겼다. 다음 역인 프레즈노에서는 마을 사람 전체가 환영하러 나왔고, 캘리포니아 프레즈노 카운티에서는 훌륭한 과일·포도주·꽃을 기쁘게 받았다.

내게 말을 건 남자들은 햇볕에 탄 내 코, 일정이 지체된 경험, 여행한 거리에 관심을 보였다. 여자들은 내가 여행하며 입은 단벌 드레스와 모자와 외투에 대해 자세히 알고 싶어 했고, 가방에 뭐가 들었는지와 함께 원숭이에 대한 모든 것을 아주 궁금해했다.

첫날 기차가 아주 잘 달리던 중에 거친 기적 소리를 들었고, 이어서 기차가 뭔가에 부딪히는 것 같았다. 브레이크가 걸리자 우리는 무슨 일인지 보려고 밖으로 나갔다. 바로 그때 크게 외치는 소리가 들리더니 두 남자가 선로에 다가서는 게 보였다. 차장이 와서 우리가 선로를 보수하는 차와 부딪쳤다고 말하고 뒤틀린 철 조각과 산산이 부서진 널조각을 가리켰다. 두 남자가 다가왔고, 그중 한 사람이 놀람과 혐오가 뒤섞인 표정으로 말했다.

"그렇게 죽어라 하고 달리면 어떡합니까?"

"고맙습니다. 그렇게 말씀해 주시니 다행이에요."

내가 말했고, 우리 모두 웃었다. 남자들이 다치지는 않았는지 궁금했다. 그들은 다친 데가 없다고 안심시켜 주었고 모두가 즐거운 기분을 되찾았다. 작별 인사를 하고, 기관사는 레버를 당겨 다시 출발했다. 우리가 멈춘 또 다른 역에도 많은 사람이 있었고, 내가 승강장에 나타났을 때 사람들이 한 목소리로 환호했다. 그 가장자리에서 어떤 남자가 소리쳤다.

"넬리 블라이, 제가 꼭 당신을 만나야 합니다!"

사람들도 나만큼이나 그 남자가 왜 그러는지 궁금했기 때문에, 그가 승강장에 다가오도록 길을 내줬다.

"넬리 블라이, 제 손을 만지세요."

남자가 흥분해서 말했다. 그를 기쁘게 하려면 무엇인들 못하랴. 손을 내밀어 그의 손에 대자, 남자가 소리쳤다.

"이제 성공하실 겁니다. 제 손에 토끼의 왼쪽 뒷발이 있거든요."

글쎄, 토끼의 왼쪽 뒷발에 대해 아는 게 없다. 하지만 내가 탄 기차가 나사식 잭으로만 고정되어 있던 다리를 건너는 순간 잭이 떨어졌는데도 안전하게 다리를 건넜다는 것을 알았을 때, 어디에선가 기관차가 우리 객차와 막 분리되자마자 기관차 바퀴 하나가 빠졌다는 소식을 들었을 때, 토끼의 왼쪽 뒷발을 떠올리고 거기에 무슨 힘이 있는지 궁금했다.

대규모 군중이 맞아 준 어느 곳에서는 군중 끝에서 한 남자가 이렇게 외쳤다.

"코끼리를 타 봤습니까?"

내가 안 탔다고 하자, 남자는 고개를 떨구고 사라졌다. 또 다른 곳에서는 앞으로 나서려는 군중을 막느라 경찰들이 애를 먹었다. 모든 사람이 나와 악수하고 싶어 했고, 결국 한 경관이 옆으로 밀려났다. 자기 동료의 운명을 지켜보던 다른 경관이 나를 돌아보며 말했다.

"저도 포기하고 악수를 하고 싶군요."

내 손을 잡으려고 손을 뻗은 사이 그 경관은 군중에 휩쓸렸다. 나는 모든 역에서 승강장 위로 몸을 기울여 양손으로 악수를 했다. 기차가 역을 출발하면 군중은 되도록 오래 내 손을 잡기 위해 기차를 따라 달리곤 했다. 나중에는 거의 한 달 동안 팔이 아팠지만 같은 국민이라는 사실이 새삼 너무 고맙게 느껴져서, 내 나라 국민들에게 기쁨을 줄 수 있다면 그런 아픔

쯤은 신경 쓰지 않았다.

"여기로 오세요. 우리가 주지사로 뽑아 드릴겁니다."

캔자스시티의 한 남자는 그렇게 말했다. 내게 보여 준 성대한 환영을 보건대, 충분히 그렇게 하고도 남을 것이다. 수신인 주소가 '넬리 블라이' 또는 '넬리 블라이 열차'라고만 쓰인, 격려와 칭찬의 말로 채워진 전보가 밤낮으로 전국에서 왔다. 특별히 어디가 다른 곳보다 더 친절했다고는 말할 수 없다. 토피카(미국 캔자스 주의 주도)에서는 환영 인파가 1만 명이 넘었다. 도지시티의 시장은 시민을 대신해 감사장을 건네주었다. 캔자스시티에 꼭 가고 싶었지만, 30분을 절약하기 위해 시외에 있는 역까지만 갔다. 허친슨에서는 수많은 군중과 링골드 코넷 악단이 맞아 주었고, 또 다른 곳에서는 시장이 유명하다고 장담한 시립 악단이 연주하는 것을 잊어 버렸다. 흥분해서 연주할 음악은 모두 잊고 다른 사람들처럼 환호성만 지른 것이다.

나는 네브래스카 커니에서 온 작은 여기자와 처음 얘기를 나누며 새벽 4시까지 앉아 있었다. 그 기자는 나를 인터뷰하려고 1000킬로미터 가까이 여행했고 나중에는 속기사에게 내 여행 이야기를 받아쓰게 했는데, 속기사가 기차 멀미를 했다. 두 시간 정도 잤을 때 승무원이 곧 시카고에 도착한다고 말했다. 나는 느긋하게 옷을 입고 남은 마지막 커피를 마셨다. 우리는 우리와 함께 아무리 먼 거리라도 가려는 사람들을 후하게 대접했기 때문에 커피가 빨리 떨어졌다.

내가 쓰는 특등실 문이 열렸을 때, 잘생긴 남자들이 객차에 가득한 것을 보고 놀랐다. 나중에 알고 보니, 시카고 언론 클럽 소속 기자들이 나를 만나 시내까지 안내하려고 졸리엣에 온 것이었다. 클럽 회장을 대신해 부회장인 코르넬리우스 가드너 씨가 우리를 위한 작은 파티를 주관했다. 나는 파티를 시작하기 전에 기자들의 질문에 답했다. 햇볕에 탄 내 코에 대해 농담을 나누고, 단벌로 여행하는 것의 장점과 영리한 원숭이에 대해 이야기를 주고받았다. 나는 아주 편안하고 행복해서 시카고에 종일 있기를 바랐다.

우리를 언론 클럽 건물로 태워다 줄 마차가 기다리고 있었다. 나는 부회장 가드너 씨와 2인승 마차를 타고 갔다. 가드너 씨는, 나중에 내 방문에 관해 발표한 이야기에서도 쓴 것처럼, 나를 훔치고 싶은 마음이 크다고 했다. 그 기발한 생각이 얼마나 재미있게 여겨졌는지 내가 그런 자리에 있었다면 틀림없이 그렇게 했을 것이고, 뉴욕에서 기다리던 대중은 무척 당황했을 것이다. 언론 클럽의 아름다운 방에서 스탠리 워털루 회장과 똑똑한 기자들을 많이 만났다. 원래 나는 시카고에 정오에 도착할 예정이었고, 클럽은 나를 위해 비공식 환영회를 준비했다. 그런데 내 이동 속도가 빨라서 예정보다 일찍 도착할 거라는 소식을 들었을 때는 회원들에게 알리기에 너무 늦은 시간이었다.

아주 유쾌한 비공식 환영식 뒤에 클럽에서 아침 식사를 준비한 킨슬리 식당으로 갔다. 그때 나는 오해가 약간 있어서 다들 그 전날 밤부터 아무것도 먹지 못했다는 것을 알았다. 아침 식사가 끝나자 언론 클럽 회원들은 내 경호원처럼 행동하면서 나를 시카고 증권거래소로 데려갔다. 내가 들어갔을 때는 업무 시간을 압도할 법한 대소란이 한창이었다. 일행들이 나를 특별석으로 데려갔고, 우리가 거기 도착했을 때 한 남자가 왁자지껄한 군중을 향해 뭐라고 외치려고 팔을 들어 올렸다가 나를 보고는 하려던 말 대신에 이렇게 소리쳤다.

"넬리 블라이다!"

미친듯 소리치던 군중이 한순간에 조용해졌다. 바늘 하나가 바닥에 떨어지는 소리도 들릴 것 같았다. 모두가 간절하게 빛나는 얼굴로 우리를 올려다보고, 곧바로 모자를 벗었다. 그러고는 갑자기 박수갈채가 터지며 거대한 홀을 울렸다. 사람들은 시카고의 좋은 점을 여러 가지 꼽겠지만, 나는 미국에서 시카고 증권거래소처럼 여자가 환영받을 수 있는 곳은 없다고 믿는다. 박수 뒤에는 격려가 계속 이어졌고 "연설!"이라는 외침이 들렸다. 내가 모자를 벗고 고개를 저었지만, 환호는 도리어 커져만 갔다.

얼마 있다가 언론 클럽이 나를 펜실베이니아 역으로 데려다 주었다. 햇볕에 그을린 작고 낯선 사람에게 보여 준 훌륭한 예절에 진심으로 충분히 고마움을 전할 수 없던 나는 그곳에서 마지못해 작별을 고했다.

이제 내가 탄 열차는 기어가는 것처럼 느껴지는 보통열차였다. 그만큼 속도 차이가 너무 두드러졌다. 마음껏 쓸 수 있는 멋진 침대 차량 대신 전용 객실 하나만 있었고, 공간이 너무 좁아서 선물로 받은 꽃과 과일은 남겨 두고 떠나야 했다. 시카고에서는 전보 한 통을 받아 아주 기뻤다. 샌프란시스코에서 미처 전달받지 못한 것이었다.

쥘 베른 씨가 다음 메시지를 넬리 블라이가 미국 땅에 닿는 순간 전하기를 바랍니다. 베른 부부는 용감하고 젊은 숙녀, 넬리 블라이 양이 미국 땅을 밟는 순간을 진심으로 축하드립니다.

이번 기차는 시설이 열악해서 식사하려면 차에서 내려야만 했다. 저녁을 먹기 위해 로건스포트에서 정차했을 때 끝까지 남아 있다가 마지막에 내렸다. 승강장에 도착했을 때, 그 전이나 후에 한 번도 보지 못한 젊은 남자가 맞은편 승강장으로 갑자기 뛰어 올라 모자를 흔들면서 외쳤다.

"넬리 블라이 만세!"

군중이 손뼉을 치고 격려했다. 그러고는 식당으로 가는 길을 텄다가 다시 앞으로 나오며 응원해 주었고, 결국 내가 먹는 것을 보려고 창가로 몰려들었다. 내가 자리에 앉자 '성공, 넬리 블라이'라고 새겨진 접시들이 앞에 놓였다.

콜럼버스에 도착한 것은 날이 저문 뒤였는데, 그곳에서 나를 기다리는 사람들이 역을 꽉 채우고 있었다. 나를 기다리던 철도원 대표단이 아름다운 꽃과 사탕을 선물했다. 많은 사람들이 선물을 주었다. 나는 피츠버그를 지난 뒤에야 잠자리에 들었다가, 해리스버그에서 나를 환영한 수천 명의 좋은 사람들에게 인사하려고 아침에 제때 일어났다. 그곳에서 해리스버그 조타수 클럽이 내가 조타수가 된 것을 기념해 꽃 선물을 보냈다. 수많은 필라델피아 신문기자들이 합류했고, 랭커스터에서도 열렬한 환영을 받았다.

어느 새 필라델피아에 도착했다. 모든 것이 빨라서 기뻐할 수만은 없었다. 여행이 너무 즐거워서 끝나는 게 두려웠기 때문이다. 수많은 기자와 친구들 몇 명이 뉴욕까지 나와 함께 가기 위해 필라델피아에서 합류했다. 필라델피아에서 저지시티까지는 멈추는 역마다 연설을 해야 했다. 우리가 거의 집에 다다를 때, 기차가 저지시티에 멈춘 순간 승강장으로 뛰어내리라는 말을 들었다. 그것으로 내 세계 일주 시간을 기록한다고 했다. 역에 수천 명이 운집해 있었다. 승강장에 발을 딛는 순간 한 목소리로 함성이 터져 나왔고, 배터리와 포트 그린에서 내 도착을 알리는 축포가 울렸다. 나는 모자를 벗었고, 군중과 함께 소리치고 싶었다. 72일 만에 세계 일주를 해서가 아니라 집에 돌아왔기 때문이다.

옮긴이의 말

몇 년 전, 한 소설가가 넬리 블라이의 전기를 보고 기자가 되고 싶어 한 적이 있다고 한 글을 읽었을 때 넬리 블라이가 어떤 사람인지 궁금해한 기억이 있다. 다른 설명이 없는 걸 보면 꽤 알려진 기자인 것 같은데 나로서는 처음 본 이름이었기 때문이다. 그러고는 잊고 있다가 퓰리처 전기에서 그 이름을 다시 만났다.

알고 보니, 넬리 블라이는 아주 매력적인 사람이었다. 여성에게 어울리는 공간은 가정뿐이라는 칼럼을 실은 신문사에 똑 부러지는 반박문을 보냈다가 그곳 기자로 일하게 됐으며, 정신병원에 몰래 들어가 취재한 것을 바탕으로 환자들의 비참한 인권 실태를 고발했고, 소설 속 인물과 경쟁하겠다며 세계 일주에 나서기도 했다. 지금부터 한 세기 전에 말이다. 온몸으로 세상과 만난 열혈 기자 넬리 블라이를 알게 돼 무척 기뻤다.

그런데 가슴을 콩닥거리게 할 만큼 멋진 이 여성을 짤막하게 소개하는 글이 있을 뿐, 기자로서 활약하며 필명을 떨친 그녀가 직접 쓴 글은 볼 수가 없어서 아쉬웠다. 게다가 출판계의 선후배들에게 물어보니 대부분 이름도 처음 들어 본다고 했다.

사회의 어두운 면을 고발하는 기사를 주로 쓰던 그녀가 이 책에서는 어깨의 힘을 빼고 또 다른 면모를 보여 새로웠다. 물론 세계 곳곳의 풍물을 이야기하는 솜씨도 일품이지만, 역사적인(!) 세계 일주를 떠나는 날에도 잠자리에서 일어나질 못하고 뒤치락거리는가 하면 쉽게 흥분하고 자주 투덜대는 모습과 시시때때로 드러나는 장난기와 유머 감각 등은 한 세기가 넘는 시차를 잊고 공감하게 하는 힘이 있다. 퓰리처가 애초에 흥행을 고려해서 남자가 아닌 여자 기자를 세계 일주의 주인공으로 발탁했다, 또는 넬리 블라이가 독자의 관심을 잡아 두려는 속셈 때문에 글을 재미있게 썼다고 지적할 수도 있겠다. 하지만 여러 기록을 볼 때 그녀가 세상의 편견에는 신경 쓰지 않고 재기 발랄했으며 도전 정신이 남달랐다는 점, 무엇보다 자기가 좋아하는 일에 최선을 다했다는 것은 분명하다.

당대의 상황을 생각해 보면, 즉 넬리 블라이와 비슷한 나이지만 다른 공간에서 살며 세게 일주를 하기는커녕 초등 교육을 받기도 힘들었을 우리 할머니들을 떠올려 보면, 그녀의 도전이 마냥 유쾌할 수는 없다. 더욱이 당시는 서구 열강이 힘으로 다른 나라를 제압하던 제국주의 시대고, 우리나라가 바로 그 희생양이었기 때문이다. 특히 객관성을 중시하는 신문기자인 그녀가, 서구식 문물을 받아들이지 않은 사람들을 보는 방식이나 중국인과 일본인을 비교하는 대목에서는 마음이 불편해진다. 아마도 그것이 배울 만큼 배운 미국인의 평균적 시선인지 모르겠으나, 인권 보호를 외치며 비리를 고발한 그녀의 비판 정신이 국경과 문화의 차이를 훌쩍 뛰어넘지는 못한 것 같아서다.

하지만 이런 점들을 뒤집어 보면, 당대 미국인이 세계 각국과 그 나라 사람들을 바라본 솔직한 시선을 접할 기회가 되기도 한다. 또 이 책은 위인전이 아니기 때문에, 그녀에게 부족한 면이 있다고 해도 읽을 가치가 떨어지지는 않는다. 사실 이 책의 가장 큰 매력은 열등한 존재로 여겨지던 이가 세상에서 불가능이라고 하던 것을 가능으로 바꾼 도전 정신에 있다. 그녀의 도전이 멋지게 성공해서 더 빛난 것을 부정할 수는 없다.

그런데 이 책에서 그녀가 한 말을 되새긴다면, 설사 그 도전이 실패했다고 해도 오늘 우리에게 충분히 의미가 있다.

"진심으로 원한다면 할 수 있어요. 문제는, 당신이 그걸 원하느냐는 거죠."

내가 지금 하는 일이 정말 하고 싶은 일인지, 만약 그렇다면 얼마나 열심히 하고 있는지를 스스로 묻게 하는 말이다. 그녀의 도전에 엄청나게 많은 사람들이 관심을 보이고 응원한 것도 저마다 품고 있는 열정을 자극하는 힘을 느꼈기 때문이 아닐까 싶다.

넬리 블라이의 세상을 바꾼 72일

초판 1쇄 2018년 1월 20일
초판 2쇄 2018년 2월 20일

지은이 넬리 블라이
옮긴이 김정민
펴낸이 박수민
독자 감수 이세현
펴낸곳 모던아카이브 · **등록** 제406-2013-000042호
주소 경기도 파주시 문발로 139
전화 070-8877-0479
팩스 0303-3440-0479
이메일 do@modernarchive.co.kr
홈페이지 modernarchive.co.kr

ISBN 979-11-87056-15-7 04300
ISBN 979-11-87056-13-3 (세트)

이 도서의 국립중앙도서관 출판시도서목록(CIP)은 서지정보유통지원시스템 홈페이지(http://seoji.nl.go.kr)와
국가자료공동목록시스템(http://www.nl.go.kr/kolisnet)에서 이용하실 수 있습니다.
(CIP제어번호: CIP2017035784)